세상 사는 하늘 백성

(교회론: 교회의 본질 이해)

KB191895

정순혁

세상 사는
하늘 백성

교회론: 교회의 본질 이해

정순혁 지음

humili✝as
후밀리타스

차례

5장. 교회의 원형인 '새 예루살렘'

(부록) 사탄의 계략과 교회의 승리

서문

　나이 마흔에 밴쿠버에서 개척교회를 시작했습니다. 그때 지인이 '목회도 결국 비즈니스 아닙니까?'라는 충고를 했습니다. 같은 또래의 소상공인이었는데 빈정거림은 아니었습니다. 막 시작된 개척교회가 빨리 자리 잡으라는 일종의 덕담이었습니다. 그렇지만 결국 '비즈니스 하듯이 목회하시라, 단골 잡듯이 교인 모으시라, 그래서 사업에서 성공하듯이 목회에서 성공하시라' 이런 말입니다.

　　목회를 하면서 '그리스도인의 재정 관리'에 대해 공부한 적이 있습니다. 그리스도인답게 돈을 소비해야 한다는 내용입니다. 그런 제목의 책을 선택해서 공부했습니다. 교인 한 사람이 거부감을 보였습니다. '교회가 돈 버는 법을 가르쳐야지 왜 돈 쓰는 법을 가르치느냐?'라는 항의였습니다. 그리스도인답게 돈을 소비하자는 말이 마치 열심히 헌금하라는 말처럼 들려서 그랬을 수도 있습니다.

　사람의 지혜로 교회에 관해 말할 수 있습니다. 사람의 생각으로

'교회는 이런 곳이다, 교회는 이래야 한다'는 말을 할 수 있습니다. 목회도 비즈니스라고 할 수 있고 교회는 돈 버는 방법을 가르쳐야 한다고 할 수 있습니다. 다른 말도 가능합니다. '교회는 사회 정의를 실천해야 한다, 구제 사업을 해야 한다'고 말하는 사람도 있습니다.

그러나 정말 중요한 것은 사람의 생각이 아니라 하나님의 뜻입니다. 교회는 하나님이 세우신 하나님의 공동체이기 때문입니다. 그래서 성경이 말하는 교회를 알아야 합니다. 성경이 말하는 교회의 본질과 존재 목적과 사역의 내용이 중요합니다. 사람의 생각은 부차적이고 오히려 교회의 본질을 흐릴 수도 있습니다. 성경이 말하는 교회는 결코 비즈니스의 장소가 아니며 돈 버는 방법을 가르치는 곳이 아닙니다.

교회는 근본적으로 하나님의 백성이 모여 하나님을 경배하는 곳입니다. 하나님 나라의 영광을 체험하는 곳입니다. 세례를 받고 죄 사함을 경험하며 영원한 생명을 얻는 곳입니다. 세상을 사랑하고 사람을 구원하는 곳입니다. 복음을 전하고 진리로 죄악을 이기는 곳입니다. 이것이 성경이 말하는 교회의 본질입니다. 찬양과 경배, 구원과 영생이 교회의 존재 이유고 목적입니다.

지난 2-30년 동안 세상이 크게 변했습니다. 문명, 특히 과학의 발전이 놀라운 속도로 진행되었습니다. 교회가 그런 발전에 뒤처지는 모습입니다. 교회가 세상으로부터 배우는 시대가 된 것 같습니다. 교회에 대한 나쁜 소식이 자주 언급되면서 교회에 대한 세상의 존경이 급속히 약해졌습니다. 그러면서 한국 교회에 대한 부정적인 이미지가 많이 쌓였습니다. 코로나 바이러스 감염증 이후 그런 분위기가 더 강해졌습니다. 교회가 거룩한 공동체라는 이미지가 거의 사라지고 세상이 교회를 가볍게 여기고 있습니다.

그러나 교회는 그렇게 세상으로부터 손가락질 당할 공동체가 아닙니다. 하나님의 영광스러운 집입니다. 예수께서 교회의 기초를 놓으셨고 성령께서 교회를 세우셨습니다. 교회는 그리스도의 순결한 신부입니다. 하나님께서 교회를 진심으로 사랑하십니다. 교회는 하나님의 은혜가 넘치는 그리스도의 몸입니다. 그리스도와 일치하고 그리스도로 인해 연합하는 곳입니다. 교회는 그리스도의 용맹한 군사입니다. 진리의 기둥이자 터이며 모든 유혹을 이기는 진리의 군대입니다. 교회의 원형은 새 예루살렘입니다. 영광의 하나님 나라입니다. 교회의 본질은 한 마디로 하나님 영광이 가득한 거룩한 공동체입니다. 이것이 성경이 말하는 교회의 참 모습입니다. 이런 모습을 회복해야 합니다.

하나님을 경외하고 하나님을 경배하면 교회의 참 모습을 회복할 수 있습니다.

하나님을 전심으로 사랑하고 거룩하게 살면 교회의 참 모습을 회복할 수 있습니다.

이웃을 내 몸처럼 사랑하고 예수님처럼 살면 교회의 참 모습을 회복할 수 있습니다.

성령으로 충만하고 모든 유혹을 이기면 교회의 참 모습을 회복할 수 있습니다.

영원한 것을 소망하고 복음을 전하면 교회의 참 모습을 회복할 수 있습니다.

이 책에서 교회의 본질을 살펴보려고 합니다. 성경이 말하는 교회의 참모습을 알아보려는 것입니다. 어려운 상황에 처한 한국 교회를 위로하고 소망을 주고 싶기 때문입니다. 한국 교회는 현 상황에 낙심치 않고 인내하면서 진리로 무장해야 합니다. 그래야 마귀와 세상의 유혹을 이길 수 있습니다. 이를 위해 교회의 본질을 정리하고 부록에서 성경 해석 문제를 언급했습니다. 성경 왜곡이 교회를 무너뜨리는 결정적 이유이기 때문입니다.

성경에 교회에 대한 비유적 명칭이 많이 있습니다. 그중에 깊은 의미를 가진 중요한 명칭들이 있습니다. 이런 명칭들의 신앙적 의미와 신학적 내용을 살펴봄으로써 교회의 본질을 파악할 수 있습니다. 이 책은 그런 명칭으로 '하나님의 집, 그리스도의 신부, 그리스도의 몸, 그리스도의 군사, 새 예루살렘'을 소개합니다. 이 다섯 가지 비유적 명칭이 교회의 본질을 잘 드러냅니다. 이를 통해 교회가 어떤 공동체이며 왜 세상에 존재하는지 알 수 있습니다.

교회의 본질 이해가 문제 해결의 전부는 아닙니다. 그것만으로 교회 개혁이 충분한 것은 아닙니다. 순종과 실천이 필요합니다. 하나님을 전심으로 사랑하고 이웃을 내 몸처럼 사랑해야 합니다. 성령으로 충만하고 거룩한 삶을 살아야 합니다. 죄와 잘못을 겸손히 회개해야 합니다. 다른 일들도 필요합니다. 세상에 복음을 전해야 합니다. 문화의 유혹을

　　　　세상 사는 하늘 백성

이겨야 하고 과학의 도전을 극복해야 합니다. 그러나 교회의 본질에 대한 깊은 이해가 교회 개혁의 출발점이 됩니다. 교회의 참모습을 통해 교회 개혁의 구체적 방향과 목표를 정할 수 있습니다. 그리고 방법을 알 수 있습니다. 교회가 무엇인지를 알아야 교회의 갈 길을 알 수 있습니다. 이것이 이 책에서 교회의 본질을 살펴보는 이유입니다.

요한계시록 12:1에 '하늘에 큰 이적이 보이니 해를 옷 입은 한 여자가 있는데 그 발 아래에는 달이 있고 그 머리에는 열두 별의 관을 썼더라'는 말씀이 있습니다. 여기서 여자는 하나님의 백성, 즉 교회를 말합니다. 그런데 여자는 해를 옷으로 입고 달 위에 서서 열두 별이 달린 면류관을 쓰고 있습니다. 아주 영광스러운 모습이라는 뜻입니다. 이것이 교회의 진정한 모습입니다. 교회는 해와 달과 별의 영광을 가진 공동체입니다. 이 세상 모든 교회가 해와 달과 별의 영광을 가진 지극히 영광스러운 공동체입니다. 성경은 교회의 본질이 이렇다고 가르칩니다.

바쁘신 중에 이 책의 출판을 도와주신 '후밀리타스' 출판사의 장성환 목사님과 창의진 교회 성도님들의 수고와 격려에 진심으로 감사합니다. 그리고 늘 기도와 재정으로 도우시는 강남교회 성도님들과 가족들의 사랑에 진심으로 감사합니다. 무엇보다 이 모든 일들을 주관하시는 하나님의 은혜와 섭리를 찬양합니다.

2023년 3월 정순혁 목사

1장.
찬란한 영광의 '하나님의 집'

1. 예수와 성령의 사역

° 교회의 본질

"이는 이제 교회로 말미암아 하늘에 있는 통치자들과 권세들에게
하나님의 각종 지혜를 알게 하려 하심이니"(엡 3:10)
"그러나 너희는 택하신 족속이요 왕 같은 제사장들이요 거룩한 나
라요 그의 소유 가 된 백성이니"(벧전 2:9)

교회는 무엇인가? 무엇을 하는 곳이며 무엇을 위해 존재하는가?
교회는 왜 있으며 왜 있어야 하는가? 교회는 어떤 공동체인가? 교회의
본질, 속성, 사명, 기능 등을 묻는 질문들이다. 이 중에서 교회의 본질
을 묻는 질문이 중요하다. 교회의 본질에서 교회의 속성과 사명, 기능
등이 유래하기 때문이다.

교회는 근본적으로 하나님의 백성이 모여 하나님을 경배하는 곳
이다. 그리고 세상을 사랑하고 사람을 구원하는 곳이다. 사랑으로 하

나가 되어 복음을 전하고 진리로 죄악을 이기는 곳이다. 하나님 나라의 영광을 체험하는 곳이다. 세례를 받고 죄 사함을 경험하며 영원한 생명을 얻는 곳이다. 이것이 성경이 말하는 교회의 본질이다. 교회는 하나님의 영광을 찬양하는 곳이며 사람을 구원하는 곳이다. 찬양과 경배, 구원과 영생이 교회의 존재 이유고 목적이다.

교회는 단순히 인간의 조직이나 단체나 건물이 아니다. 하나님께 마음을 드리고 삶을 예수께 드리며 성령의 인도하심을 따라 사는 공동체다. 하나님은 교회를 통해 하나님의 갖가지 지혜를 알려주신다.(엡 3:10) 교회는 하나님의 소유로 하나님이 택하신 족속이자 거룩한 나라다.(벧전 2:9) 그래서 교회에 속한 사람들은 영적으로 왕 같은 제사장들이다.(벧전 2:9) 그들은 세상에 사는 하늘나라 백성이다.

하나님은 교회를 통해 세상을 구원하실 계획을 세우셨다. 하나님의 구원 계획은 교회를 통해 실현된다. 사람은 교회를 통해 하나님을 만난다. 교회 안에서 예수에 대한 믿음이 생기고 자란다. 교회를 통해 성령으로 충만할 수 있다. 하나님에 대한 믿음이 교회에서 시작된다. 믿음은 교회 안에서 성장하고 유지된다. 그래서 믿는 자들은 교회 안에 머물러야 한다. 성도는 교회를 버리거나 떠날 수 없다. 그래서 교회는 구원의 방주다. 유일한 방주다.

교회 밖에는 구원이 없다. 그것은 몸에서 떨어져 나간 지체가 살 수 없는 것과 같은 이치다. 교회는 그리스도의 몸이고 성도는 그 지체들이다. 교회는 이렇게 중요하다. 그래서 칼빈은 '인간이 하나님과 관계를 맺을 수 있는 장소는 하나님이 인간의 구원을 위해 주신 유일한 기

세상 사는 하늘 백성

관인 교회뿐'이라는 말을 했다. 칼빈의 말이 옳다.

성경에 교회에 대한 비유적 명칭들이 있다. 그 명칭들은 모두 영광스럽고 찬란하다. 삼위일체 하나님과 관련된 이름들이기 때문이다. 교회의 본질이 그렇다. 영광스럽고 찬란하다. 교회는 이 세상 그 어떤 공동체가 가질 수 없는 하나님의 영광을 가지고 있다. 그 어떤 공동체도 흉내 낼 수 없는 거룩한 본질을 가지고 있다. 그래서 교회와 같은 공동체는 없다. 오직 교회만이 사람을 하나님께로 인도한다. 영원한 생명의 길로 인도한다. 교회는 유일한 생명의 공동체로 사회로부터 무한한 존경을 받아 마땅하다.

> ※ **교회에 대한 성경의 비유적 명칭:** (하나님의) 양떼(행 20:28), 하나님의 동역자(고전 3:9), 하나님의 밭(고전 3:9), 하나님의 건물(고전 3:9), 하나님의 성전(고전 3:16), 하늘의 예루살렘(갈 4:26), 하나님의 이스라엘(갈 6:16), 하나님의 처소(엡 2:22), 하나님의 권속(엡 2:19), 그리스도의 몸(엡 4:12), 그리스도의 신부(엡 5:22-32), 하나님의 사랑의 아들의 나라(골 1:13), 하나님의 집(딤전 3:15, 히 3:6, 10:21, 벧전 4:17), 하나님의 도성(히 12:22), 장자들의 총회(히 12:23), 신령한 집(벧전 2:5), 하나님의 백성(벧전 2:10), 어린양의 신부(계 19:7), 새 예루살렘(계 21:2, 9-10) 등

그러나 오늘날 한국 교회의 모습은 그렇지 않다. 영광스럽고 찬란한 모습보다는 위축되고 흔들리는 모습이다. 교회의 본질이 많이 흐려

지고 오염된 상태다. 오늘날 한국 교회는 여러 가지 어려움에 처해 있다. 우선 밖으로부터의 문제가 있다. 포스트모더니즘의 다원주의는 하나의 진리를 거부한다. 사람들은 교회에만 구원이 있다는 말에 질색한다. 교회의 사회적 영향력이 많이 약화되었다. 사회는 전반적으로 교회에 무관심하다. 코로나 바이러스 감염증 이후에 교회에 대한 부정적인 시각이 더 강해졌다.

교회는 내부적으로도 혼란을 겪고 있다. 신학적 혼란이 있고 이단 문제가 있다. 동성애 문제로 교회 내 분열이 있다. 교회 개혁을 요구하는 목소리가 들리지만 결과는 지지부진하다. 교회 비판의 목소리가 좋은 결과를 얻지 못한다. 오히려 교회의 사기를 떨어뜨릴 뿐이다. 개혁의 효과는 없고 배가 산으로 올라가는 격이다. 코로나 바이러스 감염증 이후 기존의 교회 중심, 프로그램 중심, 모임 중심의 신앙생활에 큰 변화가 요구되고 있다.

그러므로 소풍 즐기듯 목회할 때가 아니다. 휴가를 즐기듯 신앙생활 할 때가 아니다. 풍성함을 누리며 편안히 하나님을 섬길 때가 아니다. 살아남아야 할 때다. 힘을 비축해야 할 때다. 세상과 싸워 이기고 진리의 깃발을 높이 세워야 할 때다. 지금은 본격적인 혼란과 위기의 때라고 할 수 있다. 외부의 도전을 이기고 내부의 혼란을 극복해야 한다. 이를 위해 모든 방법을 다 동원해야 한다. 그래야 선한 싸움에서 승리할 수 있다.

이를 위해 올바른 교회론 정립이 시급하다. 교회가 무엇이며 어떤 곳인지 알아야 한다. 무슨 일을 해야 하는지 알아야 한다. 특히 교회의 본질을 알아야 한다. 그래야 교회를 개혁할 수 있다. 가야 할 방향을 정할 수 있다. 외부의 공격을 이길 수 있고 내부의 혼란을 극복할 수 있다. 교회 개혁을 위해서는 교회론 정립이 필수적이다.

하나님이 칭찬하시는 순결한 교회가 어떤 교회인지 알아야 한다. 예수님이 기뻐하시는 진리의 교회가 어떤 교회인지 알아야 한다. 반대로 하나님이 책망하시는 음란한 교회가 어떤 교회인지 알아야 한다. 마귀가 기뻐하는 타락한 교회가 어떤 교회인지를 알아야 한다. 그래야 참된 교회로 굳게 설 수 있다. 해야 할 일을 하고 피해야 할 일을 알 수 있다. 무너짐을 피할 수 있는 것이다.

교회의 본질 이해가 신앙의 기쁨을 가져온다. 흔들리지 않는 믿음을 세운다. 멸시와 핍박을 이기는 힘을 준다. 그리고 교회 개혁의 동력이 된다. 그렇게 되면 한국 교회는 다시 하나님의 큰 기쁨이 될 수 있을 것이다. 믿지 않는 자들을 복음의 길로 인도할 수 있을 것이다. 사회를 정의롭게 할 수 있을 것이다. 세상의 소금과 빛이 될 수 있을 것이다.

교회의 본질을 파악하는 좋은 방법은 교회에 대한 성경의 비유적 명칭을 살펴보는 것이다. 교회에 대한 비유적 명칭 중에 특별히 중요한 명칭들이 있다. 이런 명칭들의 신앙적 의미와 신학적 내용을 살펴봄으로써 교회의 본질을 파악할 수 있다.

이 책은 그런 명칭으로 '하나님의 집, 그리스도의 신부, 그리스도의 몸, 그리스도의 군사, 새 예루살렘'을 소개한다. 이 다섯 가지 비유적 명칭이 교회의 본질을 잘 드러내기 때문이다. 이 다섯 가지 명칭을 통해 교회가 어떤 공동체이며 왜 세상에 존재하는지 알 수 있다.

° 하나님의 집

"만일 내가 지체하면 너로 하여금 하나님의 집에서 어떻게 행하여
야 할지를 알게 하려 함이니 이 집은 살아 계신 하나님의 교회요 진
리의 기둥과 터니라"(딤전 3:15)

"그리스도는 하나님의 집을 맡은 아들로서 그와 같이 하셨으니 우
리가 소망의 확신과 자랑을 끝까지 굳게 잡고 있으면 우리는 그의
집이라"(히 3:6)

교회의 본질에 대한 첫 번째 중요한 비유적 명칭은 '하나님의
집'(oikos theou, 오이코스 쎄우)이다. 성경은 교회를 가리켜 하나님의 집
이라고 한다.(딤전 3:15, 히 3:6) 교회는 이 세상에 존재하는 하나님의 집
인 것이다. 이는 하나님의 현존을 강조하고 하나님과의 만남을 강조하
는 명칭이다.

교회는 하나님이 현존하시고 임재하시는 집이다. 사람은 이 집에서
하나님께 예배하고 기도한다. 이를 통해 하나님을 만난다. 교회는 하나
님과 인간의 만남을 중재하는 집이다. 사람은 이 집에서 하나님의 살아
계심과 사랑을 체험한다. 구원받고 영생을 약속받는다. 이것이 하나님
의 집이 세상에 존재하는 이유다.

"무리가 그 성과 그 가운데에 있는 모든 것을 불로 사르고 은금과
동철 기구는 여호와의 집 곳간에 두었더라"(수 6:24)

"하나님의 집이 실로에 있을 동안에 미가가 만든바 새긴 신상이 단

자손에게 있었더라"(삿 18:31)

"여호와 우리 하나님의 집을 위하여 내가 너를 위하여 복을 구하리
로다"(시 122:9)

"여호와의 집 우리 여호와의 성전 곧 우리 하나님의 성전 뜰에 서
있는 너희여"(시 135:2)

하나님의 집 개념은 구약의 회막(성막)과 예루살렘 성전에서 유래
했다. 모세가 세운 회막이 하나님의 집이었고 솔로몬이 건축한 예루
살렘 성전이 하나님의 집이었다. 구약 곳곳에서 이 사실을 확인할 수
있다.(수 6:24, 삿 18:31, 삼상 1:7, 24, 3:15, 대상 6:48, 시 23:6, 27:4, 52:8,
55:14, 92:13, 118:26, 122:1, 9, 135:2, 사 66:20, 렘 7:2, 19:14, 35:2, 4, 5, 호
9:4, 슥 8:9 등)

"내가 곧 그들을 나의 성산으로 인도하여 기도하는 내 집에서 그들
을 기쁘게 할 것이며 그들의 번제와 희생을 나의 제단에서 기꺼이
받게 되리니 이는 내 집은 만민이 기도하는 집이라 일컬음이 될 것
임이라"(사 56:7)

"예수께서 이르시되 어찌하여 나를 찾으셨나이까 내가 내 아버지
집에 있어야 될 줄을 알지 못하셨나이까 하시니"(눅 2:49)

"비둘기 파는 사람들에게 이르시되 이것을 여기서 가져가라 내 아
버지의 집으로 장사하는 집을 만들지 말라 하시니"(요 2:16)

"우리는 하나님의 동역자들이요 너희는 하나님의 밭이요 하나님의 집이니라"(고전 3:9)

"너희는 너희가 하나님의 성전인 것과 하나님의 성령이 너희 안에 계시는 것을 알지 못하느냐"(고전 3:16)

"너희도 성령 안에서 하나님이 거하실 처소가 되기 위하여 그리스도 예수 안에서 함께 지어져 가느니라"(엡 2:22)

"너희도 산 돌 같이 신령한 집으로 세워지고 예수 그리스도로 말미암아 하나님이 기쁘게 받으실 신령한 제사를 드릴 거룩한 제사장이 될지니라"(벧전 2:5)

신약에서 구약의 이 개념을 차용해 교회에 적용했다. 그래서 신약에 '하나님의 집'과 비슷한 명칭들이 등장한다. '하나님의 건물(고전 3:9), 하나님의 성전(고전 3:16), 하나님의 처소(엡 2:22), 하나님의 도성(히 12:22), 신령한 집(벧전 2:5)' 등이다. 고린도전서 3:9의 '하나님의 건물'(*oikodome theou*, 오이코도메 쎄우)은 개역성경이 하나님의 집으로 번역했다. '하나님의 집' 개념은 교회의 본질에 대한 가장 기본적인 설명이다.

※ **교회의 기원:** 교회라는 말은 히브리어 카할(*qahal*, 대중, 청중)에서 유래했다. 그리스어 성경 『70인경(Septuagint)』은 카할을 에클레시아(*ekklesia*)와 시나고게(*synagoge*)로 번역했다. 이는 사람들의 모임을 의미한다. 이 중에서 에클레시아는 교회가 되었고, 시나고게

는 유대인 회당이 되었다. 교회와 회당은 같은 히브리어 단어에서 유래한 것이다. 한편, 기독교인들이 모이는 장소를 '주님의 집'이라 불렀는데 이 '주님의 집'이 그리스어로 키리아케(*kyriake*)다. 이 키리아케에서 스웨덴어 키르카(Kyrka), 독일어 키르케(Kirche)가 생겼고 여기서 영어 처치(church)가 생겼다. 오늘날 사용되는 교회라는 말의 뿌리는 그리스어 에클레시아와 키리아케다. 에클레시아는 대중, 군중, 모임이라는 일반적인 단어로 히브리어 카할과 관련이 있다. 키리아케는 주님의 집이라는 신앙적인 뜻을 가지고 있다. 신약에 에클레시아는 114번 나오지만 키리아케는 없다. 그러나 키리아케와 비슷한 의미의 비유적 명칭은 많다. 그 중에서 가장 비슷한 것이 하나님의 집이다.(고전 3:9, 딤전 3:15, 히 3:6, 10:21, 벧전 4:17)

° 찬란한 영광의 집

"구름이 회막에 덮이고 여호와의 영광이 성막에 충만하매 모세가
회막에 들어갈 수 없었으니 이는 구름이 회막 위에 덮이고 여호와
의 영광이 성막에 충만함이었으며"(출 40:34-35)

"제사장이 성소에서 나올 때에 구름이 여호와의 성전에 가득하매
제사장이 그 구름으로 말미암아 능히 서서 섬기지 못하였으니 이는
여호와의 영광이 여호와의 성전에 가득함이었더라"(왕상 8:10-11)

"솔로몬이 기도를 마치매 불이 하늘에서부터 내려와서 그 번제물과
제물들을 사르고 여호와의 영광이 그 성전에 가득하니 여호와의
영광이 여호와의 전에 가득하므로 제사장들이 여호와의 전으로 능
히 들어가지 못하였고"(대하 7:1-2)

하나님의 집은 찬란한 영광을 가진다. 성경이 이 사실을 강조한다.
모세가 시내 광야에서 회막을 완성했을 때 구름이 회막을 덮고 하나님
의 영광이 성막 안에 가득했다. 모세가 회막에 들어갈 수가 없을 정도
였다.(출 40:33-37) 솔로몬이 예루살렘 성전을 지었을 때도 마찬가지였
다. 제사장들이 여호와의 궤를 성소에 넣었을 때 구름 때문에 제사장들
은 일을 계속 할 수 없었다. 여호와의 영광이 성전 안에 가득 찼던 것이
다.(왕상 8:10-11) 솔로몬이 성전을 위한 기도를 마쳤을 때도 마찬가지로
하나님의 영광이 성전에 가득했다.(대하 7:1-2)

"일어나라 빛을 발하라 이는 네 빛이 이르렀고 여호와의 영광이 네

위에 임하였음이니라 보라 어둠이 땅을 덮을 것이며 캄캄함이 만민을 가리려니와 오직 여호와께서 네 위에 임하실 것이며 그의 영광이 네 위에 나타나리니"(사 60:1-2)

"다시는 낮에 해가 네 빛이 되지 아니하며 달도 네게 빛을 비추지 않을 것이요 오직 여호와가 네게 영원한 빛이 되며 네 하나님이 네 영광이 되리니"(사 60:19)

"여호와의 영광이 그룹에서 올라와 성전 문지방에 이르니 구름이 성전에 가득하며 여호와의 영화로운 광채가 뜰에 가득하였고" (겔 10:4)

이사야는 예루살렘 성전이 하나님의 영광으로 가득 차리라고 예언했다.(사 60:1-3, 19-21) 에스겔이 환상 중에 본 성전 역시 하나님의 영광으로 가득 찼다.(겔 10:4) 에스겔 43:4-5에 '여호와의 영광이 동문을 통하여 성전으로 들어가고 영이 나를 들어 데리고 안뜰로 들어가시기로 내가 보니 여호와의 영광이 성전에 가득하더라'는 말씀이 있다.

"그의 성전에서 그의 모든 것들이 말하기를 영광이라 하도다" (시 29:9)

"여호와의 이름에 합당한 영광을 그에게 돌릴지어다 예물을 들고 그의 궁정에 들어갈지어다 아름답고 거룩한 것으로 여호와께 예배할지어다 온 땅이여 그 앞에서 떨지어다"(시 96:8-9)

이렇게 여호와의 영광이 성전에 거했기 때문에 하나님의 백성은 성전에서 여호와의 영광을 경험했다. 시편 26:8에 '여호와여 내가 주께서 계신 집과 주의 영광이 머무는 곳을 사랑하오니'라는 말씀이 있다. 시편 63:2에는 '내가 주의 권능과 영광을 보기 위하여 이와 같이 성소에서 주를 바라보았나이다'라는 말씀이 있다. 그리고 시편 96:8-9 역시 성전의 영광을 찬양하는 말씀이다.

> "말씀이 육신이 되어 우리 가운데 거하시매 우리가 그의 영광
> 을 보니 아버지의 독생자의 영광이요 은혜와 진리가 충만하더라"
>
> (요 1:14)

요한복음 1:14에 '말씀이 사람이 되셔서 우리 가운데에서 사셨다'라는 말씀이 있다. 하나님의 아들이 나사렛 예수로 태어나셨다는 뜻이다. 여기서 '사셨다'라는 동사는 헬라어로 '장막을 치다'(skenoo 스케노오)라는 뜻이다. 그러므로 헬라어 의미를 살려 번역하면 '말씀이 사람이 되셔서 우리 가운데 장막을 치셨다'가 된다. 장막을 친다는 말은 텐트를 친다는 말이다.

사실 장막을 치는 게 영광스런 일은 아니다. 누가 캠핑장에 친 텐트를 보고 '선생님, 텐트를 잘 치셨네요, 영광스럽습니다'라고 하면 그 사람이 당황할 것이다. 아무도 텐트 치는 걸 영광스럽다고 하지 않는다. 그런데 요한복음 1:14는 그렇다고 한다. 그것도 그 영광은 오직 하나님의 아들만 가질 수 있는 영광이라고 한다.

요한복음 1:14는 예수님이 곧 성전이시며 성전의 영광을 가지신다는 뜻이다. 그 말은 곧 교회가 성전이고 교회가 하나님의 영광을 가진다는 말이다. 예수님이 교회의 머리이시기 때문이다. 교회의 신랑이 되시기 때문이다. 예수님이 성전이고 하나님의 영광을 가지신다는 말씀은 교회도 성전이고 하나님의 영광을 가진다는 뜻이다.

그래서 교회에서 예배를 드릴 때 모세의 성막과 솔로몬의 성전과 에스겔의 '환상 성전'에서 보는 하나님의 영광이 가득 찬다. 이 사실을 굳게 믿어야 한다. 믿는 자들이 주일예배를 드릴 때 교회 안에 하나님의 영광이 가득 차는 것이다. 교회는 그런 곳이다. 바울은 에베소서 3:21에서 '교회 안에서와 그리스도 예수 안에서 영광이 대대로 영원무궁하기를 원하노라 아멘'이라고 한다. 교회 안에 하나님의 영광이 가득하기를 기원하는 것이다.

° 예수께서 놓으신 기초

"이 닦아 둔 것 외에 능히 다른 터를 닦아 둘 자가 없으니 이 터는
곧 예수 그리스도라"(고전 3:11)

고린도전서 3:11에 교회의 기초는 예수 그리스도라는 말씀이 있다.
예수께서 교회의 기초를 놓으신 것이다. 교회는 예수님 때문에 존재할
수 있었다. 예수님의 탄생과 죽음, 그리고 부활이 교회의 기초가 되었
다. 예수님의 모든 말씀과 사역이 교회의 기초가 되었다. 예수님의 12제
자 및 다른 제자들이 교회의 기초가 되었다. 특히 예수님의 제자들이
결정적인 역할을 했다.

최초의 교회는 예루살렘 교회다. 그런데 예수님의 제자들이 예루
살렘 교회를 세우고 유지하고 부흥시켰다. 그들이 예루살렘 교회 설립
에 절대적 영향력을 미쳤다. 그들이 없었다면 예루살렘 교회도 없었다.
그들이 예수를 메시아로 선포하고 복음을 전했다. 예수의 부활을 증거
하고 예수의 가르침을 보존했다. 교회는 예수를 구세주로 선포하고 예
수의 복음을 전하는 공동체다. 예수께서 교회의 기초이신 것이다. 그래
서 교회론의 기초 역시 예수 그리스도다.

오순절 성령 강림 후 교회가 시작되었다. 성령께서 교회의 설립
에 결정적인 역할을 하셨다는 증거다. 그렇지만 예수께서 그 성령 강림
을 약속하셨다. 예수님은 제자들에게 성령을 받으라고 말씀하신다.(요
14:16-17, 26, 16:7-8, 13-14, 20:22, 행 1:4-5, 7) 예수께서 성령 강림의 역사
를 준비하신 것이다. 예수께서 교회 설립을 위한 모든 준비를 해놓으셨

다. 성령께서 거기에 생명을 불어 넣으셨다.

마태복음 16:18에서 예수님과 교회의 깊은 관계를 알 수 있다. 예수께서 바요나 시몬을 베드로라 부르시며 '내가 이 반석 위에 내 교회를 세우리니 음부의 권세가 이기지 못하리라'고 말씀하신다. 예수께서 교회를 가리켜 '내 교회'라고 말씀하신 것이다. 교회는 근본적으로 예수님의 교회다. 이는 예수께서 교회의 기초가 되시고 그 위에 교회가 설립된다는 말이다. 예수님이 교회의 주인이시다.

예수님은 제자들이 회당과 구별될 것을 아셨다. 그래서 '사람들이 너희를 출교할 뿐 아니라 때가 이르면 무릇 너희를 죽이는 자가 생각하기를 이것이 하나님을 섬기는 일이라 하리라'고 말씀하셨다.(요 16:2) 사람들이 제자들을 회당에서 쫓아내고 죽이는 것이 하나님의 뜻이라 생각할 때가 온다는 말씀이다. 예수께서는 회당과 교회의 결별을 알고 계셨다.

> "여러분은 자기를 위하여 또는 온 양 떼를 위하여 삼가라 성령이 그들 가운데 여러분을 감독자로 삼고 하나님이 자기 피로 사신 교회를 보살피게 하셨느니라"(행 20:28)
> "너희는 사도들과 선지자들의 터 위에 세우심을 입은 자라 그리스도 예수께서 친히 모퉁잇돌이 되셨느니라"(엡 2:20)

교회는 오직 예수 그리스도와의 관계 속에서만 설명될 수 있다. 바울은 에베소 교회 장로들에게 고별 설교를 하면서 '여러분을 감독자로 삼고 하나님이 자기 피로 사신 교회를 보살피게 하셨느니라'고 한다.(행 20:28) 하나님이 자기 피로 사신 교회라는 말은 예수 그리스도의 피로 사신 교회라는 뜻이다. 교회는 예수의 피로 산 예수의 공동체다. 신약은 예수님과 교회의 관계를 모퉁잇돌, 또는 모퉁이의 머릿돌에 비유한다.(행 4:11, 벧전 2:6, 7) 에베소서 2:20에 '그리스도 예수께서 친히 모퉁잇돌이 되셨느니라'는 말씀이 있다. 예수께서 교회의 기초가 되신다는 뜻이다. 교회는 예수 그리스도로 인해 존재한다. 교회는 하나님의 뜻을 따라 예수께서 기초를 놓으시고 성령께서 세우신 공동체다.(고전 3:11) 예수께서 교회를 위해 자신의 생명을 주셨다.(엡 5:25)

교회는 예수께서 피로 사신 것이다.(행 20:28) 예수님이 자신의 몸처럼 교회를 양육하고 보호하신다.(엡 5:29) 예수께서 친히 교회의 모퉁잇돌이 되셨다.(엡 2:20, 벧전 2:6-7) 그래서 그리스도와 교회는 한 몸이다.(엡 5:30) 그리고 교회는 하나님과 예수 그리스도 안에 존재한다.(살전 1:1) 이것이 예수께서 교회의 기초가 되시는 이유다. 성령 강림도 예수께서 약속하신 일이다.(요 14:16-17, 26, 15:26, 16:13-15, 20:22) 예수께서 이 세상 끝 날까지 세상 모든 교회에 사자를 보내어 말씀하신다.(계 22:16)

> "또한 모세는 장래에 말할 것을 증언하기 위하여 하나님의 온 집에서 종으로서 신실하였고 그리스도는 하나님의 집을 맡은 아들로서 그와 같이 하셨으니 우리가 소망의 확신과 자랑을 끝까지 굳게 잡고 있으면 우리는 그의 집이라"(히 3:5-6)

히브리서 3:1-6에 예수님이 모세보다 훨씬 뛰어나신 존재라는 말씀이 있다. 당시로서는 아주 놀라운 선언이다. 모세로 인해 유대교가 시작되었다. 그런 만큼 유대교에서 모세의 위치는 절대적이다. 그런데 히브리서는 그런 모세보다 예수가 훨씬 더 뛰어난 인물이라고 한다. 예수님은 모세처럼 민족의 지도자가 아니었다. 민족의 해방을 가져온 것도 아니었다. 잊을 수 없는 시대적, 민족적 업적을 남긴 것도 아니었다. 그런데 예수님이 모세보다 훨씬 더 위대하시다. 그 이유는 모세는 하나님의 종이었지만 예수님은 하나님의 아들이시기 때문이다. 이것이 히브리서 3:1-6의 내용이다.

예수 그리스도는 하나님의 아들로서 하나님께 충성하셨다. 모세는 하나님의 종으로서 하나님께 충성했다. 그러므로 예수 그리스도가 모세보다 훨씬 뛰어나시다. 예수님은 이렇게 아들로서 하나님의 집, 즉 교회를 위해 충성하셨다. 이 말씀처럼 교회는 예수 그리스도와 깊은 관계를 맺고 있다. 예수님으로 인해 교회가 존재한다. 그래서 교회의 본질은 근본적으로 예수님과 관계가 있다.

> ※ **가버나움 교회(?)**: 예수께서 직접 교회를 세우신 것은 아니다. 예수님은 가버나움을 중심으로 갈릴리에서 활동하셨다. 그때 제자들이 있었고 따르는 사람들도 많았다. 그러나 그때를 가버나움 교회라고 하지는 않는다. 그 이유는 여러 가지다. 예수님은 갈릴리에서 활동하실 때 안식일에 회당에서 예배를 드렸다. 절기 때는 예루살렘 성전을 방문하셨다. 유대교와 구별되는 예배를 드리신 적이

없다. 예수님은 유대교와 구별되는 교리를 설파하지 않으셨다.(성부와의 관계와 성령 강림의 약속은 예외) 유대교와 다른 예배 장소를 정하지 않으셨다. 유대교와 다른 예배 의식을 만들지 않으셨다. 예수님은 성전과 회당을 그대로 인정하셨다. 제사장과 랍비도 마찬가지다. 예수님은 성전이나 회당과 다른 독자적 기관을 만드신 적이 없다. 유대교와 다른 종교적 제도와 조직을 만드신 게 아니다. 복음서에 그런 증거가 전혀 없다. 비록 즐거운 마음은 아니었지만 예수님은 성전세도 내셨다.(마 17:24-27) 예수님은 유대교라는 틀 안에서 복음을 전하셨다. 그 가르침의 핵심은 하나님 나라였고 교회가 아니었다. 그래서 갈릴리 사역 당시 제자들의 모임을 교회라고 볼 수 없다. 어떤 교회사가도 첫 교회는 가버나움 교회였다고 하지 않는다. 가버나움의 제자 공동체를 교회라고 부르지 않는다. 사실 예수님의 갈릴리 사역은 제자들이 스승을 따라 다니며 보고 듣고 배우는 정도였다. 그들은 회당과 구별되는 새로운 조직체가 아니었다.

사도들은 성령 강림을 체험한 후에도 성전에 기도하러 갔다.(행 3:1) 성전 뜰에 모였으며(행 2:46, 5:12), 성전에서 가르쳤다.(행 3:11-26, 5:20-21, 42) 자신들이 유대교와 다른 종교를 믿는다는 생각을 하지 않았던 것이다. 그렇지만 제자들의 모임은 십자가형을 받은 나사렛 예수의 부활 문제로 유대교와 달라지기 시작했다. 나사렛 예수가 과연 메시아인지 아닌지 하는 문제로 확연히 달라지기 시작했다. 그리고 오순절 성령 강림 후에 서서히 유대교와 그 차이점이 드러나기 시작했다. 오순절 성령 강림 후 예루살렘 공동체는 교회가 분명하다. 그들이 유대교와 확연히 구별되는 신론과 구원론을 가졌기 때문이다. 그리고 회당과 구별되는 종교 지도자를 가졌기 때문이다. 유대교 역시 이런 차이점을 인식하기 시작했다. 그래서 간헐적이기는 하지만 교회를 견제하고 탄압하기 시작했다.(행 4:1-21, 5:17-41, 6:8-14, 7:54-60, 8:1-3) 그리고 헤롯 아그리파가 요한의 형제 야고보를 죽였을 때 기뻐했다.(행 12:1-3) 교회와 회당 사이에 근본적인 차이가 있다는 것을 깨달았던 것이다. 그래서 교회사는 성령강림 후 예루살렘 공동체를 첫 번째 교회라고 한다.(행 2-12장, 15장, 21장 참고) 회당과 교회의 분열이 하루아침에 이루어진 것이 아니다. 시간을 두고 조금씩 진행되었다. 그러나 교회는 조금씩이나마 회당과 지속적으로 멀어졌다. 그래서 바울이 전도 여행을 다니던 시절에는 회당과 완전히 결별하였다.(바울의 세 차례 전도 여행은 주후 46년에서 58년 사이) 바울은 가는 곳곳마다 복음 때문에 유대인들의 박해를 받았다.(행 9:23, 13:45, 14:2, 5, 19, 17:5, 13, 18:2, 21:28, 23:12 등) 바울은 예수의 복음을 전한다는 이유로 유대인들에게 '사십에서 하나 감한 매'를 다섯 번이나 맞았다.(고후 11:24) 유대인들이 교회를 박해한 사실을 바울의 편지에서 잘 알 수 있다. 바울은 그리스도의 십자가를 따르면 유대인들로부터 박해를 받는다고 말한다.(갈 5:11, 6:12) 그리고 유대에 있는 하나님의 교회는 저들과 같은 동족인 유대인들에게 고난을 받았다고 한다.(살전 2:14)

° 바울을 부르신 예수

"땅에 엎드러져 들으매 소리가 있어 이르시되 사울아 사울아 네가
어찌하여 나를 박해하느냐 하시거늘 대답하되 주여 누구시니이까
이르시되 나는 네가 박해하는 예수라"(행 9:4-5)

"주께서 이르시되 가라 이 사람은 내 이름을 이방인과 임금들과 이
스라엘 자손들에게 전하기 위하여 택한 나의 그릇이라"(행 9:15)

교회의 기초를 놓으신 예수께서 바울(사울)을 부르셨다. 바울은 예
수 믿는 자를 박해하기 위해 다메섹으로 가고 있었다. 그런 바울 앞에
예수께서 나타나셨다. 그리고 바울을 복음 전파를 위한 그릇으로 삼으
셨다. 교회를 위한 사람으로 세우신 것이다. 바울이 예수님을 만나는
장면이 사도행전에 3번 나온다.(행 9:1-19, 22:1-16, 26:1-18) 특별한 경우
가 분명하다.

교회론에 있어 바울은 매우 중요한 인물이다. 바울은 복음을 전하
고 교회를 세우는 일에 생명을 바쳤다. 세 번의 전도여행을 통해 터키
와 마케도니아, 그리스에 많은 교회를 세웠다. 바울은 당대에 가장 많
은 교회를 세운 인물이 분명하다. 바울은 교회를 진심으로 사랑했다.
교회를 세우고 유지하는 일을 위해서 목숨을 걸고 헌신했다. 바울에게
육신의 평안이나 인간적 신념 같은 것은 중요치 않았다. 신약에서 바울
보다 교회를 더 사랑한 인물을 찾기 어렵다. 바울은 교회가 무엇이며
무엇을 해야 하는지 잘 알고 있었다.

무엇보다 바울은 교회를 위한 글들을 많이 남겼다. 로마서나 고린

도전후서처럼 교회에 직접 보내는 편지들을 썼다. 디모데전후서나 디도서처럼 교회에서 사역하는 자들을 위한 편지들을 썼다. 그런 편지들을 통해 교회가 지향하고 소망해야 할 일들을 권면했다. 그리고 피하고 삼가야 할 일들을 경고했다. 그러면서 교회를 그리스도의 신부나 그리스도의 몸에 비유했다. 바울의 이런 가르침이 교회론 정립에 매우 중요하다. 바울의 신학이 교회론의 기초가 되었으며 바울 서신은 교회론 연구의 필수 자료다.

바울은 교회에 성령의 은사와 성령의 열매를 소개한다. 죄와 율법에 관해 설명한다. 믿음과 구원의 의미를 밝힌다. 믿음과 소망과 사랑의 중요성을 강조한다. 성만찬의 남용과 교회의 분열을 경고한다. 사랑의 필요성과 교회의 덕을 언급한다. 교회 안에 있는 우상 숭배자들에 대한 경계를 촉구한다. 영적 싸움에 게으르지 말 것을 권면한다. 그리스도인의 자유를 설명하고 거룩한 삶을 가르친다. 고난에 대한 인내를 알려준다. 마귀의 유혹을 이기라고 강조한다.

바울 서신(로마서-빌레몬서) 그 자체가 교회를 위한 글이다. 그래서 바울은 교회론 정립에 있어 예수님을 제외하고 가장 중요한 인물이다. 교회론을 자전거에 비유한다면 예수님이 앞바퀴가 되시고 바울이 뒷바퀴가 된다. 바울 서신에 교회에 대한 비유적 명칭이 풍성하다. 중요한 명칭들이 거의 모두 바울 서신에서 유래했다고 해도 과언이 아니다.

※ **바울 서신:** 학자들은 데살로니가전서, 갈라디아서, 빌립보서, 빌레몬서, 고린도전서, 고린도후서, 로마서는 분명히 바울이 썼다고

인정한다. 그러나 데살로니가후서, 골로새서, 에베소서, 디도서, 디모데전서, 디모데후서는 익명의 저자가 바울의 이름으로 쓴 책일 수 있다고 주장하기도 한다. 바울의 제자들이 바울의 이름으로 쓴 것이라는 설명이다. 바울이 실제 저자인지 아닌지가 중요한 문제가 아니다. 그 책들이 성경에 들어와 있다는 사실이 중요하다. 누가 썼든 결국은 하나님이 그 책의 저자이시다. 하나님이 허락하신 일인 것이다. 이것이 성경의 의미다.

바울 서신에 '하나님의 밭(고전 3:9), 하나님의 집(고전 3:9), 하나님의 성전(고전 3:16), 하나님의 이스라엘(갈 6:16), 하나님의 권속(엡 2:19), 하나님의 처소(엡 2:22), 그리스도의 몸(엡 4:12), 그리스도의 신부(엡 5:22-32), 그리스도의 군사(엡 6:10-18, 딤후 2:3)' 등과 같은 비유적 명칭이 나온다. 이런 비유적 명칭은 교회의 이미지를 나타내는 상징적 표현이다. 그러면서 교회의 내적 본질을 함축한다. 교회가 무엇인지를 밝혀주는 것이다. 그래서 이런 비유적 명칭에 대한 이해가 필요하다. 이 명칭들이 교회의 본질을 설명하기 때문이다.

※ **바울 서신 외 비유적 명칭:** 바울 서신이 아닌 곳에 (하나님의) 양떼(행 20:28), 장자들의 총회(히 12:23), 하나님의 도성(히 12:22), 신령한 집(벧전 2:5), 하나님의 백성(벧전 2:10), 어린양의 신부(계 19:7), 새 예루살렘(계 21:1-27) 등과 같은 명칭들이 있다.

° 성령께서 세우신 집

"그 말을 받은 사람들은 세례를 받으매 이 날에 신도의 수가 삼천
이나 더하더라 그들이 사도의 가르침을 받아 서로 교제하고 떡을
떼며 오로지 기도하기를 힘쓰니라"(행 2:41-42)

예수께서 놓으신 기초 위에 성령께서 교회를 세우셨다. 오순절 성
령 강림으로 말미암아 교회가 외형적 형태를 가지게 되었다. 교회의 내
적 시작은 예수께서 열두 제자들과 함께 사역하시던 때로 보아야 한다.
그러나 교회가 외적 형태를 갖춘 것은 성령 강림 후였다. 그러므로 교
회의 시작을 성령 강림 후로 보는 것이 옳다. 그래서 최초의 교회를 '가
버나움 교회'가 아니라 '예루살렘 교회'라고 한다.

베드로의 오순절 설교를 통하여 삼천 명이 세례를 받았다. 그들이
사도들의 가르침을 받고 서로 교제하며 떡을 떼고 교제했다. 이것이 내
용과 형식을 갖춘 교회의 첫 모습이다.(행 2:41-42) 오순절 성령 강림은
교회의 시작이라는 중요한 신앙적 의미를 가진다. 성령 강림 후 제자들
이 각 나라 말을 한 것은 이제 온 세상에 복음이 전파될 때가 되었다는
뜻이다. 그것을 상징적으로 밝혀주신 것이다. 이제 온 세상에 교회가 세
워질 때가 되었다. 그 첫 걸음이 예루살렘 교회다.

복음을 전하고 교회를 세우기 위해 성령께서 이 세상에 오셨다. 교
회를 통해 사람들을 구원하기 위해 오신 것이다. 오순절 성령 강림은
세상의 구원을 위한 일인데 이 일이 곧 교회의 설립과 연결된다. 교회
가 곧 구원의 방주이고 구원의 유일한 도구라는 뜻이다. 성령 강림 후

3천 명의 사람들이 세례를 받고 예루살렘 교회의 교인이 되었다. 본격적인 교회의 시작을 알린 것이다.

> "그들이 사도의 가르침을 받아 서로 교제하고 떡을 떼며 오로지 기도하기를 힘쓰니라 사람마다 두려워하는데 사도들로 말미암아 기사와 표적이 많이 나타나니 믿는 사람이 다 함께 있어 모든 물건을 서로 통용하고 또 재산과 소유를 팔아 각 사람의 필요를 따라 나눠 주며 날마다 마음을 같이하여 성전에 모이기를 힘쓰고 집에서 떡을 떼며 기쁨과 순전한 마음으로 음식을 먹고 하나님을 찬미하며 또 온 백성에게 칭송을 받으니 주께서 구원 받는 사람을 날마다 더하게 하시니라"(행 2:43-47)

이것이 예루살렘 교회의 모습이다. 제자들은 예루살렘에서 기적을 행하고 복음을 전했다. 설교를 하고 예수님의 부활을 전했다. 회개를 촉구하고 구원을 약속했다. 그래서 베드로와 요한의 설교를 듣고 믿음을 가지게 된 사람들이 5천 명 정도 되었다.(행 4:4) 예루살렘 교회가 유대인을 중심으로 뿌리를 내리기 시작한 것이다. 이 모든 것이 성령의 역사다. 그러나 복음이 유대들에게만 전해질 수는 없었다. 이방인들에게도 전해져야만 했다. 하나님의 뜻은 유대인 구원이 아니라 세상 구원이었기 때문이다. 그래서 성령께서 이방인 구원을 시작하셨다.

"베드로가 이 말을 할 때에 성령이 말씀 듣는 모든 사람에게 내려

오시니 베드로와 함께 온 할례 받은 신자들이 이방인들에게도 성
령 부어 주심으로 말미암아 놀라니 이는 방언을 말하며 하나님 높
임을 들음이러라"(행 10:44-46)

베드로가 가이사랴의 로마 백부장 고넬료의 초대를 받았다. 하나
님의 천사가 고넬료에게 나타나 베드로를 초대하라고 명령한 것이다.
그 당시 베드로는 가이사랴와 가까운 욥바에 있었다. 베드로는 고넬료
의 초대를 받아들이라는 성령의 말씀을 들었다.(행 10:19-20) 고넬료의
집에는 고넬료의 가족과 친척과 친구들이 모여 있었다.(행 10:24) 베드
로가 고넬료의 집에서 설교를 하고 있을 때 오순절 성령 강림과 같은
사건이 고넬료의 집에 일어났다. 베드로의 설교 도중 성령 강림이 일어
난 것이다. 베드로와 그 일행은 그 일을 보고 깜짝 놀랐다. 예루살렘에
서 일어났던 일이 가이사랴에도 일어난 것이다. 그들은 그때까지 이방
인들도 성령을 받을 수 있다는 것을 상상하지 못했다. 이방인도 구원받
을 수 있다는 사실을 전혀 깨닫지 못했던 것이다.
　　고넬료의 집에서 성령 강림을 체험한 베드로는 그곳에 모인 사람
들에게 세례를 준다.(행 10:47-48) 그들의 구원을 인정한 것이다. 베드로
는 성령께서 이방인들에게 역사하시는 것을 보았다. 그래서 이방인 구
원을 인정할 수밖에 없었다. 베드로가 고넬료의 가족과 친척과 친구들
에게 세례를 주었다는 말은 곧 그곳에 교회를 세웠다는 뜻도 된다. 고
넬료의 집을 최초의 이방인 교회라고 말할 수 있다. 성령께서 이렇게
교회를 세우신다. 교회의 외연을 유대인에게서 이방인으로 넓히신다.

"주를 섬겨 금식할 때에 성령이 이르시되 내가 불러 시키는 일을 위
하여 바나바와 사울을 따로 세우라 하시니 이에 금식하며 기도하고
두 사람에게 안수하여 보내니라 두 사람이 성령의 보내심을 받아
실루기아에 내려가 거기서 배 타고 구브로에 가서"(행 13:2-4)

이 사실을 바울을 통해서도 확인할 수 있다. 성령께서 바울과 바나
바를 세우시고 복음을 전하는 선교 여행을 떠나게 하신다. 그 선교 여
행은 세 차례나 진행되었다. 성령께서 사이프러스, 터키, 마케도니아, 그
리스 지역에 복음을 전하고 교회를 세우신 것이다.

"성령이 아시아에서 말씀을 전하지 못하게 하시거늘 그들이 브루기
아와 갈라디아 땅으로 다녀가 무시아 앞에 이르러 비두니아로 가고
자 애쓰되 예수의 영이 허락하지 아니하시는지라"(행 16:6-7)

성령께서 터키에서 복음을 전하고 있던 바울을 마케도니아로 가서
복음을 전하게 하셨다. 터키 소아시아 지방에서의 선교를 막으시고 바
울로 하여금 유럽으로 건너가도록 하신 것이다. 바울은 성령의 인도하
심을 따라 마케도니아로 건너갔다. 성령께서 이렇게 전도와 선교의 장
을 넓히신다. 세상 곳곳에 교회를 세우신 것이다.

° 성령의 선물과 경고

"오직 성령의 열매는 사랑과 희락과 화평과 오래 참음과 자비와 양
선과 충성과 온유와 절제니 이같은 것을 금지할 법이 없느니라"
(갈 5:22-23)

성령께서 주시는 영적 선물 중에 성령의 열매가 있다. 이는 그리스
도의 성품을 뜻하는 것으로 성도들이 가져야 할 거룩한 성품을 말한다.
성령께서 믿는 자에게 이런 성품을 선물로 주시는 것이다.

"어떤 사람에게는 성령으로 말미암아 지혜의 말씀을, 어떤 사람에
게는 같은 성령을 따라 지식의 말씀을, 다른 사람에게는 같은 성령
으로 믿음을, 어떤 사람에게는 한 성령으로 병 고치는 은사를, 어떤
사람에게는 능력 행함을, 어떤 사람에게는 예언함을, 어떤 사람에
게는 영들 분별함을, 다른 사람에게는 각종 방언 말함을, 어떤 사람
에게는 방언들 통역함을 주시나니"(고전 12:8-10)

그 외에 성령의 은사라는 선물이 있다. 은사(恩賜)는 헬라어 '카리
스마'(*charisma*)를 번역한 것이다. 요즘은 카리스마라는 말을 주로 '대
중적 이미지를 높이는 특별한 리더십, 또는 권위'라는 의미로 사용한다.
그렇지만 이 말의 성경적 의미는 선물, 또는 '은혜의 선물'(gift of grace)
이다.

성령의 열매가 성도 각자에게 주는 선물이라면 성령의 은사는 교

회를 위해 주시는 선물이다. 성령의 열매는 성령께서 주시는 성도의 성품이며 성령의 은사는 성령께서 주시는 성도의 능력으로 이해하는 것이 좋다. 이렇게 이해할 때 성령의 열매는 인격과 상관이 있으며 성령의 은사는 봉사와 관계가 있다. 성령의 열매는 어떤 성도가 되어야 하는가에 대한 설명이다. 성령의 은사는 성도는 무엇을 해야 하는가에 대한 지시다. 성령의 열매는 하나님의 자녀(개인)에게 주시는 선물이다. 성령의 은사는 하나님의 백성(공동체)에게 주시는 선물이다. 성령께서 각종 은사를 주시는 이유는 교회를 섬기라는 것이다.(고전14:12, 19, 26) 이 선물을 받은 교회는 풍성한 섬김과 놀라운 능력을 통해 건강하고 온전한 교회가 된다.

> "우리에게 주신 은혜대로 받은 은사가 각각 다르니 혹 예언이면 믿음의 분수대로, 혹 섬기는 일이면 섬기는 일로, 혹 가르치는 자면 가르치는 일로, 혹 위로하는 자면 위로하는 일로, 구제하는 자는 성실함으로, 다스리는 자는 부지런함으로, 긍휼을 베푸는 자는 즐거움으로 할 것이니라"(롬 12:6-8)

로마서 12:6-8 역시 성령의 은사에 관한 말씀이다. 바울은 여기서 7가지 성령의 은사를 말한다. 그것은 '예언하는 일, 섬기는 일, 가르치는 일, 위로하는 일, 구제하는 일, 다스리는 일, 긍휼을 베푸는 일이다. 여기서 다스리는 일은 지도하는 일을 의미한다. 좋은 계획을 세우고 교회의 행정과 운영을 돕고, 정의롭게 정치하는 일을 의미한다.

바울이 카리스마라고 부른 성령의 은사는 초대교회 안에 풍성했다. 그 이유는 하나님께서 이제 막 시작된 교회들에게 풍성한 영적 선물을 허락하셨기 때문이다. 초대교회 성도들이 성령으로 충만했기 때문이다. 성령의 은사는 교회를 위한 선물이다. 성령의 은사 없이 교회가 능력을 발휘할 수 없다. 사명을 제대로 감당할 수 없다. 사람의 지혜와 능력으로 교회를 이끌 때 교회 안에 분쟁과 다툼이 일어나게 된다. 하나님의 영광을 가리는 일이 일어난다. 이런 일을 막기 위해 하나님께서 성령의 열매와 성령의 은사를 선물로 주시는 것이다.

성령의 은사는 교회를 위해 주어진 능력이며 교회에 봉사하라는 하나님의 명령이다. 각양 성령의 은사들이 가지는 가치를 구별하는 기준은 그 은사가 교회에 덕을 세우느냐 아니냐에 있다. 바울은 '너희도 영적인 것을 사모하는 자인즉 교회의 덕을 세우기 위하여 그것이 풍성하기를 구하라'고 권면한다.(고전 14:12) 바울의 이 권면은 성령의 은사를 사모하라는 말이다. 그 이유는 교회의 덕을 세우기 위해서이다. 이 말씀을 통해 성령의 은사를 주시는 이유를 잘 알 수 있다.

※ **성령의 은사:** 사도행전을 통해 초대교회 성도들이 풍성한 성령의 은사들을 경험했다는 사실을 알 수 있다. 사도행전에 카리스마라는 말이 한 번도 등장하지는 않는다. 그러나 사도행전 전체는 초대교회가 경험한 풍성한 카리스마, 즉 성령의 은사를 전하고 있다. 지혜와 지식의 말씀에 해당되는 가르침이 있었다.(행 4:2, 5:21, 11:26, 18:11, 28:31) 병 고침이 있었다.(행 3:1-10, 5:14-16, 9:32-34, 14:8-10,

28:8-10) 능력 행함이 있었다.(행 5:1-11, 6:8, 8:6-7, 9:36-42, 13:9-12, 20:9-12, 28:3-6) 예언 및 말씀 선포가 있었다.(행 2:14-41, 3:12-26, 7:2-53, 10:34-43, 11:27-28, 19:6, 20:23, 21:10-11, 26:1-23, 27:22-26) 방언이 있었다.(행 2:1-11, 10:44-46, 19:1-7) 환상이 있었다.(행 16:6-10) 영의 분별이 있었다.(행 5:3, 9, 8:18-24, 13:9-11). 사도행전에는 이 외에도 더 많은 성령의 은사들이 언급되어 있다.

"귀 있는 자는 성령이 교회들에게 하시는 말씀을 들을지어다"(계 2:7, 11, 17, 29, 3:6, 13, 22)

"두아디라에 남아 있어 이 교훈을 받지 아니하고 소위 사탄의 깊은 것을 알지 못하는 너희에게 말하노니 다른 짐으로 너희에게 지울 것은 없노라"(계 2:24)

그러나 성경에는 교회를 향한 성령의 경고의 말씀도 있다. 요한계시록 2-3장에 '귀 있는 자는 성령이 교회들에게 하시는 말씀을 들을지어다'라는 말씀이 있다.(계 2:7, 11, 17, 29, 3:6, 13, 22) 교회는 성령이 하시는 말씀을 들어야 한다는 뜻이다. 예수님은 이 말씀을 일곱 번 하신다. 각 교회마다 같은 말씀을 반복하신다. 이 말씀이 그만큼 중요하기 때문이다.

교회는 성령의 말씀을 들어야 한다. 이는 교회가 성령을 사모하고 성령으로 충만하라는 뜻이다. 성령의 지혜를 얻으라는 말씀이다. 그래야 교회의 머리이신 그리스도의 말씀을 바로 깨달을 수 있다. 예수님을 이 세상에 보내신 하나님의 뜻을 바로 실천할 수 있다. 성령의 도우심이 없다면 교회는 진리를 제대로 깨달을 수 없다. 그리고 진리를 제대로 실천할 수 없다. 교회는 항상 성령으로 충만하기를 사모해야 한다. 그래서 예수께서 교회를 향해 '귀 있는 자는 성령이 교회들에게 하시는 말씀을 들을지어다'라고 말씀하신 것이다.

성령의 말씀에 귀 기울이지 않으면 하나님의 집은 허물어진다. 그리스도의 몸은 병들게 된다. 교회가 성령의 말씀을 들을 때 비로소 강건해질 수 있고 세상을 이길 수 있다. 성령으로 충만할 때 세상을 선도할 수 있다. 험한 파도에 둘러 싸여서도 조금도 굴하지 않는 바위처럼 될 수 있다. 성령의 말씀을 듣지 않는 교회는 나약하고 무기력하다. 험한 파도에 이리저리 밀려다니며 침몰하지 않으려고 애를 쓰는 작은 배의 모습일 수밖에 없다. 교회의 크기와 상관없이 그렇다.

교회는 하나님과 예수 그리스도에 대한 처음 사랑을 잃어버리고 잘못 될 수 있다. 하지만 그때마다 성령께서 교회에게 하시는 말씀에 귀 기울여 회개해야 한다. 그럴 때 요한계시록 2:7처럼 세상과 악한 영을 이길 수 있다. 반대로 성령의 말씀에 귀 기울이지 않고 사람의 지혜와 능력을 의지하면 참된 생명을 잃어버린다. 미움과 싸움으로 난장판이 된다.

교회는 항상 거짓 가르침과 거짓 믿음을 경계해야 한다. 요한계시록 2:24는 그것을 사탄의 깊은 것, 즉 사탄의 비밀이라고 한다. 예수님은 마귀의 유혹을 경계하라고 하신다. 사탄의 무리를 조심하라고 하신다. 이것을 일곱 교회 안에 '자칭 유대인, 이세벨, 발람, 니골라의 거짓 가르침'이 있다고 표현하신다.(서머나, 버가모, 두아디라, 빌라델비아 교회) 그리고 '식은 사랑, 죽은 믿음, 미지근한 믿음 같은 거짓 믿음'이 있다고 책망하신다.(에베소, 사데, 라오디게아 교회) 교회 안에 거짓 가르침과 거짓 믿음이 있다는 것이다.

예수님이 기뻐하시는 교회는 자신의 힘으로 큰일을 이루는 교회가 아니다. 하나님을 신뢰하는 교회다. 고난 중에 하나님을 원망하지 않는 교회다. 어려움 중에 믿음을 잃지 않는 교회다. 힘들고 어려운 일이 닥쳐도 끝까지 인내하는 교회다. 소망을 붙잡는 교회다. 빌라델비아 교회가 그런 교회였다. 반면에 예수님은 '사랑의 변질과 거짓의 용납과 우상숭배'가 있는 교회를 책망하신다. 음란한 교회라고 비난하신다. 예수님은 처음 사랑을 버린 교회를 책망하신다.(계 2:4) 처음 사랑이란 아가의 신부처럼 그리스도를 사랑하는 교회다. 순결하면서도 뜨겁게 사랑하는 것이다. 교회 중에는 처음 사랑을 잊은 교회가 있다. 에베소 교회가 그런 교회였다.

일곱 교회가 가장 많이 책망 받는 내용은 거짓의 용납이다. 교회 안에 사탄의 무리들이 있다. 이세벨, 니골라 당과 발람의 교훈을 따르는 자들이 있다. 자칭 유대인이라고 하는 사탄에 속한 자들이 있다. 이들은 세상의 가치관을 교회에 심는 자들이다. 하나님의 말씀을 골라서 듣는 자들이다. 성경을 멋대로 해석하는 자들이다. 하나님 말씀에 마귀의 지혜나 사람의 경험을 섞는 자들이다. 교회는 이런 거짓 가르침에 쉽게 빠질 수 있다. 또 그것이 잘못인 줄도 모르고 받아들일 가능성이 있다. 예수님은 그런 교회를 책망하신다. 성경은 무지도 죄라고 한다.(레

5:17, 민 15:24, 시 19:12, 겔 45:20) 거짓 가르침을 피하기 위해서 교회는 하나님의 진리로 무장해야 한다.

바울은 '다른 복음은 없나니 다만 어떤 사람들이 너희를 교란하여 그리스도의 복음을 변하게 하려 함이라 그러나 우리나 혹은 하늘로부터 온 천사라도 우리가 너희에게 전한 복음 외에 다른 복음을 전하면 저주를 받을지어다'라고 한다.(갈 1:7-8) 이 외에도 거짓 가르침에 대한 경고의 말씀들이 많이 있다.(딤전 4:1-2, 벧후 2:1-22, 요일 4:1, 유 1:4, 8, 계 16:13-14, 19:20)

2. 하나님을 만나는 집

° 하나님의 현존

"하나님이 참으로 땅에 거하시리이까 하늘과 하늘들의 하늘이
라도 주를 용납하지 못하겠거든 하물며 내가 건축한 이 성전이
오리이까"(왕상 8:27)

"누가 능히 하나님을 위하여 성전을 건축하리요 하늘과 하늘들
의 하늘이라도 주를 용납하지 못하겠거든 내가 누구이기에 어찌
능히 그를 위하여 성전을 건축하리요 그 앞에 분향하려 할 따름
이니이다"(대하 2:6)

"하나님이 참으로 사람과 함께 땅에 계시리이까 보소서 하늘과 하
늘들의 하늘이라도 주를 용납하지 못하겠거든 하물며 내가 건축한
이 성전이오리이까"(대하 6:18)

집은 일차적으로 거주하는 곳을 의미한다. 그래서 하나님의 집은
하나님이 거주하시는 곳이라 생각할 수 있다. 그러나 하나님의 집은 그

의미가 사뭇 달라서 하나님이 사시는 곳이 아니다. 하나님의 집은 하나님이 먹고 자고 주무시고 생활하시는 곳이 아니다. 하나님은 이 세상 그 어떤 곳에서도 먹고 자고 주무시지 않는다.

이를 솔로몬의 고백에서 알 수 있다. 솔로몬은 예루살렘 성전을 건축했다. 그러나 하나님이 거주하시는 집을 지은 것은 아니다. 솔로몬은 하나님이 예루살렘 성전에 사신다고 생각하지 않았다. 사람이 지은 곳에 창조주 하나님을 모실 수 없다고 생각했다. 하나님의 집은 하나님이 사시는 곳이 아니라는 말이다. 이를 열왕기상 8:27, 역대하 2:6, 6:18 등에서 알 수 있다.

> "그러나 지극히 높으신 이는 손으로 지은 곳에 계시지 아니하시나니 선지자가 말한 바 주께서 이르시되 하늘은 나의 보좌요 땅은 나의 발등상이니 너희가 나를 위하여 무슨 집을 짓겠으며 나의 안식할 처소가 어디냐"(행 7:48-49)
>
> "우주와 그 가운데 있는 만물을 지으신 하나님께서는 천지의 주재시니 손으로 지은 전에 계시지 아니하시고"(행 17:24)

신약에서도 마찬가지다. 스데반은 자신의 설교에서 하나님은 성전에 사시는 것이 아니라고 한다.(행 7:48-49) 바울 역시 아덴에서 이 사실을 명확히 한다. 하나님은 사람의 손으로 지은 전에는 살지 않으신다고 한다.(행 17:24) 성경의 하나님의 집은 거주의 의미가 아니라 현존의 의미다. 하나님이 사시는 곳이 아니라 하나님이 나타나시는 곳이라는 뜻이다.

> "여호와께서 모세에게 이르시되 네 형 아론에게 이르라 성소의 휘
> 장 안 법궤 위 속죄소 앞에 아무 때나 들어오지 말라 그리하여 죽
> 지 않도록 하라 이는 내가 구름 가운데에서 속죄소 위에 나타남이
> 니라"(레 16:2)
> "모세가 회막에 들어가서 여호와께 말하려 할 때에 증거궤 위 속죄
> 소 위의 두 그룹 사이에서 자기에게 말씀하시는 목소리를 들었으니
> 여호와께서 그에게 말씀하심이었더라"(민 7:89)

회막과 성전이 그랬다. 회막과 성전은 하나님이 나타나시는 곳이었
다. 하나님은 회막에 나타나셔서 사무엘에게 말씀하셨다.(삼상 3:4, 6, 8,
10, 21) 회막의 지성소, 특히 증거궤 위 속죄소(언약궤를 덮는 판)에 나타
나신 것이다.(레 16:2, 민 7:89) 속죄소는 하나님이 앉아 계시는 곳의 발
판 정도로 생각되었다. 회막과 성전은 하나님 현존의 장소였다. 교회가
바로 그런 곳이다. 하나님이 나타나시는 곳이다.

° 예배와 만남

"속죄소를 궤 위에 얹고 내가 네게 줄 증거판을 궤 속에 넣으라 거
기서 내가 너와 만나고 속죄소 위 곧 증거궤 위에 있는 두 그룹 사
이에서 내가 이스라엘 자손을 위하여 네게 명령할 모든 일을 네게
이르리라"(출 25:21-22)

"이는 너희가 대대로 여호와 앞 회막 문에서 늘 드릴 번제라 내가
거기서 너희와 만나고 네게 말하리라"(출 29:42)

하나님은 회막과 성전의 지성소에 나타나셔서 거기서 이스라엘 백
성을 만나셨다.(출 25:21-22, 29:42) 하나님은 거룩한 장소에서 하나님의
백성을 만나신다. 회막과 성전이 그런 곳이다. 하나님의 집이 그렇다. 하
나님의 집은 하나님이 하나님의 백성을 만나시는 곳이다. 이것이 하나
님의 집이라는 명칭이 가지는 뜻이다. 하나님의 집은 근본적으로 하나
님과 하나님의 백성을 만나는 곳이라는 뜻이다. 사람은 하나님의 집에
서 하나님을 만난다.

"밤에 여호와께서 솔로몬에게 나타나사 그에게 이르시되 내가 이미
네 기도를 듣고 이곳을 택하여 내게 제사하는 성전을 삼았으니"(대
하 7:12)

"여호와께서 이와 같이 말씀하시니라 너는 여호와의 성전 뜰에 서
서 유다 모든 성읍에서 여호와의 성전에 와서 예배하는 자에게 내
가 네게 명령하여 이르게 한 모든 말을 전하되 한 마디도 감하지 말

라"(렘 26:2)

"너희는 여호와 우리 하나님을 높이고 그 성산에서 예배할지어다
여호와 우리 하나님은 거룩하심이로다"(시 99:9)

역대하 7:11-22는 하나님이 솔로몬에게 하시는 말씀이다. 성전 낙
성식을 마친 후 하나님께서 솔로몬의 꿈에 나타나 하신 말씀이다. 여기
서 하나님은 '예루살렘 성전을 내게 제사하는 성전으로 삼았다'고 하신
다.(대하 7:12) 하나님께 예배하는 곳으로 삼으셨다는 뜻이다. 구약의 성
전은 사람이 하나님께 예배하는 집이었다. 성전은 기본적으로 예배하
는 장소다. 구약시대의 경우 이 예배는 제사를 포함한다.(삼상 1:3, 왕하
17:36) 예배야말로 성전의 가장 중요한 기능이다.

"또 모세에게 이르시되 너는 아론과 나답과 아비후와 이스라엘 장
로 칠십 명과 함께 여호와께로 올라와 멀리서 경배하고"(출 24:1)
"모세와 아론과 나답과 아비후와 이스라엘 장로 칠십 인이 올라가
서 이스라엘의 하나님을 보니 그의 발아래에는 청옥을 편 듯하고
하늘 같이 청명하더라 하나님이 이스라엘 자손들의 존귀한 자들에
게 손을 대지 아니하셨고 그들은 하나님을 뵙고 먹고 마셨더라"(출
24:9-11)

하나님의 백성은 예배를 통해 하나님을 만난다. 예배는 사람이 하
나님을 만나는 가장 중요한 방법이다. 이스라엘 백성은 시내 산에서 하

　　　　　　　세상 사는 하늘 백성

나님과 언약을 맺었다.(출 24:1-11) 그때 모세와 아론과 나답과 아비후, 그리고 이스라엘 장로 칠십 명이 시내 산에서 하나님을 경배했다.(출 24:1) 하나님께 예배를 드린 것이다. 그리고 그들은 하나님을 보았다.(출 24:9-11) 하나님을 물리적으로 만난 것이다. 그들이 하나님 앞에서 먹고 마셨으나 하나님께서는 그들을 멸망시키지 않으셨다. 시내 산에서의 이런 물리적 만남은 모든 예배가 근본적으로 하나님을 만나는 행위임을 상징적으로 보여준다. 예배란 사람이 하나님 앞에 나아가 하나님을 만나는 행위인 것이다. 이것이 예배의 가장 중요한 목적이다.

다만 이런 하나님과의 물리적 만남은 아주 예외적인 경우다. 출애굽기 24, 33장의 경우를 제외하고 예배를 통한 모든 만남은 하나님과의 영적 만남을 의미한다. 사람이 하나님을 물리적으로 볼 수는 없다. 오히려 하나님을 보려고 하는 사람은 죽음을 면할 수 없다.(출 19:12, 21) 그런 일은 새 예루살렘, 즉 부활의 나라에서나 가능하다.(계 222:4) 그러나 예배를 통한 영적 만남은 언제나 가능하다. 하나님은 예배 중에 하나님의 백성을 만나주신다. 하나님의 백성이 하나님 앞에서 찬양하고 경배하면서 하나님을 만나는 것이다. 하나님의 집이 그런 곳이다.

예배란 근본적으로 하나님의 사랑에 감격한 인간이 하나님께 감사와 찬양을 드리는 것이다. 구원의 은혜를 경험한 사람이 자신의 존재를 하나님께 드리는 시간인 것이다. 예배는 사람을 기쁘게 하기 위한 것이 아니다. 하나님을 기쁘시게 하기 위한 것이다. 예배는 하나님을 기쁘시게 함으로써 사람이 기쁨을 얻는 것이다. 드리려는 열망이 없는 예배는 바른 예배가 될 수 없다. 받고자 하는 열망만 가득 찬 예배는 더더욱 그렇다. 하나님의 사랑에 대한 인간의 응답이 예배의 본질이다.

> "내가 여호와께 바라는 한 가지 일 그것을 구하리니 곧 내가 내 평
> 생에 여호와의 집에 살면서 여호와의 아름다움을 바라보며 그의
> 성전에서 사모하는 그것이라"(시 27:4)
> "내가 주의 권능과 영광을 보기 위하여 이와 같이 성소에서 주를
> 바라보았나이다"(시 63:2)
> "하늘에 계시는 주여 내가 눈을 들어 주께 향하나이다 상전의 손
> 을 바라보는 종들의 눈 같이, 여주인의 손을 바라보는 여종의 눈 같
> 이 우리의 눈이 여호와 우리 하나님을 바라보며 우리에게 은혜 베
> 풀어 주시기를 기다리나이다"(시 123:1-2)

하나님의 집은 사람이 하나님을 만나는 장소다. 시편 27:4, 63:2에
서 시인은 성전에서 하나님의 아름다움, 권능, 영광을 바라본다고 한다.
시편 123편은 성전에 올라가는 노래인데 시인은 1-2절에서 눈을 들어
하나님을 바라본다고 한다. 이는 모두 하나님과의 만남을 찬양한 것이
다. 그 만남은 구체적으로 예배를 통해 이루어진다.

세상 사는 하늘 백성

° 기도와 만남

"주께서 전에 말씀하시기를 내 이름이 거기 있으리라 하신 곳 이 성
전을 향하여 주의 눈이 주야로 보시오며 주의 종이 이곳을 향하여
비는 기도를 들으시옵소서 주의 종과 주의 백성 이스라엘이 이곳을
향하여 기도할 때에 주는 그 간구함을 들으시되 주께서 계신 곳 하
늘에서 들으시고 들으시사 사하여 주옵소서"(왕상 8:29-30)

성전은 또한 기도하는 집이다. 이를 예루살렘 성전 건축 후 솔로몬
의 기도에서 잘 알 수 있다.(왕상 8:22-53) 솔로몬은 성전을 완성한 후 자
신과 백성이 성전에서 기도하거나 성전을 향해 기도할 때 하나님께서
그 소원과 기도를 들어주실 것을 간구한다. 솔로몬은 가능한 한 많은
예를 들면서 성전에서의 기도와 성전을 향한 기도의 응답을 간구한다.
성전이 예배하는 장소인 동시에 기도하는 곳임을 강조하고 있다.

"내가 환난 중에서 여호와께 아뢰며 나의 하나님께 아뢰었더니 그
가 그의 성전에서 내 소리를 들으심이여 나의 부르짖음이 그의 귀
에 들렸도다"(삼하 22:7)
"내가 곧 그들을 나의 성산으로 인도하여 기도하는 내 집에서 그들
을 기쁘게 할 것이며 그들의 번제와 희생을 나의 제단에서 기꺼이
받게 되리니 이는 내 집은 만민이 기도하는 집이라 일컬음이 될 것
임이라"(사 56:7)
"그들에게 이르시되 기록된 바 내 집은 기도하는 집이라 일컬음

을 받으리라 하였거늘 너희는 강도의 소굴을 만드는도다 하시니라"

(마 21:13)

사무엘하 22:1-51은 다윗의 승전가다. 여기서 다윗은 자신의 기도를 하나님이 성전에서 들으신다고 한다. 같은 말씀이 시편 18:6에도 있다. 성전은 기도하는 장소였고 하나님은 성전에서 기도를 들으신다. 구약의 성전은 기도하는 집으로 사람이 하나님을 만나는 곳이었다. 이사야 역시 이 사실을 강조하면서 성전을 가리켜 '만민이 기도하는 집'이라고 한다.(사 56:7) 예수께서 성전을 정화하실 때 이 말씀을 인용하셨다.(마 21:13)

"만일 재앙이나 난리나 견책이나 전염병이나 기근이 우리에게 임하면 주의 이름이 이 성전에 있으니 우리가 이 성전 앞과 주 앞에 서서 이 환난 가운데에서 주께 부르짖은즉 들으시고 구원하시리라 하였나이다"(대하 20:9)

"에스라가 하나님의 성전 앞에 엎드려 울며 기도하여 죄를 자복할 때에 많은 백성이 크게 통곡하매 이스라엘 중에서 백성의 남녀와 어린 아이의 큰 무리가 그 앞에 모인지라"(스 10:1)

"내 영혼이 내 속에서 피곤할 때에 내가 여호와를 생각하였더니 내 기도가 주께 이르렀사오며 주의 성전에 미쳤나이다"(욘 2:7)

여호사밧은 강력한 적의 침공을 받아 나라의 운명이 위태로웠을 때 백성과 함께 성전에서 기도했다.(대하 20:5, 9) 에스라는 성전 앞에서 국가적인 회개를 했다. 온 백성의 죄를 회개하기에 성전 앞이 가장 좋은 장소였던 것이다. 요나는 자신의 기도가 하나님의 성전에 도달했다고 기도한다. 성전은 곧 하나님이 기도를 들으시는 장소였던 것이다.

> "우리 하나님 여호와께서 우리가 그에게 기도할 때마다 우리에게 가까이 하심과 같이 그 신이 가까이 함을 얻은 큰 나라가 어디 있느냐"(신 4:7)
>
> "너희가 내게 부르짖으며 내게 와서 기도하면 내가 너희들의 기도를 들을 것이요 너희가 온 마음으로 나를 구하면 나를 찾을 것이요 나를 만나리라"(렘 29:12-13)

 사람은 기도를 통해 하나님을 만난다. 기도는 사람이 하나님을 만나는 중요한 수단이다. 이 사실을 가장 확실하게 전하는 말씀이 예레미야 29:12-13이다. 여기서 하나님은 이스라엘 백성이 하나님께 기도하면 하나님을 만날 수 있다고 약속하신다. 신명기 4:7은 하나님의 백성이 기도할 때마다 하나님께서 가까이 오신다고 한다. 만나주신다는 뜻이다.

> "여호와여 내가 소리 내어 부르짖을 때에 들으시고 또한 나를 긍휼히 여기사 응답하소서 너희는 내 얼굴을 찾으라 하실 때에 내가 마음으로 주께 말하되 여호와여 내가 주의 얼굴을 찾으리이다 하였나이다"(시 27:7-8)

"이로 말미암아 모든 경건한 자는 주를 만날 기회를 얻어서 주께 기
도할지라"(시 32:6)

시편 27:7-8에서 기도를 통한 하나님 만남을 잘 알 수 있다. 하나님
은 기도하는 자를 향해 '내 얼굴을 찾으라'고 말씀하신다. 기도하는 일
이 곧 하나님의 얼굴을 찾는 일이라고 하신 것이다. 이는 하나님과의 만
남을 뜻한다. 시편 32:6도 기도를 통해 하나님을 만난다고 한다.

"내 의의 하나님이여 내가 부를 때에 응답하소서 곤란 중에 나
를 너그럽게 하셨사오니 내게 은혜를 베푸사 나의 기도를 들으소
서"(시 4:1)

시편 4:1은 '나의 기도를 들으소서'라고 간청한다. 하나님께 기도
하는 자신을 만나달라는 뜻이다. 시편에 이렇게 '기도를 들어 주소서,
기도를 들으셨다'라는 말씀이 많이 있다.(시 5:2, 42:8, 54:2, 55:1, 61:1,
66:20, 69:13, 80:4, 84:8) 기도는 하나님을 만나는 통로다.

"과부가 되고 팔십사 세가 되었더라 이 사람이 성전을 떠나지 아니
하고 주야로 금식하며 기도함으로 섬기더니"(눅 2:37)
"제 구 시 기도 시간에 베드로와 요한이 성전에 올라갈새"(행 3:1)
"후에 내가 예루살렘으로 돌아와서 성전에서 기도할 때에 황홀한
중에"(행 22:17)

세상 사는 하늘 백성

신약의 교회 역시 마찬가지다. 하나님께 예배하고 기도하는 곳이다. 하나님의 집으로 하나님이 나타나시는 곳이다. 하나님이 하나님의 백성을 만나주시는 곳이다. 사람은 교회에서 하나님을 만난다. 예배 중에 하나님을 만나고 기도를 통해 하나님을 만난다. 구약의 회막과 성전이 그랬고 신약의 교회가 그렇다. 신약의 교회 역시 당연히 예배하는 곳이며 당연히 기도하는 집이다.

여 선지자 안나는 성전에서 기도하면서 아기 예수님을 만났다.(눅 2:37) 베드로와 요한은 기도 시간에 성전에 올라가다가 미문 앞에서 나면서부터 걷지 못하는 사람을 걷게 하였다.(행 3:1-10) 사도 바울은 회심 후 예루살렘 성전에서 기도하다가 예루살렘을 떠나라는 주님의 음성을 듣는다.(행 22:17) 성전은 이렇게 기도하는 곳이었다. 그래서 예수님도 기도에 대한 비유를 드시면서 '두 사람이 기도하러 성전에 올라가니 하나는 바리새인이요 하나는 세리라'고 말씀하신다.(눅 18:10)

> "하나님의 성전과 우상이 어찌 일치가 되리요 우리는 살아 계신 하나님의 성전이라 이와 같이 하나님께서 이르시되 내가 그들 가운데 거하며 두루 행하여 나는 그들의 하나님이 되고 그들은 나의 백성이 되리라"(고후 6:16)

하나님은 교회를 통해 사람들을 만나주신다. 바울은 고린도후서 6:16에서 '우리는 살아 계신 하나님의 성전이라'고 한다. 교회가 하나님의 집이라는 뜻이다. 그러면서 '내가 그들 가운데 거하며 두루 행하여 나는 그들의 하나님이 되고 그들은 나의 백성이 되리라'는 예레미야 31:1을 인용한다. 하나님의 백성이 하나님의 집에서 하나님을 만난다는 뜻이다. 교회가 그런 곳이다.

> "그러므로 너희는 이렇게 기도하라 하늘에 계신 우리 아버지여 이름이 거룩히 여김을 받으시오며 나라가 임하시오며 뜻이 하늘에서 이루어진 것 같이 땅에서도 이루어지이다"(마 6:9-10)

기도할 때 하나님의 뜻을 따라 간구하는 일이 필요하다. 기도는 원래 하나님의 뜻을 따라 구하는 것이다. 그것이 기도의 피할 수 없는 원칙이다. 기도에 고정된 형식이 있는 것은 아니지만 그렇다고 해서 아무렇게나 기도할 수는 없다. 그래서 예수께서는 제자들의 요청을 따라 주기도문을 가르치셨다. 주기도문은 기도의 길잡이로서 기도의 기본 형식과 틀을 보여준다.

주기도문의 결론은 '나라와 권세와 영광이 아버지께 영원히 있다'는 것이다. 여기서 나라는 하나님 나라를 의미하며, 권세는 피조물 전체에 대한 하나님의 주권으로 이해할 수 있다. 하나님 나라와 우주 만물에 대한 주권이 하나님께 있다. 그러므로 하나님은 모든 피조물의 영광을 받기에 합당하신 분이다. 주기도문의 교훈을 따라 기도하는 일이 필요하다. 그래야 바른 기도를 드릴 수 있고 삼위일체 하나님의 풍성한 은혜를 누릴 수 있다. 주기도문은 기도에 대한 가장 근본적인 가르침이다.

"이에 베드로는 옥에 갇혔고 교회는 그를 위하여 간절히 하나님께

기도하더라"(행 12:5)

헤롯 아그리파가 베드로를 체포했을 때 교회는 베드로를 위해 간절히 기도했다. 그리고 하나님의 은혜를 체험했다. 베드로가 천사의 도움으로 감옥에서 풀려난 것이다. 교회는 기도하는 집이고 기도를 통해 하나님의 은혜를 체험한다. 하나님의 살아계심을 체험하는 것이다. 하나님을 만난다는 뜻이다. 교회는 사람이 하나님을 만나는 집이다.

2장.
하나님만 사랑하는
'그리스도의 신부'

1. 거룩한 언약 백성

° 언약 백성

"내가 하나님의 열심으로 너희를 위하여 열심을 내노니 내가 너희를 정결한 처녀로 한 남편인 그리스도께 드리려고 중매함이로다"(고후 11:2)

"그러므로 교회가 그리스도에게 하듯 아내들도 범사에 자기 남편에게 복종할지니라"(엡 5:24)

"그러므로 사람이 부모를 떠나 그의 아내와 합하여 그 둘이 한 육체가 될지니 이 비밀이 크도다 나는 그리스도와 교회에 대하여 말하노라"(엡 5:31-32)

"우리가 즐거워하고 크게 기뻐하며 그에게 영광을 돌리세 어린 양의 혼인 기약이 이르렀고 그의 아내가 자신을 준비하였으므로"(계 19:7)

"또 내가 보매 거룩한 성 새 예루살렘이 하나님께로부터 하늘에서 내려오니 그 준비한 것이 신부가 남편을 위하여 단장한 것 같더

라"(계 21:2)

"일곱 대접을 가지고 마지막 일곱 재앙을 담은 일곱 천사 중 하나가 나아와서 내게 말하여 이르되 이리 오라 내가 신부 곧 어린 양의 아내를 네게 보이리라 하고"(계 21:9)

"성령과 신부가 말씀하시기를 오라 하시는도다 듣는 자도 오라 할 것이요 목마른 자도 올 것이요 또 원하는 자는 값없이 생명수를 받으라 하시더라"(계 22:17)

교회의 본질에 대한 두 번째 중요한 비유적 명칭은 '그리스도의 신부'다. 성경은 교회를 가리켜 그리스도의 신부라고 한다.(고후 11:2, 엡 5:24, 31-32, 계 19:7, 21:2, 9, 22:17) 교회는 이 세상에 존재하는 그리스도의 신부인 것이다. 이는 교회가 오직 하나님만 사랑하는 하나님의 백성임을 강조하는 명칭이다.

교회론에서 그리스도의 신부 개념은 매우 중요하다. 이것이 하나님의 순결한 백성을 의미하기 때문이다. 바울 서신에서 그리스도의 신부 개념을 볼 수 있다. 요한계시록도 교회를 그리스도의 신부라고 한다. 그렇지만 이는 구약과 신약을 관통하는 보편적인 개념이다. 구약의 여호와의 신부 개념에서 신약의 그리스도의 신부 개념이 유래했기 때문이다. 구약의 여호와의 신부는 하나님의 백성을 의미한다. 신약의 그리스도의 신부 역시 하나님의 백성을 의미한다. 여기에는 교회가 하나님이 선택하신 공동체라는 뜻이 들어 있다. 성도는 하나님이 선택하신 백성이라는 뜻이다.

이는 구약의 선민사상이나 언약 백성과 연결되며 성경 전체를 통해 볼 수 있는 보편적 개념이다. 그래서 중요하다. 이스라엘은 하나님의 언약 백성이다. 하나님께서 이스라엘과 언약을 맺었다는 뜻이다. 하나님은 모세를 통해 이스라엘 백성의 이집트 탈출을 도우셨다. 그 후 시내 산에서 이스라엘과 언약을 맺으셨다. 하나님은 이스라엘의 신이 되시고 이스라엘은 하나님의 백성이 된 것이다.

출애굽기 24:1-8에 그 언약의 내용과 과정이 언급되어 있다. 모세가 먼저 시내 산에 올라가 하나님의 말씀을 들었다. 그리고 하나님이 하신 말씀과 율례를 이스라엘 백성에게 전했다. 이스라엘 백성은 모세의 말을 듣고 하나님의 말씀 전부를 준행하겠다고 약속했다. 이 약속을 들은 모세는 여호와의 모든 말씀을 기록했다. 그리고 시내 산 아래 제단을 쌓고 열두 지파를 위해 열두 기둥을 세웠다. 모세는 청년들로 하여금 소로 번제와 화목제를 드리게 했다. 그 피의 절반은 그릇에 담고 절반은 제단에 뿌렸다.

그리고 모세는 언약서를 가져다가 백성에게 낭독했다. 이스라엘 백성은 여호와의 모든 말씀을 준행하겠다고 대답했다. 그러자 모세는 그릇에 담긴 피를 백성에게 뿌리며 '이는 여호와께서 이 모든 말씀에 대하여 너희와 세우신 언약의 피니라'고 선포했다.(출 24:8) 이스라엘은 이 시내 산 계약을 통해 하나님이 말씀하신 '제사장 나라, 거룩한 백성'이 되었다.(출 19:6) 이스라엘이 하나님의 언약 백성이 된 것이다. 다윗은 이스라엘을 가리켜 유일한 하나님의 백성이라고 한다.(대상 17:21) 그리고 영원한 주의 백성이라고 한다.(대상 17:22)

"주께서 주의 백성 이스라엘을 영원히 주의 백성으로 삼으셨사오니

여호와여 주께서 그들의 하나님이 되셨나이다"(대상 17:22)

성경은 이런 언약 백성인 이스라엘을 하나님의 신부라고 한다. 하나님과 이스라엘의 언약 관계를 신랑과 신부의 개념으로 이해한 것이다. 예레미야에 '이 언약은 내가 그들의 조상들의 손을 잡고 애굽 땅에서 인도하여 내던 날에 맺은 것과 같지 아니할 것은 내가 그들의 남편이 되었어도 그들이 내 언약을 깨뜨렸음이라 여호와의 말씀이니라'는 말씀이 있다.(렘 31:32) 여호와께서 이스라엘의 남편이 되신다는 말씀이다.

호세아 2:19-20에 '내가 네게 장가들어 영원히 살되 공의와 정의와 은총과 긍휼히 여김으로 네게 장가들며 진실함으로 네게 장가들리니 네가 여호와를 알리라'는 말씀이 있다. 이스라엘을 명백히 하나님의 신부로 여기신 말씀이다. 주로 예언서에 이런 말씀이 있다.(사 54:1-6, 62:4-5, 렘 2:2, 31:32, 겔 16:8, 호 2장)

그렇지만 아가야말로 하나님과 이스라엘의 관계를 신랑과 신부로 가장 잘 설명한 책이다. 아가는 책 전체가 하나님과 이스라엘의 관계를 남녀 간의 사랑으로 설명한다. 하나님은 이스라엘의 신랑이시고 이스라엘은 하나님의 신부라는 것이다. 이는 하나님과 그 백성의 관계를 신비한 결혼, 또는 영적 결혼으로 이해한 것이다.

이와 다른 설명도 있기는 있다. 아가를 남녀 간의 실제 사랑을 찬양하는 책으로 보는 것이다. 그들은 아가를 창세기 2:23-25에 대한 보충

이라고 한다. 남녀 간의 사랑이 하나님의 복임을 강조하는 책이라는 것이다. 아가를 그렇게 볼 때 아가는 결혼의 신성함을 강조하는 책이 된다. 남녀 간의 사랑, 특히 부부간의 사랑을 위하는 책이 된다.

그러나 아가는 그렇게 남녀 간의 사랑을 노래한 책이 아니다. 하나님과 하나님 백성의 사랑을 노래한 책이다. 이것이 아가에 대한 바른 이해다. 아가는 하나님과 이스라엘 백성의 관계를 남녀 간의 사랑으로 묘사한 것일 뿐이다. 남녀 간의 사랑이 하나님의 은혜라는 책이 아니다. 남녀 간의 사랑을 북돋우는 책이 아니다. 결혼의 신성함을 강조하는 책이 아니다. 그런 이해는 아가의 참된 교훈을 놓치는 일이다.

인간이 경험할 수 있는 가장 강렬한 사랑이 신랑과 신부의 사랑이다. 아가는 하나님과 이스라엘의 관계를 그런 사랑으로 설명한 것이다. 신랑의 사랑으로 하나님의 사랑을 체험하고 신부의 사랑으로 하나님을 사랑하라는 것이다. 하나님과 이스라엘의 관계를 신랑 신부의 뜨거운 사랑으로 이해하라는 것이다. 하나님과 이스라엘의 사랑은 실은 그 이상이라는 교훈이다.

아가는 여호와의 신부 개념을 강렬하게 설명하는 책이다. 그래서 아가를 바로 이해하면 하나님의 신부 개념을 알 수 있다. 하나님 신부의 성경적 의미를 제대로 파악할 수 있다. 루터는 아가의 신부를 솔로몬 시대의 행복하고 평화로운 이스라엘로 이해했다. 솔로몬이 아가를 지은 이유가 그런 시대를 허락하신 하나님의 은혜에 대한 감사라는 것이다. 가능한 설명이다.

구약의 이런 개념이 신약으로 이어졌다. 그래서 신약은 교회를 가리켜 '그리스도의 신부'라고 한다. 이는 신약의 저자들이 교회를 새 이스라엘로 보았기 때문이다. 그래서 이스라엘이 하나님의 신부라는 이미지를 그리스도와 교회의 관계로 자연스럽게 차용했다. 이 개념에 따르면 예수 그리스도는 교회의 신령한 신랑이다. 그리고 교회는 그의 순결한 신부다. 그리스도는 교회와 신랑 신부의 관계를 맺었다. 이는 교회가 그리스도의 사랑을 경험한다는 뜻이다. 그리고 그리스도만 사랑해야 한다는 사실을 의미한다.

> "너희가 내게 대하여 제사장 나라가 되며 거룩한 백성이 되리라 너는 이 말을 이스라엘 자손에게 전할지니라"(출 19:6)
> "너는 일어나서 백성을 거룩하게 하여 이르기를 너희는 내일을 위하여 스스로 거룩하게 하라"(수 7:13)
> "사람들이 너를 일컬어 거룩한 백성이라 여호와께서 구속하신 자라 하겠고"(사 62:12)
> "주의 거룩한 백성이 땅을 차지한 지 오래지 아니하여서 우리의 원수가 주의 성소를 유린하였사오니"(사 63:18)
> "백성을 모아 그 모임을 거룩하게 하고"(욜 2:16)

언약 백성은 곧 거룩한 백성을 의미한다. 이는 하나님이 거룩하시기 때문이다. 거룩하신 하나님의 백성은 거룩해야 한다. 하나님께 속한 백성이기 때문이다. 하나님과 언약을 맺은 백성은 세상 백성과 달라야 한다. 그 다른 점이 바로 거룩한 백성이다. 이 거룩한 백성에 대한 또 다른 이름이 제사장 나라다.

> "고린도에 있는 하나님의 교회 곧 그리스도 예수 안에서 거룩하여
> 지고 성도라 부르심을 받은 자들과 또 각처에서 우리의 주 곧 그
> 들과 우리의 주 되신 예수 그리스도의 이름을 부르는 모든 자들에
> 게"(고전 1:2)
> "그러므로 예수도 자기 피로써 백성을 거룩하게 하려고 성문 밖에
> 서 고난을 받으셨느니라"(히 13:12)
> "그러나 너희는 택하신 족속이요 왕 같은 제사장들이요 거룩한 나
> 라요 그의 소유가 된 백성이니"(벧전 2:9)

신약에도 이런 말씀들이 있다. 바울은 고린도전서 1:2에서 고린도
교인들을 향해 하나님의 교회와 그리스도 예수 안에서 거룩하게 된 사
람들이라고 한다. 그리고 성도 즉 거룩한 사람으로 부르심을 받았다고
한다. 믿는 자는 그리스도의 피로써 거룩하게 된 백성이며(히 13:12), 하
나님의 소유가 된 거룩한 나라요 백성이다.(벧전 2:9)

> "하나님은 사랑이심이라"(요일 4:8)
> "여호와는 정의의 하나님이시라"(사 30:18)
> "모든 은혜의 하나님 곧 그리스도 안에서 너희를 부르사 자기의 영
> 원한 영광에 들어가게 하신 이가"(벧전 5:10)
> "진리의 하나님 여호와여"(시 31:5)

하나님의 거룩하심을 몇 가지로 제한할 수는 없다. 그러나 하나님의 거룩하신 본성을 몇 가지 핵심으로 요약할 수는 있다. 성경에서 알 수 있는 하나님의 대표적인 모습이 있기 때문이다. 위에서 인용한 말씀들이 하나님의 거룩하신 속성을 밝혀준다. 하나님은 사랑이 충만하시고 정의로우시다. 하나님은 은혜가 풍성하시고 진리의 근원이시다. 성경은 이렇게 하나님의 사랑과 정의, 하나님의 은혜와 진리를 강조한다. 성경 전체가 이 네 가지를 강조한다. 구약에서는 하나님의 사랑과 정의가 돋보이고, 신약에서는 하나님의 은혜와 진리가 돋보인다. 하나님의 사랑과 정의가 토양이 되고, 그 위에 하나님의 은혜와 진리가 꽃 피운다고 할 수 있다. 이것이 거룩하신 하나님의 대표적인 모습이다.

° 사랑과 정의의 공동체

"하나님은 사랑이심이라"(요일 4:8)

교회는 우선 사랑의 공동체가 되어야 한다. 하나님이 사랑이시기 때문이다. 하나님의 백성은 하나님을 닮아야 한다. 그래서 사랑의 공동체가 되어야 한다. 그 사랑은 하나님을 향한 사랑과 이웃을 향한 사랑이다. 하나님의 백성은 하나님을 전심으로 사랑하고 이웃을 내 몸처럼 사랑한다. 그리고 세상에 복음을 전하기 위해 세상을 사랑한다.

예수님도 사랑을 강조하셨다. 율법사가 예수님을 시험하려고 율법 중 가장 중요한 계명이 무엇이냐고 물었다.(마 22:36) 그때 예수님은 '네 마음을 다하고 목숨을 다하고 뜻을 다하여 주 너의 하나님을 사랑하라 하셨으니 이것이 크고 첫째 되는 계명이요 둘째도 그와 같으니 네 이웃을 네 자신 같이 사랑하라 하셨으니 이 두 계명이 온 율법과 선지자의 강령이니라'(마 22:37-40)고 대답하신다. 사랑을 강조하신 말씀이다.

예수님은 마지막 유월절 만찬에서도 사랑을 강조하셨다. 교회는 사랑의 공동체다.

"아버지께서 나를 사랑하신 것 같이 나도 너희를 사랑하였으니 나의 사랑 안에 거하라 내가 아버지의 계명을 지켜 그의 사랑 안에 거하는 것 같이 너희도 내 계명을 지키면 내 사랑 안에 거하리라"(요 15:9-10)

"내 계명은 곧 내가 너희를 사랑한 것 같이 너희도 서로 사랑하라

하는 이것이니라"(요 15:13)

교회는 무엇보다 전심으로 하나님을 사랑해야 한다. 이것이 그리스도의 순결한 신부가 가져야 할 가장 중요한 덕목이다. 이를 십계명에서 알 수 있다.(출 20:3-17) 십계명의 제1-4 계명이 하나님 섬김에 대한 말씀이다. 하나님만 사랑하라는 말씀인 것이다. 성경 전체를 통틀어 하나님만 사랑하라는 말씀이 많다. 신명기에 특히 그런 말씀들이 많다.(신6:5, 7:9, 10:12, 11:1, 13, 22, 13:3, 19:9, 30:6, 16, 20) 모세는 이스라엘 백성이 가나안에 들어간 후 하나님 외에 다른 우상을 섬길 것을 무척 염려했다.

"너는 마음을 다하고 뜻을 다하고 힘을 다하여 네 하나님 여호와를 사랑하라"(신 6:5)

"이스라엘아 네 하나님 여호와께서 네게 요구하시는 것이 무엇이냐 곧 네 하나님 여호와를 경외하여 그의 모든 도를 행하고 그를 사랑하며 마음을 다하고 뜻을 다하여 네 하나님 여호와를 섬기고"(신 10:12)

"그런즉 네 하나님 여호와를 사랑하여 그가 주신 책무와 법도와 규례와 명령을 항상 지키라"(신 11:1)

"네 하나님 여호와께서 네 마음과 네 자손의 마음에 할례를 베푸사 너로 마음을 다하며 뜻을 다하여 네 하나님 여호와를 사랑하게 하사 너로 생명을 얻게 하실 것이며"(신 30:6)

"네 하나님 여호와를 사랑하고 그의 말씀을 청종하며 또 그를 의지
하라 그는 네 생명이시요 네 장수이시니"(신 30:20)

예수님도 '아버지나 어머니를 나보다 더 사랑하는 자는 내게 합당
하지 아니하고 아들이나 딸을 나보다 더 사랑하는 자도 내게 합당하지
아니하며'라고 말씀하신다.(마 10:37)

그러나 그것이 전부는 아니다. 믿는 자는 이웃도 사랑해야 한다. 그
것이 하나님의 뜻이다. 이를 '선한 사마리아 사람 비유'에서 알 수 있
다.(눅 10:30-37) 강도를 만나 죽게 된 사람을 제사장과 레위인은 지나쳤
다. 그렇지만 유대인들이 업신여기고 이방인처럼 여기는 사마리아 사람
이 도와주었다. 예수님은 이웃 사랑에 관해 물은 율법교사에게 '너도
사마리아 사람 같이 행하라'고 말씀하신다.(눅 10:37) 이웃을 사랑하는
사람이 되라는 뜻이다.

"가난한 자를 불쌍히 여기는 것은 여호와께 꾸어 드리는 것이니 그
의 선행을 그에게 갚아 주시리라"(잠 19:17)
"무엇보다도 뜨겁게 서로 사랑할지니 사랑은 허다한 죄를 덮느니
라"(벧전 4:8)

예수님은 제자들이 사랑의 사람들이 되기 원하셨다. 그래서 양과
염소 비유를 말씀하셨다.(마 25:31-46) 이 세상에서 가난하고 약한 자들
에게 먹을 것과 마실 것과 입을 것을 주라는 말씀이다. 보잘 것 없는 사

람들을 보살피며 그들이 곤란에 빠졌을 때 도와주라는 말씀이다. 그것이 곧 예수님께 한 일과 같다는 말씀이다. 예수님은 아주 작은 일도 잊지 않고 반드시 보상받을 것이라고 하신다. 심지어 냉수 한 그릇까지도 상을 받을 것이라고 약속하신다.(마 10:42)

고린도전서 13장도 이웃 사랑에 대한 말씀으로 유명하다. 바울은 '내가 사람의 방언과 천사의 말을 할지라도 사랑이 없으면 소리 나는 구리와 울리는 꽹과리가 되고 내가 예언하는 능력이 있어 모든 비밀과 모든 지식을 알고 또 산을 옮길 만한 모든 믿음이 있을지라도 사랑이 없으면 내가 아무 것도 아니요'라고 말한다.(고전 13:1-2) 그리고 사랑은 영원하다고 한다.(고전 13:8) 바울은 사랑을 성령의 은사로 말하면서(고전 13장), 동시에 성령의 열매라고 한다.(갈 5:22) 성령의 은사와 성령의 열매에 모두 속하는 것은 사랑밖에 없다. 사랑이 그만큼 중요하다.

"여호와는 정의의 하나님이시라"(사 30:18)

교회는 또한 정의의 공동체가 되어야 한다. 하나님이 정의의 하나님이시기 때문이다. 사랑은 풍성하지만 정의가 빈약한 교회는 올바른 교회가 아니다. 정의의 실천 없이 거룩한 교회가 될 수는 없다. 약자를 외면하고 불의에 눈 감는 교회는 상상할 수 없다. 거짓이 있고 약자에 무관심한 교회도 마찬가지다. 손이 없는 농구선수나 발이 없는 축구선수를 상상할 수 없듯이 정의롭지 못한 교회는 상상할 수 없다.

구약의 예언자들이 정의를 강조했다.

> "내 목전에서 너희 악한 행실을 버리며 행악을 그치고 선행을 배우며 정의를 구하며 학대 받는 자를 도와주며 고아를 위하여 신원하며 과부를 위하여 변호하라"(사 1:16-17)
> "시온은 정의로 구속함을 받고 그 돌아온 자들은 공의로 구속함을 받으리라"(사 1:27)
> "그들에게 정의를 바라셨더니 도리어 포학이요 그들에게 공의를 바라셨더니 도리어 부르짖음이었도다"(사 5:7. 사 10:1-4, 22, 11:5 참고)

예수님도 정의를 무척 중요하게 여기셨다. 이를 마태복음 23:23에서 알 수 있다. '화 있을진저 외식하는 서기관들과 바리새인들이여 너희가 박하와 회향과 근채의 십일조는 드리되 율법의 더 중한 바 정의와 긍휼과 믿음은 버렸도다 그러나 이것도 행하고 저것도 버리지 말아야 할지니라'는 말씀이다.

이는 십일조를 중요하게 여기시면서도 정의가 더 중요하다는 말씀이다. 이 말씀이 십일조를 폐하는 것은 아니다. 십일조의 경우 사소한 것까지도 열심히 하면서, 정의를 외면하는 자들을 책망하시는 말씀이다. 그들이 위선자들이라는 것이다. 예수님은 스스로 거룩하다고 여기면서 정의를 행하지 않는 자들을 향해, '너희는 결코 거룩하지 않다, 위선자일 뿐이다'라고 책망하신다. 마태복음 23:23에 의하면 십일조를 하지 않으면서 정의를 실천할 수는 없다. 정의에 비해 십일조는 쉬운 일이기 때문이다. 쉬운 일인 십일조를 하지 않으면서, 더 어려운 일인 정의를 행할 수는 없다.

그러므로 정의가 무너진 교회는 거룩한 교회가 아니다. 정의를 외면하는 기독교인은 거룩한 성도가 아니다. 사랑이 없는 교회도 거룩한 교회가 아니지만, 정의가 없는 교회도 거룩한 교회가 아니라는 것이다. 사랑을 강조하며 정의를 외면하는 교회는 거룩한 교회가 아니다. 오늘날 한국 교회가 거룩하지 않다고 평가받는 이유는 사랑이 부족하기보다는 정의가 부족하기 때문이다.

믿는 자들이 윤리-도덕적인 죄를 짓고도 잘못을 인정하지 않는다. 진실로 회개하고 책임지는 모습을 보이지 않는다. 그러니 사회가 교회를 거룩하지 않다고 여기는 것이다. 거룩한 사람이 되기 위해서는 정의의 사람이 되어야 한다. 교회가 거룩하다는 인정을 받기 위해서는 정의를 실천해야 한다. 믿는 자들의 의가 세상 사람들보다 분명히 나아야 한다. 하나님의 의를 구하지 않으면서 거룩해질 수는 없다.

예수님은 '너희 의가 서기관과 바리새인보다 더 낫지 못하면 결코 천국에 들어가지 못하리라'고 말씀하신다.(마 5:20) 그리고 '그런즉 너희는 먼저 그의 나라와 그의 의를 구하라 그리하면 이 모든 것을 너희에게 더하시리라'라고 말씀하신다.(마 6:33) 모두 정의를 강조하시는 말씀이다. 믿는 자의 정의는 서기관과 바리새인의 그것보다 나아야 한다. 그래야 거룩한 사람이 될 수 있다.

"가난한 사람을 학대하는 자는 그를 지으신 이를 멸시하는 자요 궁

핍한 사람을 불쌍히 여기는 자는 주를 공경하는 자니라"(잠 14:31)

"가난한 자를 조롱하는 자는 그를 지으신 주를 멸시하는 자요 사람

의 재앙을 기뻐하는 자는 형벌을 면하지 못할 자니라"(잠 17:5)

하나님의 백성은 정의를 베풀고 시행하고 세운다. 교회가 그렇다는

뜻이다. 그리스도의 신부는 세상에서 정의를 실천하고 세워야 한다. 하

나님이 정의로운 분이시기 때문이다.

° 은혜와 진리의 공동체

"모든 은혜의 하나님 곧 그리스도 안에서 너희를 부르사 자기의 영원한 영광에 들어가게 하신 이가"(벧전 5:10)

교회는 또한 은혜의 공동체가 되어야 한다. 하나님이 은혜의 하나님이시기 때문이다. 교회는 새 언약의 백성으로 교회 역시 은혜의 백성이다.(눅 22:20, 고전 11:25, 고후 3:6, 히 8:8, 13, 9:15, 12:24) 교회는 이 사실을 기억해야 한다. 교회의 처음과 끝이 하나님의 은혜 아래 있다. 교회는 은혜로 시작되고 은혜로 마무리된다. 그러므로 교회는 사람들 앞에서 스스로 자랑할 일이 없다. 모든 일이 하나님의 은혜로 되었기 때문이다. 교회가 이 사실을 기억할 때 참된 겸손을 지킬 수 있다.

은혜의 본질은 자격이 없는데 혜택을 누리는 것이다. 받을 자격이 있어서 혜택을 누리는 것은 은혜라고 하지 않는다. 그런데 이 은혜가 기독교와 타 종교의 큰 차이점이다. 은혜로 믿음이 시작되고 은혜로 구원을 받는다. 그래서 하나님의 은혜를 기독교 신앙의 시작과 끝이라 할 수 있다.

구약의 은혜는 율법을 지키는 자가 얻는 것이다. 그렇지 않을 때는 은혜가 아니라 하나님의 분노와 직면하게 된다. 그래서 출애굽기 34:7에 '인자를 천대까지 베풀며 악과 과실과 죄를 용서하리라 그러나 벌을 면제하지는 아니하고 아버지의 악행을 자손 삼사 대까지 보응하리라'는 말씀이 있다.

신약의 은혜는 그렇지 않다. 돌아온 탕자를 달려가 맞으며 아무 것도 묻지 않고 다시 아들로 인정하는 은혜다. 죄인을 먼저 사랑하셔서 십자가를 지시는 은혜다. 그 십자가의 사랑을 믿기만 하라는 은혜다. 구약의 은혜는 조건을 지킨 사람이 얻는 것이다. 그렇지만 신약의 은혜는 조건 없이 미리 받은 것이다. 이것이 복음의 핵심이다. 이런 차이점이 유대교를 율법의 종교로 만들고 기독교를 은혜의 종교로 만들었다.

모세의 율법에도 하나님의 은혜가 있다. 그러나 그것은 완전한 은혜가 아니다. 율법의 불완전한 은혜를 예수님의 복음이 완전케 한다. 이를 요한복음 1:16의 '은혜 위에 은혜러라'라는 말씀에서 알 수 있다. 첫번째 은혜는 율법의 은혜를 의미한다. 두 번째 은혜는 예수님의 은혜를 의미한다. 이를 원문의 취지를 살려 번역하면 '은혜를 대치하는 은혜'라는 뜻이다. 복음의 은혜가 율법의 은혜를 대치한다는 뜻이다.

예수님의 은혜는 죄 사함과 영생을 가능케 하는 은혜다. 하나님 은혜의 완성이다. 그래서 예수님은 '내가 곧 길이요 진리요 생명이니 나로 말미암지 않고는 아버지께로 올 자가 없느니라'고 말씀하신다.(요 14:6) 율법으로는 영생을 얻을 수 없다. 오직 예수님을 통해서만 영생을 얻을 수 있다.

예수님이 바리새인을 미워하신 이유는 그들이 율법주의로 하나님의 은혜를 죽였기 때문이다. 율법주의는 위선과 교만, 그리고 경쟁심을 부추긴다. 은혜가 이런 믿음을 극복한다. 예수님이 바로 이 은혜를 가르치셨다. 예수님은 나병 환자 시몬의 집에서 식사하셨다.(마 26:6) 십자가에서 유대인들을 보고 '저들을 용서하소서'라고 기도하셨다. 그리고 바리새인의 위선과 교만을 책망하셨다. 은혜의 믿음을 가르치셨던 것이다. 그리스도의 신부는 언약 백성을 의미하고 언약 백성은 바로 이런 은혜의 백성을 뜻한다.

"너희는 그 은혜에 의하여 믿음으로 말미암아 구원을 받았으니 이 것은 너희에게서 난 것이 아니요 하나님의 선물이라"(엡 2:8)

에베소서 2:4-8에 '하나님의 은혜'에 대한 말씀이 있다. 하나님은 영적으로 죽은 사람에게 사랑을 베푸신다. 그리스도를 통해 새 생명을 주신다. 심판을 받아 마땅한 인간에게 구원의 은혜를 베푸신 것이다. 이 은혜는 인간이 대가를 지불하고 산 것이 아니다. 하나님의 사랑으로 그저 받은 것이다. 그래서 구원의 주체는 철저히 하나님이시다. 구원의 방법은 오직 은혜다. 사람의 선행과 고행이 아니다. 사람의 그 어떤 행위도 아니다. 이 구원의 은혜는 세상 끝 날까지 계속된다.

"그러나 내가 나 된 것은 하나님의 은혜로 된 것이니 내게 주신 그의 은혜가 헛되지 아니하여 내가 모든 사도보다 더 많이 수고하였으나 내가 한 것이 아니요 오직 나와 함께 하신 하나님의 은혜로라"(고전 15:10)

은혜의 공동체는 하나님의 은혜를 전해야 한다. 산 위의 동네가 숨겨질 수 없고 등불이 감추어질 수 없는 것처럼 받은 은혜를 전해야 한다. 그래서 세상이 하나님의 은혜를 경험하도록 해야 한다. 교회는 하나님의 은혜인 성령의 열매와 성령의 은사를 세상에 전하는 공동체인 것이다. 교회는 하나님의 은혜 위에 굳게 서야 한다.(벧전 5:12)

바울이 이를 잘 실천했다. 바리새인 사울은 교회를 심하게 박해하고 믿는 자들을 열심히 핍박했다.(행 7:58-8:1, 9:1-2, 갈 1:13) 그러나 하나님의 은혜로 무서운 죄를 용서받고 사도가 되었다. 복음을 전하는 사람이 된 것이다. 바울 자신이 이를 잘 알고 있었다. 그래서 바울은 고린도전서 15:10에서 모든 것이 하나님의 은혜라고 고백한다.

교회사에서 아우구스티누스(354-430)가 펠라기우스(360?-418?)와의 논쟁에서 은혜를 지켰다. 펠라기우스는 원죄를 부정하면서 구원이 전적으로 하나님의 은혜에 의한 것이 아니라고 했다. 사람은 스스로 거룩해질 수 있는 능력을 가지고 있다고 했다. 반면에 아우구스티누스는 인간의 전적 타락과 하나님의 절대 주권, 그리고 완전한 은혜를 주장했다. 사람은 하나님의 은혜로만 구원받을 수 있다고 한 것이다.

"진리의 하나님 여호와여"(시 31:5)

한편, 교회는 진리의 공동체가 되어야 한다. 사람은 진리로 거룩해지기 때문에, 교회는 당연히 진리의 공동체다. 요한복음 17:17에서 예수님은 이렇게 말씀하신다. '그들을 진리로 거룩하게 하옵소서. 아버지의 말씀은 진리니이다.' 하나님의 말씀이 곧 진리인데 제자들이 그 진리로 거룩해진다는 것이다. 교회는 진리로 거룩해진 사람들이 모이는 곳이다.

교회는 성경을 진리의 말씀으로 믿는다. 성경은 사람의 생각이나 깨달음을 기록한 책이 아니다. 하나님의 뜻과 지혜를 기록한 책이다. 그래서 성경은 사람의 지혜가 아니라 하나님의 지혜다. 인간이 이성으로 판단하는 책이 아니다. '아멘'으로 받아들여야 하는 계시의 말씀이다. 성경 말씀은 사람의 혼과 영을 꿰뚫으며 마음의 생각과 뜻을 판단한다. 성경은 이해를 요구하는 책이 아니라 믿음을 요구하는 책이다. 그 내용이 하나님의 지혜이기 때문이다. 성경은 믿음을 가져야 이해되는 책이다. 그래서 믿음으로 이해하는 책이다.

> "모든 성경은 하나님의 감동으로 된 것으로 교훈과 책망과 바르게 함과 의로 교육하기에 유익하니"(딤후 3:16)
> "예언은 언제든지 사람의 뜻으로 낸 것이 아니요 오직 성령의 감동 하심을 받은 사람들이 하나님께 받아 말한 것임이라"(벧후 1:21)

성경은 비록 사람이 기록했지만 하나님의 감동으로 된 책이다. (딤후 3:16, 벧후 1:21) 하나님의 영감을 입은 책이다. 성경 전부가 하나님의 뜻을 따라 기록된 말씀이라는 뜻이다. 성경의 기록과 전수, 편집과 정경의 과정 전부에 하나님의 인도하심이 있었다. 성경의 저자는 하나님이시다. 이 사실을 믿는 사람이 진리의 사람이다.

성경에 나타난 하나님의 지혜를 요약하면 첫째, 하나님이 성부, 성자, 성령 삼위일체 하나님이시라는 것이다. 둘째, 하나님이 우주와 만물, 그리고 인간을 창조하신 창조주이시라는 것이다. 셋째, 하나님이 인간의 영생을 약속하는 구원 계획을 세우셨다는 것이다. 넷째, 마지막 날 거룩한 자와 아닌 자를 구별하는 최후의 심판이 있다는 것이다. 하나님의 이런 지혜를 진리로 믿고, 그 진리를 따라 사는 사람이 거룩한 사람이다.

> "육에 속한 사람은 하나님의 성령의 일들을 받지 아니하나니 이는
> 그것들이 그에게는 어리석게 보임이요, 또 그는 그것들을 알 수도
> 없나니 그러한 일은 영적으로 분별되기 때문이라"(고전 2:14)

그런데 이 하나님의 지혜에 한 가지 문제가 있다. 그것은 하나님의 지혜가 사람 눈에 어리석게 보인다는 것이다. 사람의 지혜로 보면 하나님의 지혜는 아주 미련해 보인다. 삼위일체론은 비논리의 극치로 보인다. 창조론은 증명할 수 없는 사실을 그럴 듯하게 꾸며 놓은 것처럼 보인다. 종말론은 확인할 수 없는 이야기로 겁을 주는 것 같다. 구원론은 비합리적인 이야기로 설득하면서 불가능한 사실을 약속하는 것 같다. 사람의 눈으로 볼 때 하나님의 지혜는 낯설고 일방적이다. 비합리적이고 불가능하다. 그러니 어리석고 미련해 보이는 것이다.

그렇게 보이는 이유는 하나님의 지혜가 사람의 지혜와 근본적으로 다르기 때문이다. 사람의 지혜와 짐승의 지혜가 다른 것과 같다. 하나님의 지혜는 영원하고 전지전능하신 창조주의 지혜다. 반면에 사람의 지혜는 일시적이고 유한한 피조물의 지혜다. 모든 것을 알고 모든 것을 할 수 있는 창조주의 지혜는, 모든 것을 알 수 없고 모든 것을 할 수 없는

피조물의 지혜와 다를 수밖에 없다. 인간의 지혜로 하나님의 지혜를 다 이해할 수 없다. 저수지가 바닷물 전부를 담을 수 없는 것과 같다. 우물 안 개구리가 독수리의 세상 경험을 이해할 수 없는 것과 같다. 성경은 이 사실을 하늘이 땅보다 높음 같이, 하나님의 생각이 사람의 생각보다 높기 때문이라고 한다.(사 55:9)

진리의 영이신 성령의 도움 없이 하나님의 지혜를 믿거나 깨달을 수 없다. 그리고 예수님과 관련된 진리들, 성육신, 십자가 죽음, 부활, 승천, 예수님의 신성 등을 믿을 수 없다. 한 마디로 예수님이 누구신지를 알 수 없다. 성령으로 충만해야 완전한 진리를 알 수 있다. 성령은 진리를 행하게 하신다. 성령의 도움 없이 원수를 용서하거나 사랑할 수 없다. 온전히 겸손할 수 없다. 성령의 열매를 맺을 수 없고 성령의 능력을 행할 수 없다. 성령 안에서 드리는 예배만이 참된 예배다. 하나님은 성령 안에서 드리는 예배를 기뻐하신다. 그것이 진리의 예배이기 때문이다.

성령은 지혜와 계시의 영이다.(엡 1:17) 성령은 하나님의 지혜를 깨닫게 하시고, 계시의 말씀을 믿도록 도와주신다. 이런 진리의 영으로 충만한 사람이 거룩한 사람이다. 교회는 진리를 통해 그리스도의 향기가 되고 생명의 향기가 된다. 진리의 공동체가 하나님의 기쁨이 된다.

> "우리는 구원 받는 자들에게나 망하는 자들에게나 하나님 앞에서 그리스도의 향기니 이 사람에게는 사망으로부터 사망에 이르는 냄새요 저 사람에게는 생명으로부터 생명에 이르는 냄새라 누가 이

일을 감당하리요"(고후 2:15-16)

"형제들이 와서 네게 있는 진리를 증언하되 네가 진리 안에서 행한다 하니 내가 심히 기뻐하노라 내가 내 자녀들이 진리 안에서 행한다 함을 듣는 것보다 더 기쁜 일이 없도다"(요삼 1:3-4)

2. 순결한 하나님 사랑

° 하나님의 교회 사랑

교회론에서 그리스도의 신부 개념이 중요한 또 다른 이유가 있다. 이 개념이 '하나님을 전심으로 사랑하라'는 성경의 첫째 계명과 관계가 있기 때문이다.(마 22:36-38) 신랑과 신부는 가장 사랑하는 관계다. 인간의 사랑 중 가장 깊은 관계의 사랑이다. 하나님과 이스라엘이 남편과 아내라는 말은 서로 지극히 사랑하는 사이라는 뜻이다. 그리스도와 교회가 신랑과 신부라는 말도 마찬가지다.

하나님의 이스라엘 사랑은 진실하다. 그리스도의 교회 사랑도 마찬가지다. 말할 필요가 없다. 하나님은 사랑이시다.(요일 4:8) 인간이 하나님을 사랑한 것이 아니라 하나님이 인간을 사랑하셨다.(요일 4:10) 그리스도는 생명을 내어 주시기까지 교회를 사랑하셨다.(엡 5:25) 아직 죄인 된 인간을 위해 그리스도께서 죽으심으로 인간에 대한 하나님의 사랑을 확증하셨다.(롬 5:8) 그래서 사람을 하나님과 그리스도의 사랑에서

끊을 수 있는 것은 없다.(롬 8:35, 39)

문제는 늘 인간의 하나님 사랑이다. 이스라엘의 하나님 사랑이 문제고 교회의 그리스도 사랑이 문제다. 그리스도의 신부 개념은 이 문제를 해결하라는 것이다. 교회는 하나님과 그리스도의 한량없는 사랑을 알아야 한다. 그리고 하나님과 그리스도를 전심으로 사랑해야 한다.(신 6:5, 30:16, 20, 엡 3:18-19, 요일 4:7-10, 16) 그리스도의 신부 개념은 이렇게 첫째 계명과 연관이 있다.

> "만일 그들의 말도 듣지 않거든 교회에 말하고 교회의 말도 듣지 않
>
> 거든 이방인과 세리와 같이 여기라 진실로 너희에게 이르노니 무엇
>
> 이든지 너희가 땅에서 매면 하늘에서도 매일 것이요 무엇이든지 땅
>
> 에서 풀면 하늘에서도 풀리리라"(마 18:17-18)

마태복음 18:18에 '너희가 땅에서 매면 하늘에서도 매일 것이요 무엇이든지 땅에서 풀면 하늘에서도 풀리리라'는 말씀이 있다. 사람들이 세상에서 묶은 것이 하늘에서도 묶여 있을 것이라는 말씀이다. 사람들이 세상에서 푼 것이 하늘에서도 풀려 있을 것이라는 말씀이다. 이 말씀만 보면 무슨 뜻인지 의문스럽다.

그렇지만 이 말씀을 18:17과 연결하면 그 의미를 쉽게 알 수 있다. 교회가 결정하는 것을 하나님이 그대로 인정하신다는 뜻이다. 교회가 묶으면 하나님도 묶으시고 교회가 풀면 하나님도 푸신다는 것이다. 이 말씀을 묵상하면 교회가 얼마나 귀한 공동체인지 알 수 있다. 하나님께

서 교회의 결정을 인정해 주신다. 교회는 그런 공동체다. 하나님은 교회를 이 정도로 사랑하신다.

마태복음 18:18을 '땅에서 묶으면 하늘에서도 묶인다, 땅에서 풀면 하늘에서도 풀린다'라고 기억할 것이 아니다. '교회가 묶으면 하나님도 묶으시고, 교회가 풀면 하나님도 푸신다'고 기억해야 한다. 하나님께서 교회를 이만큼 사랑하신다는 뜻이다. 하나님이 교회의 권위를 인정하신다.

세상에 이런 공동체는 없다. 땅에서 묶으면 하늘에서 묶이고 땅에서 풀면 하늘에서도 풀리는 공동체는 오직 교회뿐이다. 그리스도의 신부인 교회가 이렇게 귀하다. 믿는 자는 이렇게 귀한 공동체의 일원이다. 자긍심을 가져야 한다. 감사하고 기뻐해야 한다. 또 그런 모습에 어울리는 거룩한 사람이 되어야 한다. 하나님이 교회를 그렇게 귀히 여기신다. 그러므로 사람이 교회를 함부로 대할 수는 없다.

믿는 자는 교회를 사랑해야 한다. 물론 가정도 중요하다. 그렇지만 가정이 묶으면 하나님도 묶으시는 가정은 없다. 가정이 풀면 하나님도 푸시는 그런 가정은 없다. 성경에 그런 말씀은 없다. 가족 사랑에 빠져서 교회 사랑을 잊어서는 안 된다. 때로는 교회를 먼저 사랑함으로써 내 가정이 복을 받는 지혜를 가져야 한다. 그렇다고 해서 가정을 무시하라는 말은 아니다. 때로 교회 사랑이 가정에 우선할 수도 있다는 뜻이다. 하나님은 교회에 대한 사랑과 헌신을 기억하신다. 교회가 묶으면 하나님도 묶으실 정도로 교회를 사랑하시기 때문이다. 하나님이 사랑하시는 교회를 사랑하면 하나님은 분명히 그를 기억하실 것이다.

교회를 가볍게 여기는 사람들이 있다. 교회를 자신의 사유 재산처럼 여기는 목사가 있다. 그런 목사를 비판하면서 교회 전체를 비난하는 사람이 있다. 사업이나 교제를 위해 교회 다니는 사람이 있다. 교회보다 무조건 가정을 우선시 하는 사람도 있다. 믿는 자는 마태복음 18:18을 기억해야 한다. 교회는 사람이 가볍게 여겨도 되는 공동체가 아니다. 세상에서 묶었는데 하나님도 묶으시는 공동체는 교회뿐이다. 교회가 이렇게 귀한 곳이라는 사실을 알아야 한다. 교회에 대한 비판을 조심해야 한다. 교회의 불의를 지적해야 한다. 그러나 그 지적은 반드시 사랑의 지적이어야 한다.

세상 사는 하늘 백성

° 교회의 하나님 사랑

하나님이 교회를 사랑하시는 것처럼 교회는 하나님을 사랑해야 한다. 교회가 그리스도의 신부라는 말의 뜻이 그렇다. 신랑이 신부를 사랑하듯 신부도 신랑을 사랑해야 한다. 교회의 하나님 사랑은 순결하고 진실해야 한다. 하나님은 그런 사랑을 원하신다. 하나님께서 교회를 그렇게 사랑하시기 때문이다. 그래서 하나님은 우상 숭배를 가장 싫어하신다. 그것은 순결한 사랑이 아니라 영적 간음이기 때문이다. 남편은 음란한 아내를 용서하지 않는다. 하나님도 우상을 숭배하는 백성을 용서하지 않으신다.

하나님은 순결한 사랑을 원하신다. 이를 성경 전체에서 알 수 있다. 십계명의 첫 번째 계명이 '너희는 나 외에 다른 신들을 두지 말라, 우상을 만들지 말라, 어떤 우상에게도 절하지 말고 섬기지 말라'는 명령이다.(출 20:3-5) 예언서에는 '우상을 숭배하지 말라, 영적 간음을 행하지 말라'는 말씀이 수없이 반복된다. 호세아가 대표적인 예언서다. 하나님은 호세아에게 음란한 여인과 결혼할 것을 명령하신다.(호 1:2) 이스라엘의 음란함을 경고하시기 위해서이다. 아가 역시 하나님을 향한 순결하고 진실한 사랑을 가르치는 책이다. 아가는 하나님 백성의 사랑이 얼마나 순결하고 진실해야 하는지를 보여준다. 교회는 아가의 여인처럼 하나님을 사랑해야 한다.

요한계시록도 하나님에 대한 순결한 사랑을 강조한다. 예수님은 두아디라 교회를 책망하신다. 자칭 선지자라 하는 여자 이세벨이 음란한 죄를 짓도록 부추긴다. 그런데 두아디라 교회가 이를 묵인하기 때문이다.(계 2:20) 하나님은 이세벨과 음란한 죄를 짓는 자들에게 고통을 주신다. 이세벨의 가르침을 따르는 모든 자들을 죽게 하신다.(계 2:22-23) 시온 산에 서 있는 어린 양(그리스도) 곁에 십사만 사천 명이 서 있다. 그들은 음란한 죄를 짓지 않고 자신의 순결을 지킨 자들이다.(계 14:1, 4)

요한계시록 19:7-8에 '어린 양의 혼인이 이르렀고 그의 아내가 자신을 준비하였으므로 그에게 빛나고 깨끗한 세마포 옷을 입도록 허락하셨으니 이 세마포 옷은 성도들의 옳은 행실이로다'라는 말씀이 있다. 하나님에 대한 교회의 순결한 사랑을 칭찬하는 말씀이다.

그러나 교회의 순결한 사랑은 늘 어렵다. 인간의 사랑은 하나님의 사랑만큼 진실하지 않기 때문이다. 이스라엘 백성은 하나님 사랑에 자주 실패했다. 예언서에서 이를 잘 알 수 있다. 성경의 예언서는 이사야로 시작된다. 그런데 이사야의 시작이 바로 이스라엘의 음란한 죄를 책망하시는 내용이다.(사 1:3-4) 하나님은 이스라엘을 향해 '소와 나귀도 제 주인을 알지만 이스라엘은 나를 알지 못한다'고 책망하신다. 그리고 '죄를 짓고 허물이 가득하며 악으로 가득한 이스라엘에게 재앙이 닥칠 것'이라고 경고하신다. 언약 백성의 배반을 지적하신 것이다. 예언서 전체를 가리켜 이스라엘의 '음란한 죄'(우상 숭배와 불순종)를 경고하는 책이라 할 수 있다.

하나님이 가장 싫어하시는 죄는 우상 숭배다. 이를 십계명의 제1계명 '너는 나 외에는 다른 신들을 네게 두지 말라'에서 알 수 있다. (출 20:3) 우상 숭배가 가장 큰 죄라는 뜻이다. 그래서 성경에 우상을 제

거하라는 말씀이 많다. 우상을 만들지 말라는 말씀이 많다. 바울은 아테네에서 그 도시에 우상이 가득한 것을 보고 격분했다.(행 17:16) 이는 우상을 보시는 하나님의 마음을 대변한 것이다. 우상 숭배는 반드시 벌을 받는다. 그러므로 무엇이 우상인지 깊이 생각해 볼 필요가 있다.

예수님은 '한 사람이 두 주인을 섬기지 못할 것이니 혹 이를 미워하고 저를 사랑하거나 혹 이를 중히 여기고 저를 경히 여김이라 너희가 하나님과 재물을 겸하여 섬기지 못하느니라'고 말씀하신다.(마 6:24) 이는 재물도 우상이 될 수 있다는 뜻이다. 이 말씀에 기초하면 우상은 단순히 숭배의 대상이 아니다. 하나님보다 더 사랑하는 것이 곧 우상이다.

예레미야 13:27의 '내가 너의 간음과 사악한 소리와 들의 작은 산 위에서 네가 행한 음란과 음행과 가증한 것을 보았노라 화 있을진저 예루살렘이여 네가 얼마나 오랜 후에야 정결하게 되겠느냐 하시니라'는 말씀이 대표적이다. 또 사마리아와 예루살렘의 죄를 음란한 여인에 비유한 에스겔 23장도 좋은 예다. 그 표현이 지나치게 사실적이어서 읽기에 민망할 정도다.

이 외에도 예언서 전체를 통해 이스라엘의 영적 음란을 지적하는 말씀을 수없이 발견할 수 있다.(사 57:7-8, 렘 2:23-24, 33, 3:1-3, 6, 8-9, 4:20, 5:7, 6:28-29, 7:9-11, 13-14, 18, 30-31, 13:27, 19:4-6, 22:9, 23:14, 32:29-30, 34-35, 44:8, 22-23, 겔 5:9, 16:15, 25-34) 이스라엘이 하나님을 순결하게 사랑하는 일이 그만큼 어렵다. 교회가 그리스도를 진실하게 사랑하는 일도 마찬가지다.

요한계시록 2장의 에베소 교회는 예수님께 '처음 사랑을 버렸다'는 책망을 받았다.(계 2:4) 그리스도의 신부 에베소 교회가 신랑 되신 그리스도에 대한 사랑을 잃어버린 것이다. 성경은 그 잃어버린 사랑을 '처음 사랑'이라고 표현한다. 이는 에베소 교회가 그리스도에 대한 순결한 사랑과 뜨거운 열정을 잃어버렸다는 뜻이다. '처음 사랑'의 내용을 알기는 어렵다. 그렇지만 회개를 촉구하는 2:5의 '처음 행위'를 통해 그 의미를 짐작할 수 있다. 처음 사랑이란 결국 순결한 믿음의 행위다. 에베소 교회는 예수를 구주로 믿고 영생을 확신하는 믿음이 식은 것이다. 열심히 말씀을 배우고 뜨겁게 복음을 전하는 믿음이 사라진 것이다. 에베소 교회와는 달리 예수님은 두아디라 교회의 사랑을 칭찬하신다.(계 2:19)

한국 교회도 에베소 교회처럼 그리스도에 대한 처음 사랑을 잃어버린 적이 있다. 한국교회는 1938년 말부터 1945년 여름까지 약 7년 동안 공식적으로 신사참배를 했다. 교회 대표와 목회자, 장로들이 열을 지어 신사(神社)에 갔다. 거기서 신도의 예배 대상인 일본 신(神)에게 참배했다. '가미나다'라고 하는 이동식 신사를 교회당 안 동편에 두고 그것을 향해 예배했다. 1부로 신도예배를 드렸고 2부로 하나님께 예배했다. 일본의 신을 향하여 기도하고 간구했다. 그 예배는 찬양, 예물, 황국신민서 낭독 등의 순서로 진행되었다.

일제는 신사참배가 종교의식이 아니라고 했다. 국민의례라고 주장했다. 거의 모든 교단 지도자들이 이 사실을 받아들였다. 감리교, 장로교, 성결교도 예외가 아니었다. 신사는 종교가 아니기 때문에 우상 숭배가 아니라는 논리를 폈다. 거기에 절하고 예배하는 것은 괜찮다는 것이다. 그렇지만 모든 한국 교회가 신사가 종교임을 알고 있었다. 신사참배 거부로 약 2000명이 투옥되고 그중 약 50명이 순교했다. 신사참배가 우상 숭배임을 알았던 것이다. 그러나 교단의 지도자들은 이를 알면서도 그것이 우상이 아니라고 말했다. 교회를 지킨다는 명목 아래 교묘한 논리를 펼친 것이다.

한국 교회는 우상을 숭배했지만 그 사실을 제대로 회개하지 않았다. 오히려 은폐하고 축소했다. 우상 숭배의 죄를 감추었다. 해방 후 친일행위를 한 목사들이 교권을 잡았다. 그리고 신사참배 거부로 고생한 사람들을 외면했다. 감옥에서 큰 고통을 겪은 사람들을 '분리주의자, 순결주의자'로 매도하면서 그들이 교회 분열을 조장한다고 공격했다. 그러면서 그들을 교회에서 축출했다. 해방 후 2-3차례 신사참배의 잘못을 회개한다는 말이 있었다. 그렇지만 그것은 진정한 참회가 아니라 형식적인 회개였을 뿐이다. 신사참배 결정을 취소한다는 수준이었다. 한국교회는 신사참배의 죄를 진정한 의미로 참회해야 한다. 과거의 죄라고 외면할 것이 아니다. 느헤미야처럼 자신의 죄로 고백하는 참회가 있어야 한다.(느 1:6-7)

교회는 늘 우상의 개념을 확대해서 이해해야 한다. 그래야 하나님에 대한 순결한 사랑을 지킬 수 있다. 꼭 신상이 있고 예배 의식이 있어야 우상이 아니다. 제물을 바치고 절을 해야만 우상이 아니다. 하나님보다 더 사랑하는 것이 곧 우상이다. 하나님보다 더 사랑한다는 것은 곧 하나님을 멸시하는 것이기 때문이다. 가장 대표적인 것이 재물이다. 돈을 사랑하면 하나님을 미워하게 된다. 그래서 돈을 우상이라 할 수 있다. 예수님도 마태복음 6:24에서 재물이 우상이 될 수 있음을 경고하셨다.

돈을 사랑하는 사람은 결국 '욕망의 사람'이 된다. 욕망의 사람은 언제나 이기적이고 배타적이다. 남을 사랑할 수 없고 남을 배려하는 따뜻한 사람이 될 수 없다. 돈을 사랑하는 사람은 고아와 과부와 나그네를 멸시한다. 그들이 돈을 모으는데 방해가 되기 때문이다. 그런 것이 바로 하나님을 업신여기는 것이고 말씀에 불순종하는 것이다. 돈을 사랑하는 사람은 하나님과 이웃을 사랑할 수 없다. 성경의 첫째 계명과 둘째 계명을 지킬 수 없다. 그러므로 바울의 말처럼 '돈을 사랑하는 것이 일만 악의 뿌리'다.(딤전 6:10)

돈 외에도 하나님 사랑을 방해하는 일들이 있다. 세상 문화, 취미생활, 건강에 대한 관심, 가족에 대한 사랑 등이다. 교회는 항상 '아버지나 어머니를 나보다 더 사랑하는 자는 내게 합당하지 아니하고 아들이나 딸을 나보다 더 사랑하는 자도 내게 합당하지 아니하며'라는 말씀을 기억해야 한다.(마 10:37)

예수님은 자신의 일을 막으러 온 가족들을 보시고, '누가 내 어머니이며 내 동생들이냐 하시고 손을 내밀어 제자들을 가리켜 이르시되 나의 어머니와 나의 동생들을 보라 누구든지 하늘에 계신 내 아버지의 뜻대로 하는 자가 내 형제요 자매요 어머니이니라'고 말씀하셨다.(마 12:48-50) 이런 것이 하나님을 향한 순결한 사랑이다.

하나님은 사랑이시다. 그러나 우상을 숭배하는 교회까지 사랑하시는 것은 아니다. 오히려 그런 음란한 교회를 책망하시고 심판하신다. 하나님은 사랑의 하나님이신 동시에 정의의 하나님이시다.(시 89:14, 32-33, 101:1, 호 2:19, 10:12, 말 2:17, 롬 11:22) 그래서 '주께서 주의 백성 야곱 족속을 버리셨음은 그들에게 동방 풍속이 가득하며 그들이 블레셋 사람들 같이 점을 치며 이방인과 더불어 손을 잡아 언약하였음이라'는 말씀이 있다.(사 2:6) 하나님은 우상을 숭배하는 백성을 버리신다. '만군의 여호와의 날'(사 2:12)은 하나님의 뜻이 온전히 이루어지는 날이다. 그 날은 '모든 우상이 완전히 사라지는 날'이다.(사 2:18) 하나님은 우상을 이렇게 싫어하신다. 하나님보다 더 사랑하는 것이 있다면 순결한 하나님 사랑은 불가능하다.

형상을 만들어 절하는 것만 우상 숭배가 아니다. 하나님을 잊을 정도로 마음을 빼앗기는 것이 곧 우상 숭배다. 그것이 결국 자신을 사랑하는 행동이기 때문에 그렇다. 로마서 8:7에 '육신의 생각은 하나님과 원수가 되나니 이는 하나님의 법에 굴복하지 아니할 뿐 아니라 할 수도 없음이라'는 말씀이 있다. 교회는 우상 숭배를 넓은 의미로 이해해야 한다. 대표적인 것이 세상 가치의 용납이다. 이는 거짓을 용납하는 것과 같다.

예수님은 하나님과 세상을 동시에 사랑하는 교회를 책망하신다.(계 3:15-16) 성공에 취해 스스로 교만해진 교회를 책망하신다. 안락함에 빠져 자기만족을 즐기는 교회를 책망하신다.(계 3:17) 스스로 그리스도의 빛과 세상의 소금이라 여기는 교회들이 있다. 그러나 실상은 하나님의 영광을 가리는 존재일 수 있다. 라오디게아 교회가 그런 교회였다.

라오디게아 교회는 순결치 못한 교회였다. 하나님과 세상을 함께 사랑했기 때문이다. 신앙의 기쁨과 세상의 기쁨을 함께 즐기려고 했기 때문이다. 남편이 부정한 아내를 사랑할 수는 없다. 예수님도 마찬가지다. 그리스도는 순결치 못한 교회를 심히 책망하신다. 하나님과 세상을 동시에 사랑하는 일은 있을 수 없다. 그래서 성경에 이를 비난하는 말씀이 많이 있다. 세상을 사랑하면서 자기 십자가를 질 수는 없다.

> "간음한 여인들아 세상과 벗된 것이 하나님과 원수 됨을 알지 못하느냐 그런즉 누구든지 세상과 벗이 되고자 하는 자는 스스로 하나님과 원수 되는 것이니라"(약 4:4)
>
> "이 세상이나 세상에 있는 것들을 사랑하지 말라 누구든지 세상을 사랑하면 아버지의 사랑이 그 안에 있지 아니하니"(요일 2:15)

예수님은 교회가 순수한 믿음으로 강건하기를 원하신다. 순결한 사랑이 넘치기를 원하신다. 온전한 진리로 충만해지기를 원하신다. 교회는 하나님만 의지하는 굳센 믿음을 가져야한다. 그리스도만 사랑하고 그리스도의 사랑만 원하는 순결함이 있어야 한다. 그리고 진리의 영이신 성령으로 충만해야 한다. 이것이 '교회의 온전한 행위'다.(계 3:2)

그리스도는 온전치 못한 믿음과 순종을 책망하신다. 사데 교회가 그런 교회였다. 사데 교회는 온전치 못한 순종에 만족했다. 그러면서 스스로 살아 있는 믿음이라 생각했다. 그리스도는 그런 사데 교회를 향해 죽은 교회라고 단언하신다.(계 3:1-3) 온전치 못한 믿음은 무서운 결과를 초래한다. 절반의 순종도 마찬가지다.

° 교회 사랑이 곧 하나님 사랑

교회를 사랑하는 것은 곧 하나님을 사랑하는 것이다. 교회가 하나님은 아니다. 그러나 하나님께서 교회를 지극히 사랑하신다. 그러므로 교회를 진심으로 사랑하는 것은 곧 하나님을 진심으로 사랑하는 것이다. 사도행전 20:17-35에서 교회 사랑을 배울 수 있다.

이 말씀은 주후 56/57년 바울의 3차 전도여행 후반부에 일어난 일이다. 바울이 에베소 교회 장로들이 만나는 내용이다. 바울은 터키 남부와 에게 해 지역 선교를 마친 후 배를 타고 예루살렘으로 가고 있었다. 도중에 배가 터키 밀레도에 정착했을 때 바울은 에베소 교회 장로들을 밀레도에 불렀다. 에베소는 밀레도 북쪽으로 50-60km 정도 떨어져 있었다.

바울은 2차 전도여행 마지막 때 에베소에 잠깐 들려 '하나님의 뜻이면 돌아오리라'는 말을 남겼다.(행 18:21) 그리고 3차 여행 때 3년 정도 에베소에 머물렀다.(행 20:31) 에베소 교회가 3차 전도여행의 중심이었던 것이다. 에베소 교회는 나중에 터키 내륙 지방 선교의 중심지가 되었다. 에베소 교회가 골로새 교회와 라오디게아 교회를 개척했다. 그래서인지 에베소 교회는 요한계시록 일곱 교회 중 첫 번째로 등장한다.

사도행전 20:17-35는 두 부분으로 나눌 수 있다. 첫째 부분은 20:17-27이다. 바울이 에베소 교회를 섬긴 내용이다. 바울은 '내가 에베소 교회를 이렇게 세우고 섬겼습니다'라고 말한다. 둘째 부분은 20:28-35이다. 바울이 장로들에게 에베소 교회를 잘 섬기라고 부탁하는 내용이다. 바울은 '당신들은 에베소 교회를 이렇게 섬기십시오'라고 말한다.

바울은 20:19에서 '겸손과 눈물과 인내로 에베소 교회를 섬겼다'고 말한다. 이것이 필요하다. 교회를 세우는 일에 겸손한 섬김과 눈물의 기도가 필요하다. 시련을 견디는 인내가 필요하다. 그리고 '주님을 섬겼다'는 고백이 필요하다. 이것이 믿는 자 모두의 고백이 되어야 한다. 주님을 섬기듯 교회를 섬겨야 한다. 바울은 '자신이 모든 일에 모범을 보였다'고 한다.(행 20:35) 그러면서 에베소 교회 장로들도 모범을 보여 달라고 부탁한다. 이런 것이 교회를 순결하게 사랑하는 것이다.

사도행전 20:17-35에서 에베소 교회를 향한 바울의 사랑을 볼 수 있다. 바울의 눈물과 수고에서 바울의 교회 사랑을 볼 수 있다. 바울은 예루살렘으로 가는 길에 장로들을 불러 에베소 교회를 부탁한다. 이 간절한 모습에서 바울의 교회 사랑을 본다. 하나님은 믿는 자들이 이렇게 교회를 사랑하기 원하신다.

에베소서는 바울이 에베소 교회에 보낸 편지다. 에베소 교회 장로들과 헤어진 바울이 몇 년 후에 에베소 교회에 편지를 보낸 것이다. 바울은 에베소 교회를 잊은 적이 없었을 것이다. 에베소서는 교회를 강조한다. 하나님의 구원 계획 속에 교회가 꼭 필요하다고 한다. 교회는 하나님의 구원 계획이 계시되는 장소다.(엡 1:10) 그리고 그리스도의 몸이다.(엡 1:22-23) 이는 교회와 예수님과의 깊은 관계를 강조하는 말이다.

동시에 교회는 혼합 공동체다. 종교적 체험과 문화가 다른 유대 기독교인과 이방 기독교인이 혼합된 공동체다. 그래서 교회의 일치가 중요하다.(엡 4:1-16) 그런데 사람의 힘으로는 일치가 불가능하다. 교회가 일치하기 위해서는 교인들이 다 '나보다 남을 낮게 여겨야 한다. 내가 먼저 남을 섬겨야 한다. 내가 먼저 희생하고 겸손해야 한다. 남을 용서하고 이해해야 한다. 그런데 그게 쉬운 일이 아니다.

사람은 누구나 자기중심으로 산다. 자신을 기준으로 좋은 사람과 싫은 사람을 구별한다. 그래서 하나님께서 성령의 은사를 주셨다. 에베소서 4:7-12는 그 성령의 은사를 '교회를 섬기도록 주신 재능, 예수께서 나누어주신 은혜, 예수 그리스도의 선물'이라고 한다. 성령의 은사를 가지고 서로를 섬기라는 뜻이다. 성령의 은사를 통해 교회의 일치를 이루고 교회를 더욱 굳세게 세우라는 것이다.

사도행전 20:17-35와 에베소서는 모두 에베소 교회를 향한 말씀이다. 바울은 이 두 말씀에서 주님을 섬기고 교회를 섬기라고 한다. 겸손과 눈물과 인내로 섬기라고 한다. 성령의 은사로 섬기라고 한다. 세부적 내용은 차이가 있지만 두 말씀의 목표는 같다. 주님을 섬기고 교회를 섬기라는 것이다. 교회는 바울이 밤낮 쉬지 않고 눈물로 타이르는 훈계를 들어야 한다. 겸손과 눈물과 인내로 주님을 섬기라는 교훈을 들어야 한다. 성령의 은사로 교회를 섬기라는 훈계를 들어야 한다. 그것이 교회를 순결하게 사랑하는 길이다.

그렇지만 교회를 사랑하기 어려울 때가 있다. 병든 교회가 그렇다. 교회가 병들었을 때 병든 교회를 사랑하기는 어렵다. 바울은 20:29-30에서 에베소 교회에 어려움이 있을 것이라고 말한다. 밖으로부터 어려움이 들어오고 안에서부터 문제가 생길 것이라고 경고한다. 밖으로부터의 어려움은 자신의 욕심을 채우려는 자들이 교회에 들어오는 일이다. 바울은 그들을 목자에 반대되는 이리로 표현한다.

안으로부터의 어려움은 에베소 교인들 중에 파당을 만드는 자들이 생기는 일이다. 자신의 위상을 세우려는 자들이다. 바울이 괜한 노파심에 이런 말을 한 것이 아니다. 교회는 실제로 유혹에 약하다. 교회 안에 신령한 자들만 있는 게 아니다. 육신에 속한 자들이 있고 불의한 자들이 있다. 늘 깨어 있는 성도들이 적으면 교회는 쉽게 병든다. 그리고 한 번 병든 교회는 쉽게 낫지 않는다.

요하네스 크리소스토무스(347-407)라는 4세기 교부가 있다. 교부란 교회의 아버지란 뜻이다. 요하네스는 죽은 지 150년 후에 크리소스토무스라는 별명을 얻었다. '황금의 입'이라는 뜻이다. 이는 설교를 너무 잘해서 얻은 별명이다. 요하네스는 많은 문헌을 유산으로 남겼다. 그 중에서 『성직론』이 유명하다. 요하네스는 이 책에서 '교회는 사람의 육체보다 더 쉽게 병에 걸린다. 감염은 빠르고 치료는 늦다'라고 말한다.(『성직론』, 요한 크리소스톰, 채이석 역, 엠마오, 1992, 133쪽)

교회에 속한 자들이 모두 다 성령으로 충만한 것은 아니다. 그래서 교회는 악한 영의 유혹과 불의한 자들의 공격에 병들 수 있다. 그래서 바울은 에베소 교회 장로들에게 깨어 있으라고 권면한다.(행 20:31) '깨어 있으라'는 권면은 예수님과 바울의 가르침에 자주 등장한다.(마 24:42, 25:13, 막 13:34, 눅 21:36, 고전 15:34, 16:13, 엡 5:14, 6:18, 골 4:2, 살전 5:6) 영적으로 민감해야 된다는 말이다. 하나님 말씀을 듣고 그 말씀에 반응해야 된다는 뜻이다. 하나님 뜻에 순종하고 사명에 충성하라는 말이다. 늘 깨어 있어야 교회를 순결하게 사랑할 수 있다.

우찌무라 간조, 김교신, 유영모, 함석헌, 이 네 사람은 무교회주의자라는 공통점을 가지고 있다. 우찌무라 간조는 일본의 대표적인 무교회주의자다. 신학을 공부하면서 신학생과 목사에게 실망해서 스스로 무교회주의자가 되었다고 한다. 김교신이 우찌무라 간조에게 배웠다. 유영모는 톨스토이의 영향으로 무교회주의가 되었다고 한다. 유명모의 제자가 함석헌이다.

이들의 특징 몇 가지를 소개한다. 그들은 교회가 신앙에 장애가 된다고 생각했다. 그래서 교회에 다니지 않고 신앙을 유지하려고 했다. 신앙의 유일한 근거는 성서일 뿐 교회가 아니라고 한다. 교회의 관습은 기독교를 담아내는 껍데기일 뿐이라고 한다. 그래서 성경공부를 열심히 한다. 구약은 히브리어로 읽고 신약은 헬라어로 읽는다. 그리고 형식주의를 배제한다. 그래서 예배가 없고 세례와 성찬도 하지 않는다. 그러면서 삶이 곧 예배라고 한다. 그들은 교회를 싫어하는 경향을 보인다. 목사의 권위적 태도를 신랄하게 비판하고 예배의 미신적 요소를 날카롭게 지적한다. 헌금을 금전 수탈의 방편으로 보기도 한다.

이 네 사람은 한 사람, 한 사람은 귀한 사람들이다. 다 세상을 떠난 사람들이지만 지금도 존경을 받고 있다. 그들의 주장에 귀 기울여 들어야 할 내용이 있다. 교회가 잘못한 점, 목사가 잘못한 점, 평신도가 잘못한 점들이 분명히 있다. 그것도 한두 개가 아니다.

그러나 무교회주의는 옳지 않다. 성경의 가르침이 아니다. 만약 그들이 성령이 하시는 말씀을 들었다면 무교회주의자가 아니라 교회 개혁을 위해 헌신한 사람들이 되었을 것이다. 하나님과 예수님이 교회를 얼마나 사랑하시는지 알았을 것이다. 성도의 교회 사랑을 하나님이 얼마나 기뻐하시는지 알 수 있었을 것이다.

> "그리스도께서 너희를 사랑하신 것 같이 너희도 사랑 가운데서 행하라 그는 우리를 위하여 자신을 버리사 향기로운 제물과 희생제물로 하나님께 드리셨느니라"(엡 5:2)
> "남편들아 아내 사랑하기를 그리스도께서 교회를 사랑하시고 그 교회를 위하여 자신을 주심 같이 하라"(엡 5:25)

예수님은 교회를 사랑하셨다. 신랑이 신부를 사랑하듯 사랑하셨다.(엡 5:25-27, 31-32) 그런 정도를 넘어 교회를 위해 자신을 희생하시기까지 하셨다. 생명을 내어주시기까지 교회를 사랑하신 것이다. 에베소서 5:2, 25가 그런 말씀이다. 예수께서 지극히 사랑하신 교회, 죽기까지 사랑하신 교회를 사랑하지 않으면서 예수를 사랑한다고 할 수 없다. 무교회주의자들이 그런 잘못을 저지르고 있는 것이다.

교회가 신앙에 장애가 된다는 생각은 틀렸다. 음란한 교회는 그렇다. 그러나 순결한 교회는 신앙의 길잡이가 된다. 그리고 세상에는 순결한 교회가 분명히 있다. 훨씬 더 많을 것이다. 교회에 다니지 않고 신앙을 유지하려는 생각도 틀렸다. 성경에 기초해서 자기 신앙을 유지하는 경우도 있을 것이다. 그러나 주님이 원하시는 것은 그런 개인주의적 신앙이 아니다. 믿음의 형제들 간의 사랑과 섬김과 돌봄이 있는 신앙이다.

결혼의 단점만 꼭 집어 말할 수 있다. 결혼식 준비는 대단히 복잡하고 비용도 많이 든다. 그러면서 혼수 문제가 발생한다. 양가의 입장이 달라 싸움이 될 수도 있다. 결혼 후에는 시댁이나 처가의 횡포도 있을 수 있다. 그리고 이혼을 하려면 법적으로 복잡하다. 그래서 결혼은 나쁘고 동거가 좋다고 말할 수 있다. '나는 동거로 사랑을 유지한다. 결혼은 사회적 굴레에 불과하다'라고 할 수 있다.

그러나 온 세상 연인들이 동거만 한다고 해서 순수한 사랑만 남는 것은 아니다. 혼수문제, 고부갈등, 이혼소송이 없는 아름다운 세상이 되는 것도 아니다. 오히려 책임감이 전혀 없는 이기적인 사랑만 남을 수 있다. 쉽게 헤어지고 만나면서 복잡한 가족 관계가 형성될 것이다. 부모와 상관없이 자라는 아이들이 생겨날 것이다. 도덕과 윤리가 무너진 황폐한 사회만 남을 것이다. 이런 문제는 혼수나 고부갈등, 이혼 절차 등에 비해 훨씬 더 심각한 문제다.

예수는 좋은데 교회는 싫다는 사람들이 그런 결과를 가져온다. 교회를 부정하면서 신앙만 가지려는 사람들이 그런 결과를 가져온다. 몇 가지 문제점을 피하려다가 훨씬 더 심각한 문제를 직면하게 된다. 신앙의 뿌리가 흔들리는 문제에 직면하게 되는 것이다. 잠언 14:4에 '소가 없으면 구유는 깨끗하려니와 소의 힘으로 얻는 것이 많으니라'는 말씀이 있다. 소가 없으면 외양간은 깨끗하다. 그러나 소가 하는 일은 하지 못한다. 농사를 지을 수 없는 것이다. 그래서 소가 있는 것이 소가 없는 것보다 더 이득이다. 교회가 때로 잘못된 모습을 보이는 것이 사실이다. 그러나 교회로 인해 얻는 신앙의 이득이 손해보다 훨씬 더 크다. 무교회주의 폐해를 피해야 한다. 하나님께서 교회를 지극히 사랑하신다는 사실 하나만으로도 이를 알 수 있다.

믿는 자가 조심해야 할 일이 있다. 교회를 쉽게 비판하는 일이다. 교회를 격하게 비난하는 일이다. 교회를 함부로 비판하고 비난하는 일을 피해야 한다. 그 비판에는 반드시 가슴 찢어지는 아픔과 눈물이 있어야 한다. 그게 없다면 차라리 입을 다무는 것이 낫다. 불의한 일을 지적하는 예언자적 목소리가 반드시 있어야 한다. 그러나 그 목소리는 성령의 지혜를 담은 목소리여야 한다. 교회는 하나님이 보내신 예언자가 성령의 지혜로서 비판할 수 있는 곳이다. 스스로 예언자가 된 사람이 사람의 지혜로 비판할 수 있는 곳이 아니다. 교회가 그리스도의 신부, 은혜의 백성이기 때문에 그렇다.

믿는 자가 하지 말아야 할 일이 있다. 교회를 부정하고 멸시하는 일이다. 이는 하나님을 부정하는 것과 같다. 예수님을 멸시하는 것과 같다. 반대로 믿는 자가 꼭 해야 할 일이 있다. 교회를 사랑하고 교회를 섬기는 일이다. 이는 하나님을 사랑하는 것과 같다. 그리스도를 섬기는 것과 같다.

이것이 성경에 나타난 하나님의 뜻이다. 예수님은 교회를 진실로 사랑하신다. 신부로 사랑하신다. 그래서 성도들 역시 교회를 사랑하고 교회를 섬기기를 원하신다. 사람은 누구나 내가 사랑하는 것을 남도 사랑해주기를 바란다. 예수님도 그러하시다. 믿는 자들이 교회를 진심으로 사랑하기를 원하시는 것이다. 믿는 자는 누구나 그리스도의 신부를 진심으로 사랑해야 한다.

3장.
일치하고 연합하는 '그리스도의 몸'

1. 그리스도와의 일치

° 주님과 하나, 주 안에서 하나

"너희는 그리스도의 몸이요 지체의 각 부분이라"(고전 12:27)

"또 만물을 그의 발 아래에 복종하게 하시고 그를 만물 위에 교회
의 머리로 삼으셨느니라. 교회는 그의 몸이니 만물 안에서 만물을
충만하게 하시는 이의 충만함이니라"(엡 1:22-23)

교회의 본질에 대한 세 번째 중요한 비유적 명칭은 '그리스도의 몸'
이다. 성경은 교회를 가리켜 그리스도의 몸이라고 한다.(고전 12:27, 엡
1:22-23) 교회는 세상에 존재하는 그리스도의 몸인 것이다. 이는 교회의
본질에 대한 또 하나의 답으로 교회의 하나 됨을 강조하는 명칭이다.

교회는 그리스도와 하나가 된다. 이를 교회의 일치라고 한다. 그리
고 교회는 그리스도 안에서 서로 하나가 된다. 이를 교회의 연합이라고
한다. 교회는 그리스도와 일치하고 그리스도를 통해 연합한다. 이를 잘

세상 사는 하늘 백성

설명하는 것이 그리스도의 몸 개념이다.

"내 살을 먹고 내 피를 마시는 자는 내 안에 거하고 나도 그의 안에 거하나니"(요 6:56)

"그 날에는 내가 아버지 안에, 너희가 내 안에, 내가 너희 안에 있는 것을 너희가 알리라"(요 14:20)

"내 안에 거하라 나도 너희 안에 거하리라 가지가 포도나무에 붙어 있지 아니하면 스스로 열매를 맺을 수 없음 같이 너희도 내 안에 있지 아니하면 그러하리라"(요 15:4)

"사람이 내 안에 거하지 아니하면 가지처럼 밖에 버려져 마르나니 사람들이 그것을 모아다가 불에 던져 사르느니라 너희가 내 안에 거하고 내 말이 너희 안에 거하면 무엇이든지 원하는 대로 구하라 그리하면 이루리라"(요 15:6-7)

"내가 그리스도와 함께 십자가에 못 박혔나니 그런즉 이제는 내가 사는 것이 아니요 오직 내 안에 그리스도께서 사시는 것이라"(갈 2:20)

"그러므로 사람이 부모를 떠나 그의 아내와 합하여 그 둘이 한 육체가 될지니 이 비밀이 크도다 나는 그리스도와 교회에 대하여 말하노라"(엡 5:31-32)

교회의 일치에 대한 말씀이 있다. 교회가 그리스도와 하나가 되는 말씀이다. 위에서 인용한 말씀으로 그리스도와 하나가 될 때 교회는 사랑의 공동체가 될 수 있다.

> "아버지여, 아버지께서 내 안에, 내가 아버지 안에 있는 것 같이 그
> 들도 다 하나가 되어 우리 안에 있게 하사 세상으로 아버지께서 나
> 를 보내신 것을 믿게 하옵소서"(요 17:21)
> "내게 주신 영광을 내가 그들에게 주었사오니 이는 우리가 하나가
> 된 것 같이 그들도 하나가 되게 하려 함이니이다"(요 17:22)
> "곧 내가 그들 안에 있고 아버지께서 내 안에 계시어 그들로 온전함
> 을 이루어 하나가 되게 하려 함은 아버지께서 나를 보내신 것과 또
> 나를 사랑하심 같이 그들도 사랑하신 것을 세상으로 알게 하려 함
> 이로소이다"(요 17:23)
> "우리가 다 하나님의 아들을 믿는 것과 아는 일에 하나가 되어 온전
> 한 사람을 이루어 그리스도의 장성한 분량이 충만한 데까지 이르리
> 니"(엡 4:13)

교회의 연합에 대한 말씀이 있다. 교회가 그리스도를 통해 서로 하
나가 되는 말씀으로 그리스도를 통해 하나가 될 때 교회는 거룩한 공동
체가 될 수 있다. 예수님은 제자들을 위한 마지막 기도에서 교회의 연
합에 대해 강조하신다.

요한복음 17:11이 교회의 일치와 연합을 종합한다고 볼 수 있다.

"나는 세상에 더 있지 아니하오나 그들은 세상에 있사옵고 나는 아
버지께로 가옵나니 거룩하신 아버지여 내게 주신 아버지의 이름
으로 그들을 보전하사 우리와 같이 그들도 하나가 되게 하옵소서"
(요 17:11)

이렇게 교회가 주님과 하나가 되고 주 안에서 서로 하나가 되는 사
실을 강조하는 것이 그리스도의 몸 개념이다. 그리스도의 몸은 교회의
하나 됨을 강조하는 비유적 명칭이다. 바울은 그리스도의 신부라는 명
칭보다 그리스도의 몸이라는 명칭을 더 많이 사용했다.

"이와 같이 우리 많은 사람이 그리스도 안에서 한 몸이 되어 서로
지체가 되었느니라"(롬 12:5)

바울은 로마서 12:5에서 '그리스도의 몸' 대신 '그리스도 안에서 한
몸이 됨'이라는 표현을 사용한다. 그러나 이도 그리스도의 몸과 같은 표
현이다. 이는 교회의 일치와 연합을 뜻한다.(고전 12:12, 27 참고) 다만 그
리스도와 교회의 관계에 대한 언급은 없다. 머리와 몸의 관계, 또는 머
리의 역할에 대해서는 언급이 없는 것이다.

"우리가 떼는 떡은 그리스도의 몸에 참여함이 아니냐"(고전 10:16)

바울은 성례전을 언급하면서 그리스도의 몸이라는 표현을 사용한

다.(고전 10:16) 이는 성례전을 통해 그리스도의 죽음으로 인한 결과를 얻는다는 의미다. 그것은 죄 사함을 얻고 그리스도와 깊은 관계를 가지는 것이다. 이는 그리스도와의 연합을 강조하는 표현이다.

> "몸은 하나인데 많은 지체가 있고 몸의 지체가 많으나 한 몸임과 같
> 이 그리스도도 그러하니라"(고전 12:12)
> "너희는 그리스도의 몸이요 지체의 각 부분이라"(고전 12:27)

고린도전서 12:12, 27에서 바울은 고린도교회 교인들 상호 간의 의무와 공통 관심사를 말한다. 그 일에 게으르지 말라는 것이다. 그러면서 교회의 분열과 내부 갈등을 크게 경계한다.(고전 12:25-26) 바울은 교회 안에 크고 작음이 없다고 하면서 교회의 하나 됨을 강조한다. 여기서 그리스도의 몸은 교회의 일치와 연합을 강조하고 있다.

> "또 만물을 그의 발 아래에 복종하게 하시고 그를 만물 위에 교회
> 의 머리로 삼으셨느니라. 교회는 그의 몸이니 만물 안에서 만물을
> 충만하게 하시는 이의 충만함이니라"(엡 1:22-23)

그리스도가 승천하셔서 지금 하늘에 계신다는 것이 에베소서 1장을 이해하는데 도움이 된다. 승천하신 그리스도는 만물, 즉 하늘과 땅, 그리고 천사들과 사람들 위에 계시는 존재이시다. 하나님께서 이런 '우주적 주님'(Cosmic Lord)을 교회에 주셨다는 말씀은 교회의 중요한 역

할을 강조하는 것이다. 교회는 만물을 향한 하나님의 계획을 이루는 그리스도 몸이다.

> "또 십자가로 이 둘을 한 몸으로 하나님과 화목하게 하려 하심이라
>
> 원수 된 것을 십자가로 소멸하시고"(엡 2:16)

바울은 에베소서 2:16에서 이방인과 유대인의 일치와 연합을 강조한다. 교회를 통해 이방인과 유대인이 한 몸이 되는 것이 하나님의 뜻이다.

> "(그리스도의) 몸이 하나요 성령도 한 분이시니....... 주도 한 분이시
>
> 요 믿음도 하나요 세례도 하나요 하나님도 한 분이시니 곧 만유의
>
> 아버지시라"(엡 4:4-6)
>
> "오직 사랑 안에서 참된 것을 하여 범사에 그에게까지 자랄지라 그
>
> 는 머리니 곧 그리스도라 그에게서 온 몸이 각 마디를 통하여 도움
>
> 을 받음으로 연결되고 결합되어 각 지체의 분량대로 역사하여 그
>
> 몸을 자라게 하며 사랑 안에서 스스로 세우느니라"(엡 4:15-16)

바울은 에베소서 4장에서 교회의 다양한 은사를 언급한다. 그러면서 교회의 하나 됨을 호소한다. 그리스도의 몸 개념은 그리스도를 중심으로 교회가 일치와 연합을 이룬다는 말이다. 바울은 에베소서에서 예수 그리스도를 교회의 머리로 강조한다. 그리스도는 만물의 머리로서

또한 교회의 머리가 되신다. 그는 우주적 주권으로 교회를 다스리신다. 그리고 교회를 존재하게 하신다.(골 2:19, 엡 4:15-16) 머리로서의 예수님은 교회의 주관자가 되신다. 거기에 따른 권위를 가지신다. 바울은 이런 의미로 교회를 그리스도의 몸이라고 한다.

> "그는 몸인 교회의 머리라 그가 근본이시요 죽은 자들 가운데 먼저 나신 이시니 이는 친히 만물의 으뜸이 되려 하심이요"(골 1:18)
> "나는 이제 너희를 위하여 받는 괴로움을 기뻐하고 그리스도의 남은 고난을 그의 몸 된 교회를 위하여 내 육체에 채우노라"(골 1:24)
> "온 몸이 머리로 말미암아 마디와 힘줄로 공급함을 얻고 연합하여 하나님이 자라게 하시므로 자라느니라"(골 2:19)

머리가 몸을 조정하며 모든 지체는 머리에 그 생명과 힘을 의존한다.(골 1:18, 2:19) 결국 그리스도에게 모든 성도들이 의존하면서 생명과 힘을 얻는다는 말이다. 그리스도는 부활의 첫 열매로서 새로운 공동체인 교회의 창시자가 되었다. 여기서의 교회는 개체 교회가 아니라 전체 교회를 의미한다. 교회는 머리이신 그리스도를 통해 생명을 얻는다. 또 머리를 중심으로 연합하고 일치하여 한 몸을 이룬다. 바울은 그리스도의 몸 된 교회를 위해 애쓰고 수고하는 일을 기뻐하였다.(골 1:24)

세례가 이 모든 일을 가능케 한다. 갈라디아서 3:27-28에 '누구든지 그리스도와 합하기 위하여 세례를 받은 자는 그리스도로 옷 입었느니라 너희는 유대인이나 헬라인이나 종이나 자유인이나 남자나 여자나

다 그리스도 예수 안에서 하나이니라'는 말씀이 있다. 골로새서 2:12에는 '너희가 세례로 그리스도와 함께 장사되고 또 죽은 자들 가운데서 그를 일으키신 하나님의 역사를 믿음으로 말미암아 그 안에서 함께 일으키심을 받았느니라'는 말씀이 있다.

앞에서 살펴본 것처럼 그리스도의 몸이 바울 서신에서 그리스도의 신부보다 더 많이 사용되었다. 그래서 교회에 대한 비유 중에서 그리스도의 몸이 가장 널리 알려져 있다. 교회에 대한 바울의 대표적 이미지는 그리스도의 몸이다. 바울은 로마서, 고린도전서에서 그리스도의 몸이라는 표현을 쓴다. 에베소서, 골로새서에서는 주로 '교회의 머리로서의 그리스도'를 말한다.

그리스도의 몸은 교회의 하나 됨을 강조하는데 이는 두 개의 차원을 가진다. 첫째는 그리스도와 모든 교회의 하나 됨이다. 신약의 예루살렘 교회, 로마 교회, 고린도 교회, 에베소 교회가 그리스도와 하나다. 교회의 일치다. 둘째는 모든 성도들 사이의 하나 됨이다. 이는 곧 모든 교회들 사이의 하나 됨을 뜻한다. 예루살렘 교회, 로마 교회, 고린도 교회, 에베소 교회가 주 안에서 서로 하나다. 교회의 연합이다. 그리스도의 몸은 교회의 밀접한 관계를 설명하는 명칭이다. 그리스도의 몸은 교회의 일치와 교회의 연합을 강조한다. 그리스도와 성도, 그리스도와 개교회, 성도와 성도, 모든 교회의 영적 관계를 설명하고 강조한다.

구원의 중요한 사건은 그리스도의 몸을 통해 이루어졌다. 하나님이 육신이 되어 죽으셨다. 그리고 부활하심으로 인류를 죄와 죽음으로부터 해방시키셨다. 이 모든 일이 예수 그리스도의 몸을 통해 일어났다.

교회는 그리스도의 몸을 통해 연합된 사람들의 공동체를 의미한다. 개 교회에 속한 성도들은 그리스도의 몸을 통해 하나가 되었다. 교회 전체 역시 그리스도의 몸을 통해 하나가 되었다. 둘 다 그리스도 안에서 하나 됨을 의미한다. 교회의 일치는 그리스도와 성도의 하나 됨을 말한다. 믿는 자 한 사람 한 사람은 그리스도의 몸이다. 교회의 연합은 모든 성도의 하나 됨, 즉 모든 교회 전체의 하나 됨을 말한다. 이 세상 모든 교회는 그리스도의 몸이다.

바울이 교회를 '그리스도의 몸'(헬라어로 *soma tou Christou*)이라고 부른 것은 확실하다. 그러나 바울이 어디서 이 개념을 가져온 것인지는 확실치 않다. 그리스도의 몸이라는 개념의 기원이 확실치 않은 것이다. 이에 관해 학자들 사이에 이견이 있다. 당시의 정치적 개념에서 온 것이라는 설명이 있다. 스토아 철학에서 온 것이라는 설명도 있다. 영지주의에서 온 것이라는 학자도 있다. 아담의 몸에 관한 랍비들의 생각에서 온 것이라는 학자도 있다. 기독교의 성만찬이 기원이라는 설명도 있다. 그렇지만 그 어느 것도 확실하지는 않다. 바울이 자신의 체험에서 이 개념을 창의적으로 만들어 내었을 수도 있다. 바울은 교회를 세우고 목회를 하면서 교회의 연합과 일치의 중요성을 깨달았을 것이다. 바울은 그런 체험을 그리스도의 몸이라는 개념으로 설명했을 수 있다.

° 교회의 머리

교회는 그리스도와 하나가 된 공동체다. 모든 교회가 그렇다. 성경은 이를 그리스도가 교회의 머리가 되신다는 말로 표현한다.

> "또 만물을 그의 발 아래에 복종하게 하시고 그를 만물 위에 교회의 머리로 삼으셨느니라. 교회는 그의 몸이니 만물 안에서 만물을 충만하게 하시는 이의 충만함이니라"(엡 1:22-23)
> "오직 사랑 안에서 참된 것을 하여 범사에 그에게까지 자랄지라 그는 머리니 곧 그리스도라 그에게서 온 몸이 각 마디를 통하여 도움을 받음으로 연결되고 결합되어 각 지체의 분량대로 역사하여 그 몸을 자라게 하며 사랑 안에서 스스로 세우느니라"(엡 4:15-16)
> "그는 몸인 교회의 머리라 그가 근본이시요 죽은 자들 가운데 먼저 나신 이시니 이는 친히 만물의 으뜸이 되려 하심이요"(골 1:18)
> "온 몸이 머리로 말미암아 마디와 힘줄로 공급함을 얻고 연합하여 하나님이 자라게 하시므로 자라느니라"(골 2:19)

그리스도가 교회의 머리가 되신다는 사실은 예수께서 교회의 전부를 주관하신다는 뜻이다. 예수님의 교회의 주인 되시고 교회를 통치하신다. 교회는 예수님께 경배해야 하고 그 말씀에 순종해야 한다. 교회는 예수님으로 인해 존재하고 예수님을 위해 존재한다. 그리고 예수 그리스도의 재림을 기다린다. 교회의 주인을 사모하며 주인의 오심을 기다리는 것이다.

"그러므로 네가 본 것과 지금 있는 일과 장차 될 일을 기록하라 네
가 본 것은 내 오른손의 일곱 별의 비밀과 또 일곱 금 촛대라 일곱
별은 일곱 교회의 사자요 일곱 촛대는 일곱 교회니라"(계 1:19-20)

요한은 밧모 섬에서 환상을 본다. 환상 중에 일곱 금 촛대 사이에
서 계신 예수 그리스도를 본다. 금은 고귀함을, 촛대는 진리의 빛을 상
징한다. 교회는 가장 귀한 진리를 밝히 비추는 곳이라는 의미다. 예수님
은 요한에게 '보고 들은 것'을 기록해서 소아시아 일곱 교회에 보내라고
명령하신다. 여기서 일곱 교회는 1세기 말에 존재했던 역사적인 교회가
분명하다. 그렇지만 또한 세상에 존재하는 모든 교회를 상징한다. 요한
계시록 1:11의 일곱 교회는 이 세상 모든 교회를 뜻하는 상징적 교회인
것이다.

요한계시록 1:13-16은 예수님을 '인자 같은 이가 발에 끌리는 옷을
입고 가슴에 금띠를 띠고 그의 머리와 털의 희기가 흰 양털 같고 눈 같
으며 그의 눈은 불꽃 같고 그의 발은 풀무불에 단련한 빛난 주석 같고
그의 음성은 많은 물 소리와 같으며 그의 오른손에 일곱 별이 있고 그
의 입에서 좌우에 날선 검이 나오고 그 얼굴은 해가 힘있게 비치는 것
같더라'고 묘사한다.

이는 예수님이 '대제사장이시며 왕이시며, 태초부터 존재하셨으며,
전지하시며, 전능하시며, 심판주이시며, 아무도 그의 말씀을 거역할 수

세상 사는 하늘 백성

없는 신이시다'라는 뜻이다. 한 마디로 만왕의 왕, 만주의 주(主)이시라는 것이다. 그런 만왕의 왕이 교회의 주인이시다. 교회를 향해 말씀하시고 명령하신다. 교회는 그런 예수님께 순종하고 복종해야 한다.

요한계시록 1:11-20에서 예수님은 이 세상 모든 교회를 향해 말씀하신다. 요한을 통해 이 세상 모든 교회에 명령하신다. 예수 그리스도가 교회의 주인으로서 교회를 주관하시기 때문이다. 교회의 머리이시기 때문이다.

요한계시록 22:12-16도 예수님이 교회의 머리되심을 강조한다. 이 말씀은 예수 그리스도의 선언이자 약속이다. 예수님은 이 세상에 심판주로 오신다. 영원히 존재하시는 분으로서 의인에게 영원한 생명과 영원한 상급을 주신다. 악인에게 영원한 죽음과 영원한 벌을 주신다. 의인은 생명나무 열매를 먹을 것이며 악인은 결코 새 예루살렘으로 들어올수 없다. 예수께서 이를 결정하신다. 예수님은 '나 예수는 교회들을 위하여 내 사자를 보내어 이것들을 너희에게 증언하게 하였노라'고 말씀하신다.(계 22:16) 교회의 머리가 되시는 예수께서 모든 교회를 주관하시는 것이다.

한편, 그리스도가 교회의 머리가 되신다는 사실은 예수님과 교회의 깊은 유기적 관계를 의미한다. 서로가 필요하고 서로가 필수적이라는 뜻이다. 한 마디로 요약해서 한 몸이다. 떼려야 뗄 수 없는 관계다. 머리 없는 몸을 상상할 수 없고 몸 없는 머리를 상상할 수 없다. 둘 다 죽은 것이고 둘 다 활동할 수 없다. 몸은 반드시 머리가 있어야 하고 머리는 반드시 몸이 있어야 한다. 예수님은 교회가 필요하고 교회는 예수님이 필수적이다. 예수님은 교회를 통해 구원의 역사를 이루어가시고 교회는 예수님을 따라 구원의 방주 역할을 한다. 교회 없이 예수께서 활동하실 수 없고 예수 없이 교회가 존재할 수 없다.

이를 가장 잘 알 수 있는 말씀이 에베소서 5:21-33이다. 그리스도와 교회의 관계를 빌려 남편과 아내의 관계를 설명하는 말씀이다. 남편과 아내의 관계는 세상에서 가장 친밀한 관계다. 부모와 자식 간의 관계를 뛰어 넘는다. 일심동체라고 한다. 글자 그대로 한 마음, 한 몸이라는 것이다. 그래서 한국 사회에서도 부부 사이는 무촌(無寸)이다. 마디가 없는 관계, 그만큼 가까운 관계라는 것이다. 부모자식의 관계가 일촌(一寸)이다.

에베소서 5:21-33은 기본적으로 남편과 아내를 위한 말씀이다. 부부가 서로 사랑하고 존경하며 화목하고 거룩한 가정을 이루라는 권면이다. 그런데 그 권면의 근거가 그리스도와 교회와의 관계다. 그리스도와 교회의 관계를 지극히 가까운 관계로 소개하면서 그런 관계를 본받아야 한다는 것이다.

남편은 아내를 사랑하고 아내는 남편을 존경해야 한다. 그것이 부부관계의 핵심이다. 그런데 어떻게 사랑해야 하느냐 하면 그리스도가 교회를 사랑하듯 사랑해야 한다. 어떻게 존경해야 하는가 하면 교회가 그리스도를 존경하듯 존경해야 한다. 그 말은 곧 끝이 없다는 뜻이다. 대충 사랑하고 대충 존경하는 것이 아니다. 무한히 사랑하고 무한히 존경하라는 것이다. 그리스도는 생명을 내어주기까지 교회를 사랑하셨다.(엡 5:25) 무한히 사랑하신 것이다. 교회도 그리스도를 그렇게 사랑해야 한다.

에베소서 5:31은 창세기 2:24를 인용한 말씀이다. 이는 부부는 영적으로 한 몸이라는 뜻으로 이해해야 하는데 실제로 그렇다. 그것이 하나님께서 정하신 법이다. 이것은 놀라운 비밀로 그리스도와 교회의 관계도 그렇다. 영적으로 한 몸이다. 그리스도는 머리고 교회는 몸이다. 그러므로 교회를 사랑하는 일은 당연하며 교회를 떠난 믿음은 있을 수 없다. 그리스도께서 죽기까지 사랑하신 교회를 미워하고 그런 교회를 떠나서 그리스도를 사랑할 수는 없다.

° 한 몸의 지체들

몸에는 많은 지체가 있고 각기 다른 기능을 가지고 있다. 눈코입이 그렇고 팔다리가 그렇다. 그렇지만 그 지체들은 모두 한 몸에 속해 있다. 한 몸의 지체로서 따로 존재할 수 없다. 몸에서 분리되는 순간 기능을 발휘할 수 없다. 썩어버리고 만다. 모든 지체는 몸에 연결되어야 살 수 있고 기능을 발휘할 수 있다. 그런 의미에서 하나다.

교회도 이와 같다. 바울은 '몸'으로 교회를 설명한다. 교회는 그리스도의 몸이고 모든 성도는 그 몸에 속한 지체들이다. 교회 안에서 하나인 것이다. 몸의 각 지체는 제 각각의 기능을 가지고 있다. 성도들도 마찬가지다. 그리스도의 몸 안에서 각자 받은 은사에 따라 교회를 섬겨야 한다. 성도는 모두 각자 받은 고유의 은사가 있다. 그 은사는 성령께서 주시는 은사다. 성도는 그 은사를 발견해야 한다. 그 은사에 만족하고 그것을 올바르게 사용해야 한다. 그리고 교회 안에는 늘 다양한 은사가 있음을 알아야 한다.

그런데 바울은 몸 전체가 각 지체에 우선 한다고 생각했다. 전체(단일성)가 부분(개별성)보다 중요하다는 것이다. 각 지체는 몸 전체의 안녕과 평안을 생각해야 한다. 바울은 모든 지체가 몸 전체에 봉사하기 위해 존재한다고 한다. 개인의 은사는 교회를 위해 받은 것이라는 말이다. 성도는 교회를 섬기기 위해 보냄을 받은 자들이다. 바울은 그리스도의 몸이라는 개념으로 개인주의적 신앙의 위험을 불식시킨다. 몸은 지체를 위해 살아야 하고 지체는 몸을 위해 살아야 한다. 그렇지만 이 둘이 서

　　　　　　　세상 사는 하늘 백성

로 상충하는 경우에는 지체가 몸을 위해 희생해야 한다. 이것이 화목과 건덕의 신학의 기초가 된다. 교회에 속한 모든 지체는 교회 전체의 평안을 위해서 말과 행동을 조심해야 한다.

> "우리가 한 몸에 많은 지체를 가졌으나 모든 지체가 같은 기능을 가진 것이 아니니 이와 같이 우리 많은 사람이 그리스도 안에서 한 몸이 되어 서로 지체가 되었느니라 우리에게 주신 은혜대로 받은 은사가 각각 다르니 혹 예언이면 믿음의 분수대로, 혹 섬기는 일이면 섬기는 일로, 혹 가르치는 자면 가르치는 일로, 혹 위로하는 자면 위로하는 일로, 구제하는 자는 성실함으로, 다스리는 자는 부지런함으로, 긍휼을 베푸는 자는 즐거움으로 할 것이니라"(롬 12:4-8)

바울이 로마서 12:4-8에서 강조하는 것은 '한 몸에 속한 지체들'이다. '지체들로 이루어진 한 몸'이 아니다. 교회 안에 전체와 부분 모두가 존재한다. 그렇지만 전체가 부분에 우선한다. 교회 전체의 평안과 거룩함이 개인의 평안과 거룩함에 우선한다. 성도 개인의 은사보다 교회의 하나 됨이 중요한 것이다. 에베소서 4:1-6에 '(그리스도의) 몸이 하나요 성령도 한 분이시니....... 주도 한 분이시요 믿음도 하나요 세례도 하나요 하나님도 한 분이시니 곧 만유의 아버지시라'는 말씀이 있다. 교회의 하나 됨에 관해 중요한 말씀이다.

성도들은 성령 안에서 하나가 된 삶을 살 수 있다. 성령께서 성도들을 사랑의 띠로 묶어서 하나가 되게 하신다. 지체는 많으나 몸은 하나다.(고전 12:12) 성도는 교회 안에서 하나가 된 생활을 해야 한다. 서로 일치하는 삶을 살아야 한다. 성령께서 이 일을 가능케 하신다. 그래서 '우리가 유대인이나 헬라인이나 종이나 자유인이나 다 한 성령으로 세례를 받아 한 몸이 되었고 또 다 한 성령을 마시게 하셨느니라'는 말씀이 있다.(고전 12:13) 은사는 여러 가지나 성령은 같다. 직임은 여러 가지나 주(主)는 같다. 성령의 역사는 여러 가지나 역사하시는 하나님은 같다. 스스로 옳다고 생각하는 것을 교회의 하나 됨을 위해 미루고 포기할 줄 알아야 한다. 그것이 그리스도의 몸에 속한 지체가 해야 할 일이다.

하나가 된다는 것은 똑 같이 생각하고 똑 같이 행동한다는 뜻이 아니다. 만장일치로 결정한다는 말이 아니다. 열외 일명 없이 일사분란하게 움직인다는 말이 아니다. '특별새벽기도'를 결정하면 한 사람도 빠짐 없이 참석해서 똑같은 시간 동안 기도한다는 말이 아니다. 하나가 된다는 것은 서로 겸손하고 온유하며 사랑으로 너그럽게 대하면서 오래 참는 것을 뜻한다.(엡 4:1-6) 서로 이해하고 존중하고 포용하는 것이다. 잘못을 감싸주는 것이 하나가 되는 것이다. 이를 요약하면 사랑으로 하나가 되는 것이다.

세상 사는 하늘 백성

° 사랑의 법

사랑의 법이 교회를 하나 되게 한다. 교회는 평화롭고 기쁜 곳이어야 한다. 그 평화와 기쁨을 이루기 위해서 교회 안에 질서와 원칙과 정의가 있어야 한다. 교회 안에 이해하고 존중하는 일이 있어야 한다. 포용하고 감싸주는 일이 있어야 한다. 이를 위해 사랑이 있어야 한다. 사랑이 없다면 불가능하다.

교회는 그리스도의 몸인데 그리스도가 바로 사랑이시다. 그러므로 교회는 사랑 없이 존재할 수 없다. 십자가의 사랑을 이루신 그리스도의 몸이기 때문이다. 사랑의 법이 교회의 기초다. 그래서 모든 일에 사랑이 있는가를 물어야 한다. 이 일이 사랑을 이루는 일인가를 물어야 한다.

사람마다 생각이 다르고 경험이 다르다. 성격이 다르고 신앙생활의 배경이 다르다. 어떤 일을 바라보는 시각이 다르고 그 일을 처리하는 방법이 다르다. 그래서 교회 안에 많은 목소리가 날 수 있다. 말할 줄 모르는 사람은 없고 생각 없는 사람도 없다. 누구나 생각이 있고 누구나 하고 싶은 말이 있다. 그럴 때 사랑의 법을 기억해야 한다. 사랑과 이해와 관용만이 교회에 평화와 기쁨을 가져올 수 있다. 하나님께서 그것을 원하신다.

교회는 사랑을 기초로 하나가 되어야 한다. 사랑은 교회가 어떤 순간에도 포기할 수 없는 신앙적 가치다. 교회는 무슨 일을 하더라도 하나 됨을 생각해야 한다. 서로의 생각과 뜻을 하나님의 뜻에 굴복시킬 수 있어야 한다.

사도행전 4:32-37에서 교회가 사랑의 공동체라는 사실을 알 수 있다. 이 말씀은 사도행전 3-4장의 요약인데, '모든 성도들이 한 마음(heart)과 한 뜻(soul)이 되었다'라는 말로 시작한다. 교회가 하나가 된 공동체였고 은혜가 충만한 공동체였다는 말이다. 이 말씀은 사도행전 2:42-47과 비슷하다. 그렇지만 특별히 공동소유를 강조한다. 재산을 팔아 어려운 성도들에게 나누어준 일이 강조되었다.

당시 예루살렘 교회 교인들은 내 것과 네 것을 초월한 생활을 했다. 놀라운 사랑을 실천하는 아주 이상적인 공동체였다. 큰 빚을 진 사람이 있다고 하자. 그가 빚 때문에 어려울 때 교회가 그 빚을 갚아준다면 정말 고마운 일이다. 생활비까지 준다면 더더욱 고마운 일이다. 예루살렘 교인들이 그렇게 했다는 것이다. 이는 보통 일이 아니다. 현실적으로는 친형제 간에도 어려운 일이다.

사도행전 4:34는 그들 중에 궁핍한 사람이 한 사람도 없었다고 한다. 신명기 15:4에 '너희 중에 가난한 자가 없으리라'는 말씀이 있다. 이 말씀이 실현된 것이다. 당시 예루살렘 교회는 기쁨이 넘쳤을 것이다. 서로 돕고 사랑하면서 믿음의 형제가 주는 기쁨을 체험했을 것이다. 기쁨이 넘칠 수밖에 없다. 4:36은 그렇게 재산을 팔아 다른 사람들을 구제한 사람으로 바나바를 소개한다. 바나바가 대표적 인물이라는 뜻이다. 바나바가 제일 많이 헌금해서가 아니라 바나바가 훌륭한 사역자였기 때문일 것이다.

사도행전 4:32-37을 설명할 때 보통 '종말론적 공동체'를 강조한다. 사람들이 재산을 팔아 사도들에게 준 이유가 긴박한 종말을 믿었기 때문이라는 것이다. 예수님이 곧 재림하실 것을 믿었기 때문에 전 재산을 헌금했다는 설명이다. 그래서 학자들은 예루살렘 교회는 긴박한 종말을 믿은 종말론적 공동체였다고 설명한다.

믿는 자들도 집을 사고팔고 한다. 그렇지만 예수님이 정말 내년에 재림하신다면, 그게 정말 확실하다면, 사실 많은 재산 가지고 있을 필요가 없다. 그때까지 먹을 양식과 입을 옷 정도만 있으면 된다. 나머지는 가난한 사람들을 구제하는 일에 다 쓸 수 있다. 그게 천국 부자가 되는 길이다. 영원한 상급을 풍성히 받는 길이다.

그러나 예루살렘 교회 교인들이 소유를 팔아 사도들에게 준 또 다른 이유가 있다. 그것은 그들의 사랑이 넘쳐났기 때문이다. 실은 이것이 더 근본적인 이유였을 것이다. 예루살렘 교회 교인들은 성령으로 충만했다. 그래서 하나님의 사랑이 마음에 넘쳐났다. 그 때문에 재산을 팔아 어려운 형제들을 도왔던 것이다.

이 사실을 성경에서 확인할 수 있다. 사도행전 4:32는 믿는 자들이 한 마음과 한 정신이 되었다고 한다. 이는 그리스-로마 문화권에서 우정과 관련된 표현이다. 교인들은 같은 이념을 가진 동지들이 아니라 서로 사랑하는 친구들이었다. 예루살렘 교인들은 함께 종말을 기다리는 동지들이 아니었다. 사랑과 우정으로 하나 된 형제들이었다. 이 사랑과 우정이 재산을 서로 나누어 쓰도록 한 것이다.

에베소서 4:3은 성령 안에서 하나 된 것을 굳게 지키라고 한다. '평안의 매는 줄로 성령의 하나 되게 하신 것을 힘써 지키라'는 말씀이다. 믿는 자는 성령 안에서 하나가 된 사람들이다. 하나님은 이렇게 성령으로 하나 된 성도들에게 사랑을 주신다. 로마서 5:5에 '우리에게 주신 성령으로 말미암아 하나님의 사랑이 우리 마음에 부은바 됨이니'라는 말씀이 있다. 성경은 이렇게 사랑을 강조한다. 하나님은 성령을 통해 사랑을 부어주신다. 성도들은 그 사랑의 띠로 하나가 된다. 그래서 성령의 열매 아홉 가지 중에서 첫 번째가 사랑이다.(갈 5:22)

골로새서 3:14는 '사랑이 모든 것을 온전하게 하는 띠'라고 한다. 성령으로 충만하면 종말을 간절히 기다리는 사람이 되는 것이 아니다. 사랑이 충만한 사람이 된다. 성령은 믿는 자를 종말의 띠로 묶지 않으신다. 사랑의 띠로 묶어주신다. 하나님의 살아계심을 경험한 사람은 사랑과 기쁨이 넘치게 된다. 종말에 대한 기대 지수가 급상승하는 것이 아니다. 예수님이 살아계심을 체험하면 십자가 사랑에 감격하는 사람이 된다. 종말에 감격하는 사람이 되는 게 아니다. 지금까지 종말에 무관심했던 사람이 성령 체험을 하면 그때부터 '재림'을 외치는 게 아니다.

하나님은 사랑이시다. 성도들에게 한없는 사랑을 베푸신다. 성도들을 사랑의 띠로 묶어주신다. 그리고 성도들에게 서로 사랑하라고 명령하신다.(요 15:12, 17) 성도들이 서로 사랑하면 하나님이 그들 안에 거하신다.(요일 4:12) 성도들은 서로 사랑함으로써 예수님과 친구가 된다.(요 15:15) 그리스도의 몸인 교회는 한 마디로 사랑의 공동체다. 이것이 교회의 참 모습이다.

그래서 바울은 이렇게 말한다. '내가 예언하는 능력이 있어 모든 비밀과 모든 지식을 알고 또 산을 옮길 만한 모든 믿음이 있을지라도 사랑이 없으면 내가 아무 것도 아니요 내가 내게 있는 모든 것으로 구제하고 또 내 몸을 불사르게 내줄지라도 사랑이 없으면 내게 아무 유익이 없느니라.'(고전 13:2-3) 그리고 '너희 모든 일을 사랑으로 행하라'고 한다.(고전 16:14) 바울은 교회가 무엇이며 어떤 곳인지를 알았다. 교회의 본질을 알았던 것이다.

요한일서 4:7-13에도 사랑에 관한 말씀이 있다. 이 말씀에 따르면 사랑하는 사람이 하나님의 자녀가 된다. 또 하나님을 알 수 있다. 사랑할 줄 모르는 사람은 하나님을 알 수 없다. 하나님은 사랑이시기 때문이다. 교우와 이웃을 사랑할 줄 모르면서 하나님을 안다고 생각하는 것은 스스로 속고 있는 것이다. 그는 하나님의 자녀가 아니다. 사람이 하나님을 볼 수는 없다. 그렇지만 하나님의 함께하심을 느낄 수는 있다. 서로 사랑할 때다. 교회가 사랑의 공동체가 되면 하나님의 함께하심을 체험할 수 있다.

예루살렘 교회는 성령으로 충만했다. 그래서 사랑의 공동체를 이룰 수 있었다. 이것이 중요하다. 성령으로 충만해야 사랑을 실천할 수 있다. 성령으로 충만해야 사랑의 공동체를 이룰 수 있다. 사람의 노력으로 사랑의 공동체가 될 수는 없다. 조금 흉내 낼 수 있고 잠깐 흉내 낼 수는 있다. 그러나 계속 그렇게 할 수는 없다. 그것은 마치 해가 서쪽에서 뜨는 것과 같다. 사람의 노력으로는 제대로 된 사랑의 공동체를 이룰 수 없다. 사람의 노력으로 사랑의 공동체를 이루려는 것은 해가 서쪽에서 뜨기를 기다리는 것과 같다.

바울은 고린도전서 12장에서 영적 선물인 성령의 은사에 대해 말한다. 그러면서 교회와 교인의 관계를 하나의 몸에 많은 지체로 설명한다. 그 다음 13장에서 사랑은 가장 위대한 성령의 은사라고 한다. 고린도전서 12장과 13장을 합치면 이렇게 된다. 가장 큰 은사인 사랑이 있어야 교회가 하나가 될 수 있다.

사람의 힘으로 사랑하는 것이 아니다. 하나님이 주신 능력으로 사랑하는 것이다. 그래서 사랑을 사모해야 한다. 사랑을 위해 기도해야 한다. 성령의 은사는 사람마다 다르다. 그러나 모든 사람에게 공통된 은사가 있다. 바로 사랑이다. 믿는 자에게 사랑은 항상 있어야 하는 것이다. 교회는 사랑을 사모해야 한다. 사랑이 풍성한 교회가 되기 위해 기도해야 한다. 성령의 선물로 받은 사랑으로 하나님을 사랑해야 한다. 서로 사랑해야 한다. 세상을 사랑해야 한다. 세상에 사랑을 전해야 한다. 교회는 사랑으로 하나가 된 공동체다. 그리스도의 몸이 그렇다.

> "형제들아 내가 우리 주 예수 그리스도의 이름으로 너희를 권하노니 모두가 같은 말을 하고 너희 가운데 분쟁이 없이 같은 마음과 같은 뜻으로 온전히 합하라"(고전 1:10)
> "어떤 이는 말하되 나는 바울에게라 하고 다른 이는 나는 아볼로에게라 하니 너희가 육의 사람이 아니리요 그런즉 아볼로는 무엇이며 바울은 무엇이냐 그들은 주께서 각각 주신 대로 너희로 하여금 믿게 한 사역자들이니라"(고전 3:4-5)

그러므로 교회의 분열은 큰 문제다. 교회를 병들게 하고 성령의 역사를 소멸케 한다. 바울은 고린도전서 1:10-17과 3:4-6 등에서 이 문제

　　　　　세상 사는 하늘 백성

를 심각하게 다룬다. 교회가 분열하여 하나 됨을 잃어버릴 때 하나님의 영광을 가리고 세상의 조롱거리가 되기 때문이다.

2. 그리스도로 인한 연합

° 주 안에서 하나

앞에서 언급한 것처럼 모든 교회는 그리스도와 일치한다. 모든 교회가 하나하나 그리스도와 연결되어 있는 것이다.(교회의 일치) 동시에 모든 교회는 그리스도로 인해 서로 연합한다. 모든 교회가 하나하나 서로 연결되어 있는 것이다.(교회의 연합) 그리스도 안에서 1세기 교회와 21세기 교회가 하나다. 천주교, 동방정교회, 개신교에 속한 교회들이 하나다. 장로교, 성결교, 감리교단에 속한 교회들이 하나다. 미국 교회, 일본 교회, 한국 교회가 하나다. 이단이 아닌 한 모든 교회가 하나다. 이것을 가능케 하는 것이 그리스도의 몸 개념이다.

그리스도 안에서 모든 시대, 모든 종파, 모든 나라, 모든 교단의 교회가 하나다. 예수께서 모든 교회의 머리가 되시기 때문이다. 예수 그리스도가 머리이신 교회는 한 몸이다. 머리가 한 분 예수 그리스도로 모

　　　　　세상 사는 하늘 백성

두 같기 때문이다. 그러므로 1세기 교회가 21세기 교회가 근본적으로 다를 수 없다. 천주교, 동방정교회, 개신교 교회들이 서로 싸우고 미워할 수 없다. 장로교, 성결교, 감리교단에 속한 교회들이 서로 질투하고 경쟁할 수 없다. 미국 교회와 일본 교회와 한국 교회가 서로 모른다고 말할 수 없다.

이것이 그리스도의 몸 개념 속에 들어 있는 교회의 연합이다. 그리스도의 몸이라는 표현 속에 세상 전체 교회가 그리스도와 연합한다는 사실이 들어 있다. 그리고 그리스도 안에서 서로 연합된다는 사실이 들어 있다. 교회의 연합은 그리스도와의 연합과 그리스도 안에서의 연합을 의미한다. 그리스도의 몸 개념이 교회의 연합을 가능케 한다.

> "그리스도의 평강이 너희 마음을 주장하게 하라 너희는 평강을 위하여 한 몸으로 부르심을 받았나니 너희는 또한 감사하는 자가 되라 그리스도의 말씀이 너희 속에 풍성히 거하여 모든 지혜로 피차 가르치며 권면하고 시와 찬송과 신령한 노래를 부르며 감사하는 마음으로 하나님을 찬양하고"(골 3:15-16)

교회와 그리스도의 연합은 교회가 오직 그리스도를 통해 구원을 받는다는 뜻이다. 그리스도를 하나님의 아들로 믿고 그 말씀에 순종한다는 뜻이다. 구원은 오직 그리스도를 통해서만 가능하다. 교회의 연합은 승천하신 그리스도를 통해 연합하는 것으로 이해되어져 한다. 승천하신 예수님이 교회의 영적 기초가 되신다. 승천하신 예수께서 하나님

아버지께 성령을 받아 교회에 부어주셨다.(행 2:33) 교회는 예수께서 성령으로 거하시는 곳이다. 성령을 통해 하늘의 그리스도와 성도가 서로 교통하는 곳이다. 교회는 그렇게 연합한다.

그리스도와의 연합을 통해 세상 모든 교회의 연합이 일어난다. 세상 모든 교회가 그리스도 안에서 하나라는 뜻이다. 이 연합에 기초해서 내 교회, 우리 교회라는 개념을 넘어서야 한다. 그리스도의 교회라는 생각을 가져야 한다. 그렇게 할 때 교회끼리 경쟁하는 일을 극복할 수 있다. 교단끼리 반목하는 일을 극복할 수 있다. 나아가서 기독교 종파끼리 서로 멸시하거나 정죄하는 일을 극복할 수 있다.

교회의 역사를 보면 교회의 연합 개념은 잘 지켜지지 않았다. 교회의 현실을 봐도 그렇다. 교회는 천주교, 동방정교회, 개신교 등 여러 종파로 나누어지면서 큰 갈등을 겪었다. 서로 저주하며 박해했다. 살인과 전쟁을 서슴지 않았다. 개신교는 많은 교단으로 나뉘어져 서로 경쟁하고 비난하는 모습을 보였다. 같은 교단 내 교회들끼리 서로 갈등하는 모습을 보였다. 그리스도의 몸 개념이 제대로 지켜지지 않았던 것이다. 지금도 그런 모습을 보이고 있다.

개신교에는 많은 교단들이 있다. 그래서 개신교가 분열의 대명사로 여겨지기도 한다. 그렇지만 교회사적으로 볼 때 정말 중요한 분열은 천주교가 주도했다. 로마 교황의 독선과 아집이 교회 분열의 진짜 원인이었다. 중세에 로마 중심의 서방교회와 터키 콘스탄티노플 중심의 동방교회는 오랜 갈등을 겪고 있었다. 정치적 갈등도 있었고 교회의 세력 다툼도 있었다. 성령 문제로 인한 신학적 갈등도 있었다.(필리오케 논쟁

등) 그래도 서로를 한 몸으로 간주하고 있었다. 근본적으로 교회는 하나라는 생각을 하고 있었던 것이다. 그리스도의 몸 개념에 입각하여 교회의 보편성을 지키고 있었다는 말이다.

천주교는 하나고 개신교는 자꾸 분열해서 싫다는 사람들이 있다. 그들에게 교회사의 이런 사건을 알려줄 필요가 있다. 천주교가 일으킨 교회사적 분열에 비교하면 개신교의 자체 분열은 사소한 수준이다. 나라로 치면 전자는 완전히 다른 나라가 된 것이고 후자는 같은 나라 안에서 행정 구역을 나누는 정도다. 차원이 다른 분열이다.

° 성경 해석의 문제

개신교가 그렇게 많이 분열하는 이유는 여러 가지다. 이권 다툼도 있고 정치 싸움도 있다. 그렇지만 가장 큰 이유는 성경 해석 때문이다. 성경 해석이 다르니 신학적 입장이 다르다. 신학적 입장이 다르니 함께 갈 수 없다는 것이다. 이런 조짐은 종교개혁 당사자인 루터 때부터 시작되었다.

루터는 성만찬 문제로 또 다른 개혁 인물 츠빙글리와 갈라섰다. 두 사람 모두 빵과 포도주의 본질이 변한다는 천주교의 화체설은 거부했다. 그러나 성경적 대안이 무엇인가 하는 점에서 의견이 달랐다. 루터는 그리스도의 몸이 빵과 포도주에 임재(공존)한다고 했다. 이 몸의 임재가 은혜를 준다는 공재설을 주장했다. 츠빙글리는 빵과 포도주가 그리스도의 몸을 상징할 뿐이라고 가르쳤다. 두 사람은 이 문제를 해결하기 위해 회담까지 했다.(마르부르크 회담) 그러나 결국 의견의 일치를 이루지 못하고 갈라섰다.

개신교가 성경 해석 때문에 분열하는 이유는 성경이 중요하기 때문이다. 종교개혁의 3대 표어가 '오직 믿음, 오직 은혜, 오직 성경'이다. 이 '오직 성경'이라는 표어 아래 교황청과 루터의 갈등이 드러났다. 교황청의 성경 해석과 루터의 성경 해석이 충돌한 것이다. 그리고 '오직 성경'이라는 종교개혁 원리 아래 개신교 안에서 자유로운 성경 해석의 길이 열리게 되었다. 이것이 진정한 종교개혁의 열매다. 이 '자유로운 성경 해석'이야말로 하나님이 종교개혁을 준비하신 진짜 이유가 될 수 있다.

개신교의 자유로운 성경 해석이 없었다면 기독교는 중세적 사고에 갇혔을 것이다. 그 다음 세기에 시작된 계몽주의의 '이성과 과학의 도전'을 극복할 수 없었을 것이다. 17세기 이전 사고에 갇힌 21세기 기독교는 생각만 해도 끔찍하다. 만약 그랬다면 기독교는 신앙의 이름으로 온갖 비이성적 만행을 저지르는 종교가 되었을 것이다. 성경의 이름으로 비상식적, 비인간적 행위를 하는 종교가 되었을 것이다. 비윤리적, 비인권적, 비과학적 행동을 하는 종교가 되었을 것이다.

지금도 중세적 사고에 머물러 있는 종교가 있다. 가족의 명예를 지킨다고 아버지가 딸을 죽이는 종교가 있다. 여성의 인권을 극심하게 제한한다. 이방인은 죽여도 된다고 한다. 그 중에서 가장 용납할 수 없는 것이 종교의 이름으로 사람을 죽여도 된다고 믿는 것이다. 그래서 열서너 살짜리 아이 몸에 폭탄을 둘러 자살하라고 부추긴다. 현대 기독교 세계에서는 상상도 할 수 없는 일이다. 그러나 기독교 역시 이런 일을 한 적이 있었다. 기독교도 십자군 전쟁 때 이런 일을 했다. 더 했으면 더 했지 결코 모자라지 않았다.

1차 십자군 전쟁 때 예루살렘을 점령한 후 기독교인들은 남녀노소를 가리지 않고 학살했다.(1099년) 무슬림들과 유대인들의 피가 강처럼 예루살렘 거리에 흘렀다고 한다. 갓 태어난 아기들을 벽에 던졌다. 회당에 불을 질러 유대인들을 산채로 태워 죽였다. 그리스도의 이름으로 무슬림과 유대인을 무차별 학살한 것이다. 유대교와 회교가 지금까지도 기독교인을 믿지 않는 결정적인 이유가 있다. 1차 십자군 원정 때 엄청난 학살을 자행했기 때문이다.

4차 십자군 원정 때 십자군들은 부활절 바로 전 성 금요일에 동방 제국의 콘스탄티노플을 사흘 간 노략질했다.(1204년) 그리스도의 이름으로 그리스도 형제자매들을 잔혹하게 살해하고 강간했다. 동방교회의 한 저술가는 그 사흘을 가리켜 '어깨에 그리스도의 십자가를 걸고 있던 그들과 비교하면 차라리 무슬림들이 더 자비로웠다'라고 술회하며 슬퍼했다. 기독교도 중세 때는 그랬던 것이다. 그러나 기독교는 계몽주의를 거치면서 그런 중세적 사고를 완전히 벗어버렸다. 그 이유는 성경에 대한 비평적 연구 결과를 수용했기 때문이다.

이성을 강조하는 계몽주의 시대에 성경에 대한 비평적 연구가 시작되었다. 성경이 인간 이성의 혹독한 검증을 받기 시작한 것이다. 그러나 기독교는 성경에 대한 자유로운 해석을 통해 모든 비평적 연구를 극복했다. 이성의 도전을 이겨내고 영원한 진리를 지켜냈다. 그 일을 가능케 한 것이 개신교의 '오직 성경'이라는 원리와 자유로운 해석이었다.

만약 종교개혁이 없었다면 자유로운 성경 해석의 전통이 없었을 것이다. 만약 그랬다면 기독교는 이성과 과학의 도전을 극복하지 못해 무너졌을 것이다. 아니면 이를 완전히 무시하면서 시대정신과 철저히 동떨어진 사고를 하며 존재했을 것이다. 그랬다면 기독교는 중세의 사고에 갇힌 종교가 되었을 것이다. 근대와 현대의 시대정신과 무관한 왜소하고 보잘 것 없는 종교로 남았을 것이다. 그래서 여전히 하나님의 이름으로 사람을 죽이고 있을 것이다. 신앙의 이름으로 인권을 탄압하는 종교가 되었을 것이다.

천주교가 평신도들에게 성경공부를 하라고 촉구한 것은 1963년이다. 이때 각 나라의 토착어로 미사를 드리는 일도 허락했다. 교황 요한 23세가 소집한 제2차 바티칸 공의회가 1962년에서 65년까지 열렸다. 그 1차 회기에서 그런 결정을 내렸다. 개신교보다 수백 년이 늦은 결정이다. 만약 개신교의 자유로운 성경 연구가 없었다면 기독교는 계몽주의의 도전을 결코 이기지 못했을 것이다. 그래서 개신교가 천주교보다 우월하다고 말하려는 게 아니다. 하나님께서 계몽주의의 시작과 이성의 도전을 1세기 전에 미리 아셨다. '오직 성경'이라는 표어 아래 종교개혁을 일으키셨다. 그리고 결국은 이성의 도전을 이기게 하셨다는 것이다. 종교개혁은 하나님께서 일하신 결과다. 하나님께서 일하신다는 증거를 종교개혁에서 볼 수 있다.

교회는 이렇게 천주교, 동방 정교회, 개신교 등으로 분리되어 있다. 개신교는 또 장로교, 성결교, 감리교 등으로 나뉘어져 있다. 이 문제를 자세히 다룬다면 훨씬 더 많은 기독교 종파와 개신교 교단을 언급해야 할 것이다. 그리고 이렇게 분리되어 있는 종파와 교단은 다시 하나 되기는 불가능할 것이다. 오랜 시간이 흐르면서 서로간의 교리, 신학, 제도, 조직, 예전 등이 아주 달라졌기 때문이다. 지금 와서 다시 하나의 종파, 하나의 교단이 되는 것은 불가능하다. 그럼에도 불구하고 모든 교회는 그리스도 안에서 하나다. 그리스도를 머리로 하는 하나의 몸이다. 아무리 많은 종파와 교단이 생겨도 그로 인해 교회의 연합 문제는 훼손되지 않는다. 교회가 그리스도를 머리로 하는 몸이라는 사실은 변하지 않는 진리다.

그러므로 기독교 종파끼리 서로를 시기하고 폄하하면서 갈등하는 것은 옳지 않다. 개신교 교단끼리 서로 경쟁하면서 헐뜯고 다투는 것도 옳지 않다. 기독교 종파들은 서로 싸우고 미워해야 할 대상들이 아니다. 개신교 교단들은 서로 경쟁하고 이겨야 하는 대상들이 아니다. 서로 아끼고 존중하면서 협력해야 하는 대상들이다. 그리스도를 머리로 하는 한 몸이기 때문이다. 그러므로 종파끼리 싸우는 것은 오른손이 왼손을 해치는 것이다. 교단끼리 다투는 것은 오른발이 왼발에 상처를 입히는 것과 같다. 자해에 불과하다. 자해는 분명히 악한 일이다. 기독교 종파끼리 싸우고 개신교 교단끼리 다투는 것도 분명히 악한 일이다. 그리스도의 몸이 서로 자해하는 것이기 때문이다. 하나님께서 악하게 보시는 병든 교회가 분명하다.

° 세례와 성만찬으로 연합

예수님은 세례와 성만찬을 명령하셨다. 교회는 이 명령에 순종한다. 이 두 가지를 행할 수 있는 공동체는 교회 밖에 없다. 그리고 교회는 이 두 가지, 세례와 성만찬을 통해 그리스도와 연합한다. 그렇게 그리스도와 연합한 이 세상 모든 교회가 서로 연합한다. 세례와 성만찬을 행하는 세상의 모든 교회는 그리스도 안에서, 그리스도를 통해서 연합한다. 이것이 그리스도의 몸의 개념이 가진 능력이다.

> "그러므로 너희는 가서 모든 민족을 제자로 삼아 아버지와 아들과
> 성령의 이름으로 세례를 베풀고"(마 28:19)

예수님은 제자들에게 세례 줄 것을 명령하셨다.(마 28:16) 세례는 거룩한 삶을 살기 위한 필수조건이다. 세례를 받지 않고도 착하고 선하게 살 수 있다. 그러나 거룩하게는 살 수 없다. 거룩한 삶은 세례를 받음으로써 시작할 수 있다. 세례를 받음으로써 영적으로 거듭난다. 그렇게 영적으로 거듭난 사람이 거룩한 삶을 시작한다.

세례는 성부와 성자와 성령의 이름으로 물로 씻는 거룩한 예식이다. 신앙고백을 조건으로 행하는 의식이다. 세례는 교회에 입회하는 의식이고 구원의 표다. 세례는 이전의 죄를 용서받았음을 뜻한다. 새로운 생명을 얻은 거듭난 사람임을 증명한다. 회개한 사람이자 믿음을 가진 사람이 되었음을 뜻한다. 그리스도의 제자와 하나님의 자녀가 되었음

을 말한다. 사람은 세례를 통해 자신의 죄를 회개하고 그 죄를 용서받는다.

그와 동시에 세례는 그리스도와 연합하는 성례전이다. 그리스도의 죽음과 연합하고 그리스도의 부활과 연합한다.(롬 6:3-5) 그리스도와 연합하기 위하여 세례를 받는다.(갈 3:26-27)

> "무릇 그리스도 예수와 합하여 세례를 받은 우리는 그의 죽으심과 합하여 세례를 받은 줄을 알지 못하느냐 그러므로 우리가 그의 죽으심과 합하여 세례를 받음으로 그와 함께 장사되었나니 이는 아버지의 영광으로 말미암아 그리스도를 죽은 자 가운데서 살리심과 같이 우리로 또한 새 생명 가운데서 행하게 하려 함이라 만일 우리가 그의 죽으심과 같은 모양으로 연합한 자가 되었으면 또한 그의 부활과 같은 모양으로 연합한 자도 되리라"(롬 6:3-5)
> "너희가 다 믿음으로 말미암아 그리스도 예수 안에서 하나님의 아들이 되었으니 누구든지 그리스도와 합하기 위하여 세례를 받은 자는 그리스도로 옷 입었느니라"(갈 3:26-27)

세례를 통해 그리스도와 연합하여 그리스도와 함께 죽는다. 그래서 죄 사함을 받는다. 세례를 통해 그리스도와 연합하여 그리스도와 함께 살아난다. 그래서 부활의 몸을 얻어 영생한다. 세례는 그리스도와 연합하기 위한 예전이다. 그래서 세례를 받은 자는 그리스도를 옷 입은 것과 같다. 늘 그리스도와 함께한다는 뜻이다.

"그들이 먹을 때에 예수께서 떡을 가지사 축복하시고 떼어 제자들에게 주시며 이르시되 받아서 먹으라 이것은 내 몸이니라 하시고 또 잔을 가지사 감사 기도 하시고 그들에게 주시며 이르시되 너희가 다 이것을 마시라 이것은 죄 사함을 얻게 하려고 많은 사람을 위하여 흘리는 바 나의 피 곧 언약의 피니라"(마 26:26-28)
"또 떡을 가져 감사 기도 하시고 떼어 그들에게 주시며 이르시되 이것은 너희를 위하여 주는 내 몸이라 너희가 이를 행하여 나를 기념하라 하시고"(눅 22:19)

성만찬 역시 그리스도와 연합하는 성례다. 예수님은 세례와 더불어 성만찬을 명령하셨다. 성만찬은 세례를 받은 사람만 참여할 수 있는 성례전이다. 성만찬의 떡과 포도주를 통해 그리스도의 몸과 피에 참여하는 것이다. 그렇게 함으로써 자신의 구원을 확인한다. 성만찬의 떡은 그리스도의 몸을 상징한다. 이는 믿는 자가 장차 얻을 부활의 몸을 의미한다. 성찬식의 포도주는 그리스도의 피를 상징한다. 이는 영원한 생명을 의미한다. 성경은 피에 생명이 있다고 가르친다.(레 17:11, 14, 신 12:23)
바울은 예수님의 십자가 죽음과 부활이 가장 중요하다는 말을 한다.(고전 15:36) 믿는 자는 예수님의 십자가 죽음으로 인해 죄 사함을 받는다. 그리고 장차 부활해서 영원히 살게 된다. 이것이 가장 중요하다는 말이다. 성만찬이 바로 죄 사함을 감사하고 부활을 확신하는 예전이다. 가장 중요한 것을 확인하는 예전이다.
성만찬의 포도주는 예수님의 피를 상징한다. 그리고 그 피는 죄 사함을 의미한다. 성도가 성만찬의 포도주를 마신다는 것은 십자가의 은혜로 죄 사함을 받는다는 뜻인 것이다. 이 사실은 앞에서 인용한 예수님 말씀 속에 이미 나타나 있다.(마 26:28) 그리고 아래와 같은 말씀들이 있다.

> "우리는 그리스도 안에서 그의 은혜의 풍성함을 따라 그의 피로 말
> 미암아 속량 곧 죄 사함을 받았느니라"(엡 1:7)
> "염소와 송아지의 피로 하지 아니하고 오직 자기의 피로 영원한 속
> 죄를 이루사 단번에 성소에 들어가셨느니라"(히 9:12)

피에 죄를 사하는 능력이 있음은 구약에서부터 강조된다. 레위기 17:11에 '육체의 생명은 피에 있음이라 내가 이 피를 너희에게 주어 제단에 뿌려 너희의 생명을 위하여 속죄하게 하였나니 생명이 피에 있으므로 피가 죄를 속하느니라'는 말씀이 있다. 히브리서 9:22가 구약의 이런 흐름을 '율법을 따라 거의 모든 물건이 피로써 정결하게 되나니 피흘림이 없은즉 사함이 없느니라'고 요약한다.

성만찬의 떡은 예수님의 몸을 상징한다. 그리고 그 몸은 부활의 몸을 의미한다. 성도가 성만찬의 떡을 먹는다는 것은 마지막 날에 부활의 몸을 얻는다는 뜻인 것이다. 즉 영생을 얻는다는 말이다. 이 사실을 요한복음 6:51의 '나는 하늘에서 내려온 살아 있는 떡이니 사람이 이 떡을 먹으면 영생하리라 내가 줄 떡은 곧 세상의 생명을 위한 내 살이니라 하시니라'는 말씀에서 알 수 있다.

부활의 몸은 고린도전서 15:42-44에 잘 설명되어 있다. 부활의 몸은 '썩을 몸이 아니라 썩지 않을 몸, 욕된 몸이 아니라 영광스러운 몸, 약한 몸이 아니라 강한 몸, 육의 몸이 아니라 신령한 몸, 영적인 몸'이라고 한다. 그래서 고린도전서 15:40은 이 부활의 몸을 가리켜 '하늘에 속한 형체'라고 하고 15:49는 '하늘에 속한 이의 형상'이라고 한다. 성만찬의 떡은 이런 부활의 몸을 의미하는 것이다.

> "예수께서 이르시되 내가 진실로 진실로 너희에게 이르노니 인자의 살을 먹지 아니하고 인자의 피를 마시지 아니하면 너희 속에 생명이 없느니라 내 살을 먹고 내 피를 마시는 자는 영생을 가졌고 마지막 날에 내가 그를 다시 살리리니 내 살은 참된 양식이요 내 피는 참된 음료로다"(요 6:53-55)

요한복음 6:53-55가 성만찬의 신앙적 의미를 잘 요약한다. 성만찬의 포도주는 예수님의 피를 상징하면서 죄 사함을 의미한다. 성만찬의 떡은 예수님의 몸을 상징하면서 부활의 몸과 영생을 의미한다. 포도주는 십자가 은혜를 의미하고 떡은 부활의 능력을 의미하는 것이다.

> "내가 너희에게 전한 것은 주께 받은 것이니 곧 주 예수께서 잡히시던 밤에 떡을 가지사 축사하시고 떼어 이르시되 이것은 너희를 위하는 내 몸이니 이것을 행하여 나를 기념하라 하시고 식후에 또한 그와 같이 잔을 가지시고 이르시되 이 잔은 내 피로 세운 새 언약이

니 이것을 행하여 마실 때마다 나를 기념하라 하셨으니 너희가 이
떡을 먹으며 이 잔을 마실 때마다 주의 죽으심을 그가 오실 때까지
전하는 것이니라"(고전 11:23-26)

예수께서 성만찬을 명령하신 이유가 있다. 성만찬의 포도주와 빵을
받을 때마다 십자가의 예수님과 부활하신 그리스도를 기억하라는 것이
다. 그러면서 죄 사함의 은혜를 감사하고 성도의 부활과 영생을 확신하
라는 뜻이다. 교회는 성만찬을 통해 십자가의 예수님과 부활하신 예수
님을 만난다.

교회가 성만찬을 행하는 이유는 신앙의 가장 중요한 것을 기억하
기 위해서이다. 또 그를 통해 하나님의 은혜에 감사하기 위해서이다. 교
회는 이렇게 세례와 성찬식을 행한다. 이 두 가지를 행할 수 있는 공동
체는 교회 밖에 없다. 교회가 이 세상에서 유일하게 거룩한 공동체이기
때문에 그렇다.

이 세상 모든 교회는 그리스도의 살과 피를 통해 연합을 이룬다.
1세기 예루살렘 교회도 그리스도의 살과 피를 먹고 마셨다. 성만찬을
행한 것이다. 1054년 레오 9세의 로마 교회도 그리스도의 살과 피를 먹
고 마셨다. 같은 해 미카엘 주교의 콘스탄티노플 교회도 그리스도의 살
과 피를 먹고 마셨다. 1517년 루터의 비텐베르크 대학 교회도 그리스도
의 살과 피를 먹고 마셨다. 1517년 레오 10세의 로마 교회도 그리스도
의 살과 피를 먹고 마셨다. 21세기 한국의 모든 교회가 그리스도의 살
과 피를 먹고 마신다.

그렇게 1세기 예루살렘 교회와 11세기 로마 교회, 콘스탄티노플 교회, 16세기 독일 교회와 로마 교회, 21세기 한국의 모든 교회가 연합한다. 그리스도의 살과 피를 통해 연합하는 것이다. 주 안에서 연합하는 것이다. 이 모든 일이 그리스도의 몸으로 인해 가능하다. 그리스도의 몸으로 인해 가능한 능력이고 은혜다. 삼위일체 하나님의 이름으로 세례와 성만찬을 행하는 모든 교회는 주 안에서 하나다. 그리스도로 인해 연합하기 때문이다.

"누구든지 그리스도와 합하기 위하여 세례를 받은 자는 그리스도로 옷 입었느니라 너희는 유대인이나 헬라인이나 종이나 자유인이나 남자나 여자나 다 그리스도 예수 안에서 하나이니라"(갈 3:27-28)

° 거룩한 연합

성도들은 그리스도의 몸으로 하나가 되어 '사랑의 공동체'를 이룬다. 교회의 일치다. 교회들은 그리스도의 몸으로 하나가 되어 '거룩한 공동체'를 이룬다. 교회의 연합이다. 교회는 이 세상에 존재하는 공동체 가운데 유일하게 거룩한 공동체다. 교회만이 거룩한 공동체다. 교회 외에 거룩한 공동체는 없다. 교회가 그리스도의 몸이기 때문에 그렇다. 그리스도의 몸인 공동체는 이 세상에 교회밖에 없다.

교회가 거룩하다는 말은 하나님의 사랑과 정의로 충만하다는 뜻이다. 그리고 하나님의 은혜와 진리가 풍성하다는 말이다. 하나님의 사랑과 정의, 은혜와 진리가 거룩함의 구체적 내용이다. 교회는 이 4가지가 풍성한 곳이다.

하나님의 사랑과 정의, 은혜와 진리는 사람의 그것과 구별된다. 창조주의 사랑과 정의, 은혜와 진리는 피조물의 그것과 다를 수밖에 없다. 하나님의 사랑은 피조물에 대한 창조주의 사랑이다. 무한한 존재가 유한한 존재를 사랑하시는 것이다. 죄 없으신 분이 죄인을 사랑하는 것이다. 하나님의 사랑은 인간의 사랑과 본질적으로 다르다.

하나님의 정의는 역사의 종말에 완성된다. 세상 끝 날에 완성된다. 그래서 하나님의 정의는 무기력해 보인다. 사람들은 자주 하나님의 정의가 없는 것처럼 생각한다. 그 이유는 하나님의 정의는 이 세상 역사가 끝나는 날 온전히 이루어지기 때문이다. 그러면서 인간의 영생을 준비한다. 하나님의 정의는 인간의 정의와 본질적으로 다르다.

하나님의 은혜는 인간을 죄에서 구원한다. 인간의 죄를 용서하고 죄인을 의롭게 한다. 그리고 영원한 생명을 준다. 거룩해질 수 없는 존재를 거룩하게 만든다. 인간의 은혜가 흉내 낼 수 없는 일이다. 하나님의 은혜는 인간의 은혜와 본질적으로 다르다.

하나님의 진리는 인간의 지혜를 초월한다. 그래서 인간이 볼 때 어리석게 보인다. 삼위일체 하나님, 창조, 구원, 심판에 대한 성경의 진리는 인간이 생각할 수 없는 것들이다. 약간의 어설픈 상상만 가능할 뿐이다. 하나님의 진리는 인간을 영원으로 인도한다. 인간이 결코 할 수 없는 일이다. 하나님의 진리는 인간의 진리와 본질적으로 다르다.

거룩함이란 가장 신비한 개념이다. 그것은 영원하고 무한하다. 모든 진리, 모든 선, 모든 아름다움을 포함한다. 거룩함은 인생의 빛이고 교회의 등불이고 인류의 소망이다. 그것이 하나님의 본성이기 때문이다. 하나님의 백성은 그 길을 따라 하나님을 닮은 사람이 되어야 한다. 교회는 하나님의 사랑과 정의, 은혜와 진리가 풍성한 곳이 되어야 하는 것이다. 그래야 교회가 세상의 소금과 빛이 될 수 있다. 다른 길은 없다.

바울은 '하나님을 따라 의와 진리의 거룩함으로 지으심을 받은 새 사람을 입으라'고 말한다.(엡 2:24) 이는 새 사람이 되어 하나님의 모습처럼 의롭고 거룩하게 살라는 뜻이다. 거룩하게 사는 것은 결국 하나님의 뜻을 따라 사는 것이다. 그렇게 하나님의 뜻을 따라 살면서 하나님의 모습을 닮아가는 것이다. 그리스도와 하나가 된 이 세상 모든 교회가 그렇다. 그리스도를 통해 하나가 된 이 세상 모든 교회가 그렇다.

그러면서 바울은 에베소서 2:25 이하에서, 거짓말, 도둑질, 험담, 가시 돋친 말 하지 말라고 한다. 화를 오래 품지 말고, 칭찬하고, 친절하고, 사랑과 온유함으로 용서하라고 한다. 이 말씀들이 선하고 거룩하게 살라는 말에 대한 구체적인 설명이다. 이렇게 사는 것이 거룩하게 사는 것이다. 이것이 하나님의 뜻이기 때문이다.

바울은 거룩하게 살라고 하면서, '성경을 다 외워라, 40일을 금식하라, 1년 이상 금욕하라, 7일 이상 철야기도 하라, 전 재산을 나누어 주라'는 말을 하지 않는다. 실천하기 어려운 높은 수준의 영적 의무에 대해서 언급하지 않는다. 바울은 너무나 일상적인 것을 요구한다. 거짓말, 도둑질, 험담, 가시 돋친 말을 하지 말라고 한다. 칭찬하고, 친절하고, 사랑과 온유함으로 용서하라고 한다. 에베소서 4:24-32에 의하면, 거룩하게 산다는 것은 힘들고 어려운 영적 의무를 다하는 것이 아니다. 지극히 일상적인 하나님 명령에 순종하는 것이다.

그러나 그게 전부는 아니다. 만약 그게 전부라면 거룩이라는 말은 윤리나 도덕과 같은 말이 되고 말 것이다. 거룩함이 윤리나 도덕일 수는 없다. 에베소서 4:24-32에 아주 일상적인 명령 가운데 사탄과 성령, 그리고 마지막 날이 언급되어 있음에 주의해야 한다. 거짓말하고 화를 오래 품으면 사탄이 공격한다는 말씀이다. 도둑질하고 험담하면 성령이 슬퍼하신다는 말씀이다. 성령께서는 마지막 날 그런 사람의 구원을 보증해주지 않으신다. 이는 사람의 일상생활이 영적 세계와 깊은 관계가 있다는 뜻이다. 오늘의 삶이 마지막 날과 직접적인 관계가 있다는 말씀이다. 거룩한 공동체는 영원한 생명을 소망한다.

거룩함은 일상에서 출발한다. 그런데 그 일상이 영원과 연결되어 있음을 알아야 한다. 그것을 믿고 사는 것이 거룩한 생활이다. 오늘이 심판의 날과 연결되어 있다. 이 사실을 믿고 사는 것이 거룩한 삶이다. 그렇기 때문에 거룩함은 윤리와 도덕이 아니다. 윤리와 도덕에서는 일상이 영원과 무관하다. 오늘은 마지막 심판의 날과 아무 상관이 없다.

거룩한 사람은 일상이 영원과 연결되어 있음을 믿는 사람이다. 그래서 하루하루 하나님의 뜻에 순종하는 사람이다. 거룩한 삶이란 하나님의 뜻을 따라 오늘을 사는 것이다. 그러면서 마지막 날을 준비하는 삶이다. 교회는 이런 사람들이 모인 공동체다. 그래서 거룩한 공동체인 것이다. 교회는 영원한 것을 소망하면서 오늘 하나님의 뜻에 순종하는 공동체다.

교회는 거룩한 연합의 공동체. 하나님은 그 백성들에게 '내가 거룩하니 너희도 거룩하라'고 명령하신다. 이 명령이 얼마나 중요한지 히브리서 12:14에서 알 수 있다. '모든 사람과 더불어 화평함과 거룩함을 따르라 이것이 없이는 아무도 주를 보지 못하리라'는 말씀이다. 삶이 거룩하지 못하면 주님을 만날 수 없다. 예수를 믿어도 삶이 거룩하지 못하면 영원한 생명을 얻지 못한다. 교회도 마찬가지다. 거룩하지 못한 교회는 예수님의 책망을 받을 뿐이다. 요한계시록의 사데 교회와 라오디게아 교회가 그랬다.(계 3:1-6, 14-22) 하나님은 말씀에 순종하는 거룩한 교회를 기뻐하신다. 요한계시록의 서머나 교회와 빌라델비아 교회가 그랬다.(계 2:8-11, 3:7-13)

4장.
진리로 이기는 '그리스도의 군사'

1. 영원한 진리의 군대

° 그리스도의 군사

"그러나 에바브로디도를 너희에게 보내는 것이 필요한 줄로 생각하
노니 그는 나의 형제요 함께 수고하고 함께 군사 된 자요 너희 사자
로 내가 쓸 것을 돕는 자라"(빌 2:25)

"너는 그리스도 예수의 좋은 병사로 나와 함께 고난을 받으라 병사
로 복무하는 자는 자기 생활에 얽매이는 자가 하나도 없나니 이는
병사로 모집한 자를 기쁘게 하려 함이라"(딤후 2:3-4)

"자매 압비아와 우리와 함께 병사 된 아킵보와 네 집에 있는 교회
에 편지하노니"(몬 1:2)

교회의 본질에 대한 네 번째 중요한 비유적 명칭은 '그리스도의 군
사'다. 성경은 성도를 가리켜 그리스도의 군사라고 한다.(빌 2:25, 딤후
2:3-4, 몬 1:2) 교회는 이 세상에 존재하는 '그리스도의 군사'인 것이다.

이는 교회가 진리로 거짓과 유혹을 이기는 공동체임을 강조하는 명칭이다. 교회를 '그리스도의 군대'라고 할 수도 있다. 그리스도의 군사들의 모임이기 때문이다.

바울은 믿는 자를 가리켜 그리스도의 군사라 부른다. 선한 싸움을 싸우는 사람이라는 뜻이다. 바울은 디모데후서 2:3-4에서 자신과 디모데를 가리켜 그리스도의 군사라고 칭한다. 그러면서 함께 고난을 이기자는 말을 한다. 선한 싸움에서 승리하자는 말이다. 바울은 2:4에서 군사의 특징을 언급한다. 군사는 지휘관을 기쁘게 해야 한다는 것이다. 그래서 자기 생활에 얽매일 수 없다. 여기서 자기 생활이란 헬라어로 '일상사'를 말하는 것이다. 그리스도의 군사는 살림살이나 직업보다 주님의 일을 우선하는 사람이라는 뜻이다.

군인은 밤에 보초를 서라는데 '피곤하니 다음에 서겠다'고 할 수 없다. 전장에 나가 싸우라는데 '집안 일이 바쁘다'면서 거절할 수 없다. 군인이란 내가 하고 싶은 대로 하는 사람이 아니다. 지휘관의 명령에 복종하는 사람이다. 그리스도의 군사도 마찬가지다. 바울은 빌립보서 2:21-22에서 디모데를 칭찬한다. '다른 사람들은 모두 자기 일에만 정신이 팔려 예수 그리스도의 일에는 관심이 없지만, 디모데는 그렇지 않다'는 내용이다. 자신의 일보다는 먼저 그리스도의 일에 관심을 가지는 것이 그리스도의 군사의 모습이다.

바울은 그리스도의 군사라는 말을 믿는 자 개인에게 사용했다. 앞에서 언급한 자신과 디모데 외에 에바브로디도를 그리스도의 군사라고 불렀다.(빌 2:25) 그리고 아킵보를 그리스도의 군사라고 불렀다.(몬 1:2)

그렇게 볼 때 신약성경에서 모두 네 사람이 그리스도의 군사라고 불렸다.(바울, 디모데, 에바브로디도, 아킵보) 그리스도의 군사는 굳세고 강한 믿음을 칭송하는 명예로운 말이다. 바울은 자신의 편지를 통틀어 단 네 사람만 그리스도의 군사라고 불렀다. 여기서 이 말의 무게와 명예를 느낄 수 있다.

빌립보서 2:25에서 바울은 에바브로디도를 주님 안에서 내 형제와 같은 사람이라고 부른다. 그러면서 빌립보 교인들이 그를 큰 기쁨으로 맞이하고 귀하게 여겨 줄 것을 부탁한다. 감사함과 존경하는 마음으로 맞아 줄 것을 부탁한 것이다. 바울이 에바브로디도를 그만큼 귀하고 자랑스럽게 여겼다는 증거다. 아킵보는 골로새서 4:17에 언급되어 있다. 여기서 바울은 '아킵보에게 이르기를 주 안에서 받은 직분을 삼가 이루라고 하라'고 한다.(골 4:17) 학자들은 아킵보가 목회자의 직분을 가졌을 것으로 생각한다.

예수께서 원하시는 제자는 그리스도의 군사가 될 수 있는 사람이다. 악한 영과 싸울 수 있는 사람이다. 악한 영의 유혹을 이겨야 하기 때문이다. 선한 싸움의 진정한 상대는 세상이 아니라 악한 영들이다.(엡 6:12) 그들을 이겨야 복음의 빛을 제대로 비출 수 있다. 그래서 말씀의 칼을 쥐고 기도로 무장한 군사가 필요하다. 하나님의 전신갑주를 입은 군사가 필요하다. 예수께서 그리스도의 군사를 찾으실 때 뒷전으로 물러나 앉는 교회가 될 수는 없다. 그리스도의 군사로 실격당하는 일이 없어야 한다. 예수께로부터 '영적 게으름, 약한 믿음, 경건훈련 부족, 믿음 부족'과 같은 책망을 받지 말아야 한다.

° 선한 싸움

"아들 디모데야 내가 네게 이 교훈으로써 명하노니 전에 너를 지도한 예언을 따라 그것으로 선한 싸움을 싸우며 믿음과 착한 양심을 가지라 어떤 이들은 이 양심을 버렸고 그 믿음에 관하여는 파선하였느니라"(딤전 1:18-19)

"믿음의 선한 싸움을 싸우라 영생을 취하라 이를 위하여 네가 부르심을 받았고 많은 증인 앞에서 선한 증언을 하였도다"(딤전 6:12)

선한 싸움이 있다. 믿음의 싸움을 뜻한다. 성도는 선한 싸움을 싸우는 그리스도의 군사다. 이를 신약 곳곳에서 확인할 수 있다. 위에서 인용한 말씀 외에도 비슷한 말씀들이 많이 있다.(딤후 4:7, 롬 13:12, 고후 6:7, 10:3-6, 엡 6:10-17, 빌 1:27-30, 3:18, 4:3, 살전 5:8)

선한 싸움의 대상은 마귀와 세상, 그리고 자기 자신이다. 선한 싸움이 쉽지 않은 이유는 이 셋과 동시에 싸우기 때문이다. 하나하나도 만만치 않다. 그런데 이 셋과 한꺼번에 싸우니 어려운 것이다. 믿는 자도 혼자 싸우는 것은 아니다. 하나님의 도우심과 교회의 도움이 있다. 믿는 자는 성령과 믿음의 형제의 도움으로 선한 싸움을 싸운다.

선한 싸움은 첫째 마귀와 싸우는 것이다. 에베소서 6:10-17에 하나님의 전신갑주에 대한 말씀이 있다. 바울은 '우리의 씨름은 혈과 육을 상대하는 것이 아니요 통치자들과 권세들과 이 어둠의 세상 주관자들과 하늘에 있는 악의 영들을 상대함이라'고 말한다.(엡 6:12) 그러면서 사탄의 유혹에 넘어가지 않도록 권면한다. 하나님의 무기로 완전 무장을 하라는 것이다. 베드로전서 5:8-9에도 같은 말씀이 있다. '근신하라 깨어라 너희 대적 마귀가 우는 사자 같이 두루 다니며 삼킬 자를 찾나니 너희는 믿음을 굳건하게 하여 그를 대적하라'는 말씀이다. 마귀와의 싸움에서 이기라는 뜻이다.

선한 싸움의 두 번째 대상은 세상이다. 세상은 믿는 자들이 사는 곳이다. 동시에 선한 싸움의 대상이다. 세상에 성도의 믿음을 방해하는 것들이 있기 때문이다. 성도를 유혹하는 것들이 세상에 있다. 사람이 세상을 사랑하면 자신도 모르게 하나님과 멀어진다. 세상과 가까워지면 하나님과 멀어지는 것이다.

> "이는 세상에 있는 모든 것이 육신의 정욕과 안목의 정욕과 이생의 자랑이니 다 아버지께로부터 온 것이 아니요 세상으로부터 온 것이라"(요일 2:16)

이 세상에 악한 것들이 있다는 말씀이다. 바로 사람의 육신과 눈을 즐겁게 해 주는 것이다. 그리고 사람들의 삶에 대해 자랑하는 것이다. 세상에 이런 것들이 있다. 그러면서 사람을 유혹한다. 그래서 요한1서 2:15는 '이 세상이나 세상에 있는 것들을 사랑하지 말라 누구든지 세상을 사랑하면 아버지의 사랑이 그 안에 있지 아니하니'라고 말한다. 이 세상과 세상에 속한 것들을 사랑하지 말라는 권면이다. 이 세상을 사랑하면 그 마음속에 하나님에 대한 사랑이 없어진다.

선한 싸움의 세 번째 대상은 자기 자신이다. 내 안에 나를 약하게 만드는 것이 있다. 유혹에 넘어지게 하는 것이 있다. 죄 짓게 하는 것이 있다. 그래서 믿는 자는 나 자신과의 싸움에서 이겨야 한다. 바울은 로마서 7:14-25에서 자기 자신을 이해할 수 없다고 말한다. 자기가 하고 싶은 일은 하지 않고, 자기가 미워하는 일을 하고 있기 때문이다. 예를 들면 '나는 지금 기도하고 싶다'고 말한다. 기도해야 할 일이 있는 것이다. 그런데 실제로는 드라마를 본다. '나는 주일에 골프 치는 일을 미워한다'고 말한다. 예배를 드려야 하기 때문이다. 그런데 실제로는 주일에 골프를 친다.

바울은 그 이유를 자기 안에 있는 죄악의 본성 때문이라고 한다. 자기 안에 죄가 살고 있다는 것이다. 그 죄의 본성이 원하는 선은 행하지 못하도록 한다. 오히려 원치 않는 악을 행하도록 한다. 그래서 바울은 '자신이 참으로 비참한 사람'이라고 고백한다.(롬 7:24) 마음으로는 하나님의 법을 따르기 원하지만 실제로는 죄의 법에 복종하기 때문이다. 바울만 그런 게 아니라 모든 성도가 그렇다. 바울은 인간의 보편적 모습을 말한 것이다. 모든 사람 안에 죄가 살고 있고 모든 사람이 죄의 본성을 가지고 있다. 믿는 자도 마찬가지다. 그래서 원하는 선은 행하지 않고 원치 않는 악을 행한다. 사람은 누구나 바울처럼 비참한 사람이다. 이런 자기 자신을 이겨야 한다. 나 자신이 바로 선한 싸움의 대상이다.

"마귀의 간계를 능히 대적하기 위하여 하나님의 전신 갑주를 입으라 우리의 씨름은 혈과 육을 상대하는 것이 아니요 통치자들과 권세들과 이 어둠의 세상 주관자들과 하늘에 있는 악의 영들을 상대

함이라"(엡 6:11-12)

선한 싸움의 세 가지 싸움 대상에서 가장 위험한 것이 마귀다. 에베소서 6:12가 이 사실을 분명히 한다. '우리의 씨름은 혈과 육을 상대하는 것이 아니요 통치자들과 권세들과 이 어둠의 세상 주관자들과 하늘에 있는 악의 영들을 상대함이라'는 말씀이다. 그래서 에베소서 6:10-17에 하나님의 전신갑주에 대한 설명이 있다. 그리스도의 군사로서 무장을 갖추고 마귀를 대적하라는 뜻이다.

바울은 먼저 진리의 허리띠를 띠라고 한다.(엡 6:14) 허리띠는 무장의 기본으로 칼을 찰 수 있도록 한다. 그런데 진리가 그 허리띠다. 진리의 사람이 되라는 뜻으로 이것이 신앙의 기본이다. 그 다음은 가슴에 의의 흉배를 붙이는 것이다.(엡 6:14) 정의의 사람이 되라는 말이다. 그 다음은 평화의 복음을 전할 신을 신어야 한다.(엡 6:15) 평안의 사람이 되라는 것이다. 그 다음은 악한 자의 불화살을 막을 믿음의 방패를 들어야 한다.(엡 6:16) 믿음의 사람이 되라는 말이다. 그 다음은 구원의 투구를 써야 한다.(엡 6:17) 구원을 확신하는 사람이 되라는 것이다. 그리고 하나님의 말씀인 성령의 칼을 쥐어야 한다.(엡 6:17) 말씀의 사람이 되어야 한다는 말이다.

바울이 말하는 하나님의 전신갑주는 완전무장한 로마 군인의 모습이다. 바울은 로마 군인의 모습으로 그리스도의 군사를 묘사한다. 에베소서 6:10-17에 '허리띠, 흉배, 군화, 방패, 투구, 칼' 같은 단어들이 나온다. 이런 단어들은 '진리, 정의, 평화, 믿음, 구원, 말씀'에 대한 비유적 표현이다. 그리스도의 군사는 '진리, 정의, 평화, 믿음, 구원, 말씀'으로 무장한다는 뜻이다. 하나님의 전신갑주를 한 마디로 요약하면 성령 충만함이다. 성령으로 충만한 것이 곧 하나님의 전신갑주를 입는 것이다.

하나님의 전신갑주를 입은 사람은 그리스도의 마음을 가진다. 바울은 고린도전서 2:16에서 '우리가 그리스도의 마음을 가졌느니라'고 말한다. 그리고 빌립보서 2:5에서 '너희 안에 이 마음을 품으라 곧 그리스도 예수의 마음이니'라고 말한다. 하나님의 전신갑주를 입은 사람이 바로 이 마음을 가진다.

복음서를 통해 예수님의 마음을 알 수 있다. 4복음서에 예수님의 말씀과 행적이 많이 있기 때문이다. 하나님의 전신갑주는 그리스도의 마음으로 하나님의 진리를 아는 것이다. 예수님처럼 의로운 사람이 되는 것이다. 예수님이 주시는 평안을 얻는 것이다. 예수님에 대한 믿음을 가지는 것이다. 예수님의 구원을 확신하는 것이다. 예수님처럼 순종하는 사람이 되는 것이다. 예수님을 내 안에 모시는 사람이 되는 것이다. 예수님과 친밀한 사람이 되는 것이다. 예수의 제자가 되어 선한 싸움에서 승리하는 것이다.

앞에서 언급한 것처럼 선한 싸움에서 가장 경계해야 할 상대는 눈에 보이지 않는 악한 영이다. 이 사실을 모르면 선한 싸움에서 지게 된다. 진짜 상대를 모르기 때문이다. 눈에 보이는 세상과 열심히 싸워 상대를 이긴 것 같은데 사실은 그렇지 않다. 진짜 적은 눈에 보이는 세상 그 배후에 있기 때문이다. 마귀의 유혹이 거룩한 삶에 치명적이다. 고린도전서 2:13에 '영적인 일은 영적인 것으로 분별한다'는 말씀이 있다. 선한 싸움의 상대가 누구인지 정확하게 알아야 한다. 그리스도의 군사는 영적인 것을 분별하는 신령한 눈이 있어야 한다.

그래서 성령의 도우심을 의지해야 한다. 마귀의 유혹이 치명적이라면 성령의 도우심은 필수적이다. 성령의 도우심 없이 악한 영을 이길 수 없다. 인간과 마귀는 급이 다르기 때문이다. 그래서 에베소서 6:17-18은 성령의 칼을 쥐고 성령 안에서 기도하라고 한다. 성령의 지혜로 말씀을 읽고 성령의 뜻을 구하는 기도를 해야 한다는 뜻이다. 성령 충만함과 그리스도의 마음이 하나님의 전신갑주다. 그리스도의 군사는 이를 통해 마귀를 이긴다.

민수기 1:2-3에 '너희는 이스라엘 자손의 모든 회중 각 남자의 수를 그들의 종족과 조상의 가문에 따라 그 명수대로 계수할지니 이스라엘 중 이십 세 이상으로 싸움에 나갈 만한 모든 자를 너와 아론은 그 진영별로 계수하되'라는 말씀이 있다. 하나님께서 모세와 아론에게 하신 말씀이다. 모세와 아론은 출애굽 한 백성 중에서 스무 살 이상 남자들 숫자만 세었다. 그 이유는 조사의 목적이 군인이었기 때문이다. 여자나 아이는 싸울 수 없기 때문에 세지 않았다. 하나님은 한 지파의 총 인구수가 필요하셨던 것이 아니다. 그 지파에서 싸울 수 있는 사람 숫자가 필요하셨던 것이다. 교인 총 숫자가 중요한 것이 아니라 그 교회 안에 있는 그리스도의 참된 군사 숫자가 중요하다.

° 믿음으로 승리

그리스도의 군사는 믿음으로 선한 싸움에서 이긴다. 믿음이 모든 유혹을 이기는 근본적인 무기다. 믿음이 있어야 마귀와 세상과 본성의 유혹을 이길 수 있다. 창조주 하나님을 믿는 하나님의 백성이 마귀를 이긴다. 예수 그리스도를 믿는 예수의 제자가 세상을 이긴다. 보혜사 성령의 도우심을 받는 하나님의 자녀가 자신을 이긴다.

사람은 삼위일체 하나님의 권능을 힘입어 승리한다. 삼위일체 하나님에 대한 믿음으로 선한 싸움에서 이긴다. 결국 진리에 대한 믿음으로 승리하는 것이다. 선한 싸움에서의 믿음은 구체적으로 말씀과 천국 소망과 회개를 의미한다. 말씀으로 마귀를 이기고, 천국 소망으로 세상을 이기고 경건 훈련으로 자신을 이기기 때문이다.

> "예수께서 대답하여 이르시되 기록되었으되 사람이 떡으로만 살 것이 아니요 하나님의 입으로부터 나오는 모든 말씀으로 살 것이라 하였느니라 하시니"(마 4:4)
> "예수께서 이르시되 또 기록되었으되 주 너의 하나님을 시험하지 말라 하였느니라 하시니"(마 4:7)
> "이에 예수께서 말씀하시되 사탄아 물러가라 기록되었으되 주 너의 하나님께 경배하고 다만 그를 섬기라 하였느니라"(마 4:10)

첫째, 그리스도의 군사는 말씀에 대한 확신으로 마귀의 유혹을 이긴다. 믿는 자는 하나님 말씀으로 사탄을 이긴다. 가장 확실한 증거는 예수님의 경우다. 예수께서 마귀의 유혹을 받았을 때 오직 말씀으로 이기셨다.(마 4:4, 7, 10) 세 번 모두 그리하셨다. 말씀이 마귀를 이기는 가장 확실한 무기인 것이다. 그래서 바울은 하나님의 말씀을 성령의 검이라고 한다.(엡 6:17) 마귀를 공격하는 무기라는 뜻이다. 선한 싸움에서 승리하기 위해 꼭 기억해야 하는 말씀이다.

이사야 시대 사람들이 예언자들에게 '다시는 환상을 보지 마라, 우리를 위해 진리를 말하지 마라. 듣기에 좋은 말만 하고 달콤한 말만 하라'고 요구했다.(사 30:10-11) 사람들이 진리의 말씀을 싫어한다는 뜻이다. 선한 싸움에서 진 사람들의 모습이다. 구약의 경우 예언서에 이런 말씀이 많이 있다.(렘 11:21, 암 2:12, 7:12-13, 16, 미 2:6)

신약에서는 디모데후서 4:3-4가 대표적인 말씀이다. '때가 이르리니 사람이 바른 교훈을 받지 아니하며 귀가 가려워서 자기의 사욕을 따를 스승을 많이 두고 또 그 귀를 진리에서 돌이켜 허탄한 이야기를 따르리라'는 말씀이다. 성경을 읽고 듣고 배우는 일에 열심을 다해야 한다. 그래야 마귀와의 싸움에서 이길 수 있다.

"만일 그리스도 안에서 우리가 바라는 것이 다만 이 세상의 삶뿐이면 모든 사람 가운데 우리가 더욱 불쌍한 자이리라"(고전 15:19)

둘째, 그리스도의 군사는 천국에 대한 소망으로 세상의 유혹을 이긴다. 영원한 것에 대한 소망으로 세상을 이기는 것이다. 마태복음 5-7

세상 사는 하늘 백성

장의 산상수훈에서 이를 알 수 있다. 산상수훈의 시작인 8복에 대한 말씀은 결국 '영원한 것을 소망하라'는 뜻이다.(마 5:1-10) 그리고 죄 지은 신체를 잘라버리고 천국에 들어가라는 말씀이 그런 뜻이다.(마 5:29-30) 너희 재물을 하늘에 쌓아두라(마 6:20), 먼저 아버지의 나라와 아버지의 의를 구하라(마 6:33), 좁은 문으로 들어가라는 말씀들 역시 그런 뜻이다.(마 7:13) 모두 산상수훈에 나오는 말씀들이다. 교회는 천국에 대한 소망으로 세상을 이긴다.

바울은 믿는 자가 바라는 것이 다만 이 세상의 삶뿐이면 진짜 불쌍한 사람은 기독교인이라고 한다.(고전 15:19) 천국에 대한 소망이 없다면 기독교인이 가장 불쌍한 자라는 뜻이다. 헛된 것을 믿고 있기 때문이다. 바울은 또 '우리가 지금까지 세상의 더러운 것과 만물의 찌꺼기 같이 되었도다'라고 한다.(고전 4:13) 바울은 복음을 위해 지극히 천한 사람이 될 수 있었다. 그 이유가 바로 생명의 면류관에 대한 소망 때문이었다.

세상과의 싸움에서 특별히 절제를 강조할 필요가 있다. 절제야 말로 세상과의 선한 싸움에서 자신을 이기는데 필요한 무기다. 우리가 중독이라 부르는 게 있다. 술, 도박, 마약, 게임, 성(性) 이런 것들이다. 중독까지는 아니지만, 성도를 하나님으로부터 멀어지게 하는 것들이 있다. 돈, 취미, 쇼핑, TV, 인터넷 이런 것들이다. 이런 것들은 나쁜 습관이다.

성도들이 중독에 빠질 가능성은 별로 없다. 그러나 나쁜 습관에는 쉽게 빠질 수 있다. 그래서 절제가 필요하다. 바울은 이렇게 말한다. '이기기를 다투는 자마다 모든 일에 절제하나니 그들은 썩을 승리자의 관을 얻고자 하되 우리는 썩지 아니할 것을 얻고자 하노라.'(고전 9:25) 믿는 자는 절제의 덕을 배워야 한다는 말이다. 그리고 이렇게 덧붙인다. '내가 내 몸을 쳐 복종하게 함은 내가 남에게 전파한 후에 자신이 도리어 버림을 당할까 두려워함이로다.'(고전 9:27) 바울은 목숨을 걸고 주의 일에 헌신했다. 그런 바울이 절제에 실패해서 자신은 구원 받지 못할까 두렵다는 말씀이다. 그래서 바울은 성령의 열매로 절제를 언급한다.(갈 5:23) 절제가 그만큼 중요하다.

> "망령되고 허탄한 신화를 버리고 경건에 이르도록 네 자신을 연단
> 하라 육체의 연단은 약간의 유익이 있으나 경건은 범사에 유익하니
> 금생과 내생에 약속이 있느니라"(딤전 4:7-8)

셋째, 그리스도의 군사는 경건 훈련으로 자신을 이긴다.(고전 9:27, 딤전 3:16, 4:7-8, 6:6, 딤후 3:5) 바울은 디모데전서 4:6에서 믿음의 원리와 참된 교훈을 잘 배우고 그 안에서 신앙이 성장하라고 한다. 그 다음 4:7-8에서 헛된 가르침을 멀리 하고 경건함에 이르도록 몸을 훈련하라고 한다. 이 경건 훈련이 중요하다. 많은 사람들이 배운 것으로 만족하고 경건 훈련을 외면한다. 여기에 신앙의 함정이 있다. 성령께서 슬퍼하시는 일이 일어난다. 디모데전서 4:8에서 보는 것처럼 경건 훈련에 힘쓰는 사람만이 현세의 생명과 내세의 생명을 약속받는다.

경건 훈련의 시작은 주일 예배 참석이다. 주일을 거룩히 지키는 게 성도의 근본 의무이기 때문에 경건 훈련은 예배 훈련에서 시작한다. 주일예배 참석은 의무적이다. 두 번째 경건 훈련은 말씀 훈련이다. 이것은

　　　　　세상 사는 하늘 백성

기본적으로 성경을 읽는 것이다. 하나님의 말씀을 영의 양식으로 먹는 것이다. 하나님의 말씀은 영을 위한 생명의 말씀이다. 세 번째 경건 훈련은 기도 훈련이다. 기도가 있어야 하나님과의 친밀감이 회복되고 유지된다. 그러므로 기도 훈련이 없는 경건 훈련은 없다. 네 번째 경건 훈련은 복음을 전하는 일이다. 예수님은 '하나님 나라를 전하기 위해 이 세상에 왔다'고 말씀하셨다.(눅 4:43) 복음을 전하는 일은 예수님의 사명에 동참하는 일이다. 그래서 경건 훈련에는 전도 및 선교 훈련이 필수적이다. 이런 경건 훈련을 통해 죄의 본성을 이긴다.

그렇지만 경건 훈련은 자기 단련이 아니다. 하나님을 경배하고 섬기는 일이다. 자기 단련을 통해 거룩해지는 게 아니라 하나님을 경배하고 섬김으로써 거룩해진다. 그래서 성경의 경건 훈련은 3일간 자지 않고 진리를 묵상하는 것이 아니다. 육체의 욕망을 이기고자 한 겨울에 얼음물에 들어가는 것이 아니다. 육체의 한계를 극복하고자 10년 동안 눕지 않는 것이 아니다. 하나님을 전심으로 경배하고 섬기는 것이 경건 훈련의 근본이다. 예배, 말씀, 기도, 전도 등은 결국 하나님을 경배하고 섬기는 훈련이다.

> "내가 아버지께 구하겠으니 그가 또 다른 보혜사를 너희에게 주사 영원토록 너희와 함께 있게 하리니 그는 진리의 영이라 세상은 능히 그를 받지 못하나니 이는 그를 보지도 못하고 알지도 못함이라 그러나 너희는 그를 아나니 그는 너희와 함께 거하심이요 또 너희 속에 계시겠음이라"(요 14:16-17)

이 모든 일에 성령의 도우심이 필수적이다. 성령의 도우심이 있어야 마귀를 이길 수 있고 세상에 승리할 수 있으며 자신을 극복할 수 있다. 성령의 도우심이 있어야 마귀의 유혹을 분별할 수 있다. 세상의 유혹에 절제할 수 있다. 자신의 죄를 깨닫고 회개할 수 있다. 사람은 자신의 능력으로 마귀를 이길 수 없으며 세상의 유혹을 극복할 수 없다. 자신의 의지로 죄의 본성을 극복할 수 없다. 오직 보혜사 성령의 도우심으로 그 모든 유혹을 이길 있고 뿌리 깊은 죄의 본성을 이길 수 있다.(롬 8:13) 이를 위해 성령께서 성령의 은사와 성령의 열매로 믿는 자를 도우신다. 그리고 사람 안에 거하신다.(고전 3:16-17, 6:19-20, 고후 6:16, 엡 2:22)

선한 싸움을 언급할 때 히브리서 12:4를 기억할 필요가 있다. '너희가 죄와 싸우되 아직 피 흘리기까지는 대항하지 아니하고'라는 말씀이다. 성도들이 선한 싸움을 싸우지만 피 흘릴 정도로 싸워 보지는 않았다는 말씀이다. 정말 심각하게 싸우지는 않는다는 뜻이다. 최전방에서 목숨 걸고 싸우는 사람이 적다. 후방에서 싸우는 흉내나 내는 사람이 많다. 믿는 자는 자신의 선한 싸움을 되돌아 볼 필요가 있다.

바울은 '나는 선한 싸움을 싸우고 나의 달려갈 길을 마치고 믿음을 지켰으니 이제 후로는 나를 위하여 의의 면류관이 예비되었으므로 주 곧 의로우신 재판장이 그 날에 내게 주실 것이며 내게만 아니라 주의 나타나심을 사모하는 모든 자에게도니라'고 말한다.(딤후 4:7-8) 그리스도의 군사로서 선한 싸움에서 승리했다는 자랑스러운 고백이다. 마지막 날 큰 칭찬을 받아야 하는 그리스도의 군사가 되어야 한다.

° 진리의 군대

바울이 교회를 직접적으로 그리스도의 군대라고 부른 것은 아니다. 그리스도의 신부나 그리스도의 몸으로는 불렀지만 그리스도의 군대라고 하지는 않았다. 그렇지만 바울의 생각을 따라 교회를 그리스도의 군대라고 부를 수 있다. 바울은 믿는 자를 그리스도의 군사라고 불렀다. 믿음의 용사라는 뜻이다. 그러므로 교회를 그리스도의 군대라고 부를 수 있다. 믿는 자 모두가 믿음의 용사로 선한 싸움을 싸우기 때문이다. 교회가 그리스도의 군대라는 개념은 교회가 하나님의 진리를 지키는 공동체라는 뜻이다. 마귀의 유혹을 함께 이기는 공동체라는 뜻이다. 그리스도의 군대는 교회론을 위한 또 하나 중요한 개념이다.

> "만일 내가 지체하면 너로 하여금 하나님의 집에서 어떻게 행하여야 할지를 알게 하려 함이니 이 집은 살아 계신 하나님의 교회요 진리의 기둥과 터니라"(딤전 3:15)

바울은 교회를 진리의 기둥과 터라고 한다. 여기서 진리는 성경의 진리를 말한다. 삼위일체 하나님의 말씀이 곧 진리라는 뜻이다. 성경은 분명히 사람이 기록했다. 그렇지만 하나님의 감동으로 된 책이다. 하나님의 영감을 입은 것이다.(딤후 3:16, 벧후 1:21) 성경 전체가 하나님의 뜻을 따라 기록되었다. 성경의 기록과 전수에 하나님의 섭리가 있었다. 편집과 정경의 과정에 하나님의 인도하심이 있었다. 그래서 성경을 하나님의 말씀 또는 진리의 말씀이라고 한다. 성경은 사람의 지혜가 아니라 하나님의 지혜를 기록한 책이다. 그래서 성경은 사람을 구원한다.

교회는 하나님의 지혜를 지키는 진리의 군대다. 교회사가 이 사실을 증명한다. 성경의 진리를 지킨 교회의 인물들이 1세기에 있었다. 교회사는 그들을 속사도 교부들(The Apostolic Fathers)이라고 부른다. 속사도 교부들은 사도들과 교제하면서 사도들이 전한 진리를 지켰다. 2세기는 많은 변증가들(The Apologists)이 있었다. 변증가들은 기독교 진리를 세상에 대해 변호했다. 3-4세기는 위대한 교부들(The Church Fathers)이 있었다. 교부들은 성경에 기초한 기독교 교리를 만들었다. 그들 모두가 교회에 꼭 필요한 인물들이었다.

기독교 초기부터 많은 이단과 거짓 가르침이 있었다. 이단 중에는 유대교에 뿌리를 둔 이단들이 있었다. 헬라 철학이나 다른 종교에 기초한 이단들이 있었다. 영지주의 같이 기독교 안에서 자라난 거짓 가르침도 있었다. 그리고 박해도 있었다. 기독교를 박해한 로마 황제들이 많았다. 로마의 박해는 64년 네로 황제 때부터 시작되었다. 한편, 교회 안에서는 심각한 교리적 논쟁이 있었다. 기독론 논쟁과 삼위일체론 논쟁은 오래 동안 교회를 힘들게 했다. 교회사에서 이런 내용을 쉽게 접할 수 있다.

교회는 진리의 군대로서 외부로부터 하나님의 지혜를 지켰다. 내부적으로 하나님의 지혜를 교리로 완성했다. 이 하나님의 지혜를 '삼위일체 하나님, 창조, 종말, 구원'으로 요약할 수 있다. 성경의 핵심은 삼위일체 하나님이 세상을 창조하셨고 인간을 구원하시며 마지막 심판을 주관하신다는 뜻이다. 교회는 이 네 가지 하나님의 지혜를 지키고 또 세상에 전한다. 이 네 가지가 성경의 요점이다. 그리고 교리의 기초다.

성경에 사람의 지혜가 아닌 하나님의 지혜가 있다. 그 첫 번째가 삼위일체 하나님에 대한 말씀이다. 성경은 하나님을 성부, 성자, 성령으로 묘사한다. 성부는 하늘에 계신 창조주 하나님이시다. 성자는 이 세상에 인간으로 오신 하나님이시다.(예수 그리스도) 성령은 이 세상에 영으로 오신 하나님이시다. 성부, 성자, 성령은 분명히 따로 존재하신다. 그 모습과 행함이 다르다. 그래서 세 존재라는 생각이 든다. 그런데 성경은 이 성부, 성자, 성령이 한 분이라고 한다. 설명이 어려울 수밖에 없다.

비판적 시각으로 보면 삼위일체론은 비논리적이다. 세 분이 한 분이고 한 분이 세 분이라는 식이다. 그럼에도 불구하고 성경과 교리는 삼위일체 하나님을 강조한다. 그것이 하나님의 지혜이기 때문이다. 그래서 교회가 이것을 가장 중요한 교리로 받아들인다. 사람의 지혜는 신의 본질을 삼위일체로 설명하지 않는다. 이해할 수 없고 설명하기 어려운 본성을 생각해 낼 이유가 없다. 인간의 모습을 닮은 신을 만들어 낸다. 그리스-로마 신화에 나오는 신들이 그렇다. 삼위일체 하나님은 사람의 지혜가 아니라 하나님의 지혜. 하나님의 본질이 실제로 그렇다.

두 번째 하나님의 지혜는 창조에 대한 말씀이다. 성경은 창조 이야기로 시작된다. 이 세상에 존재하는 모든 물질과 생물체는 하나님이 창조하셨다는 것이다. 여기에는 추호의 의심과 일말의 주저함이 없다. 진실로 그렇고 확실히 그렇다고 선포한다. 마치 138억 년 전 빅뱅의 현장에 있었던 것처럼 말한다. 이것이 하나님의 지혜이다. 창세기 1-11장은 역사적 사실이나 과학적 진실을 객관적으로 요약한 내용이 아니다. 그 이야기는 하나님의 지혜로 종교적 진리와 신앙적 교훈을 요약한 것이다. 그래서 창세기 1-11장은 문자적, 역사적, 과학적으로 이해할 수 없다. '압축, 은유, 상징, 전환'의 개념으로 이해해야 한다.

창세기 1-11장은 138억 년의 시간을 압축해 놓은 이야기다. 그 기간 동안 있었던 일들을 은유와 상징으로 설명한 것이다. 그리고 그런 이야기를 역사시대와 연결한다. 창세기 1-11장을 이렇게 이해할 때 성경의 창조와 현대과학의 빅뱅이 조화를 이룰 수 있다. 성경의 인간 창조와 현대과학의 인류의 등장이 조화를 이룬다. 창세기 1-11장은 현대 과학이 발견한 것을 오래 전에 하나님의 지혜로 설명한 것이다. 창세기 1-11장은 우주와 인간에 대한 하나님의 지혜다. 거기에는 빅뱅 이후 아브라함의 등장까지 인류가 반드시 알아야 할 지식이 들어 있다.

세 번째 하나님의 지혜는 구원에 대한 말씀이다. 사람이 생각하는 구원은 보통 고통과 고뇌로부터의 해방이다. 구원의 내용은 주로 인생의 진정한 행복이거나 참된 자아의 발견이다. 구원에 이르는 방법은 초인적 선행이나 고행이다. 남다른 깨달음 같은 것이다. 인간의 지혜는 이런 구원을 생각한다. 그러나 성경의 구원은 '죄와 죽음에서의 해방'을 뜻한다. 기독교의 죄는 하나님에 대한 불순종이다. 죄의 결과가 죽음이다. 성경은 특이하게도 죄와 죽음을 연결한다. 성경에 죄와 죽음의 관계를 밝히는 말씀이 많이 있다. 이 죄와 죽음에서의 해방이 곧 구원이다.

그런데 죄와 죽음에서 해방되는 유일한 방법이 예수에 대한 믿음이다. 오직 예수를 믿는 사람만이 구원 받을 수 있다. 이 외에 다른 길은 없다. 그래서 예수님은 '내가 곧 길이요 진리요 생명이니 나로 말미암지 않고는 아버지께로 올 자가 없느니라'고 말씀하신다.(요14:6) 그리고 많은 성경 구절이 이를 확인한다. 이것은 기독교가 결코 양보할 수 없는 말씀이다. 그래서 예수를 믿지 않는 것이 죄다.(요 16:9) 구원의 유일한 길을 거부하는 것이기 때문이다. 성경이 말하는 구원은 사람이 생각하는 구원은 이렇게 아주 다르다. 그래서 사람의 지혜로 볼 때 성경의 구원은 낯설고 이상하다. 하나님의 지혜이기 때문이다.

네 번째 하나님의 지혜는 종말에 대한 말씀이다. 성경은 역사의 종말이 있다고 한다. 세상의 끝이 있다고 가르친다. 인류의 삶은 끝없이 계속되는 것이 아니다. 어느 순간 완벽한 마지막이 있다. 그것은 사람들이 생각하는 핵전쟁으로 인한 인류의 멸망이 아니다. 공상소설이 상상하는 외계인의 침략으로 인한 것도 아니다. 자연 재해, 환경오염, 기후변화, 혜성의 충돌로 인한 것도 아니다.

성경의 종말은 예수 그리스도의 재림으로 인한 것이다. 부활의 몸으로 승천하신 예수께서 반드시 이 세상에 다시 오신다. 그 날이 바로 역사의 종말이고 세상의 끝이다. 그 날 이미 죽은 사람들은 부활의 몸으로 다시 살아난다. 살아있는 사람들은 부활의 몸으로 변화된다. 그리고 마지막 심판을 받는다. 거룩한 자들은 구원을 받아 부활의 나라에서 영원히 산다. 거룩하지 못한 자들은 심판을 받아 지옥에서 영원한 형벌을 받는다. 이것이 성경이 말하는 종말의 핵심 내용이다.

문제는 역사의 종말을 본 사람이 아무도 없다는 것이다. 예수님의 재림을 본 사람이 없다. 세상의 마지막을 본 사람이 없다. 죽은 자의 부활을 본 사람이 없다. 산 사람이 부활의 몸으로 변화하는 것을 본 사람이 없다. 최후 심판을 본 사람이 없다. 그런데 성경은 반드시 이렇게 된다고 단언한다. 이것이 분명한 사실이라고 선포한다. 미래의 그 날을 마치 눈으로 본 것처럼 약속한다. 이것이 하나님의 지혜이기 때문이다. 하나님은 아시는 사실이다. 실은 하나님만 아시는 사실이다.

교회는 이런 하나님의 지혜를 지키기 위해 이교와 싸우고 이단과 싸웠다. 교회에 대한 사상적, 철학적 공격과 싸웠다. 공산주의와 싸웠다. 지금도 싸우고 있다. 진리의 군대는 진리를 위한 투쟁을 회피하지 않는다. 교회는 처음부터 이교 국가인 로마와 싸웠다. 처음에는 로마에 지는 듯 보였지만 결국 승리했다. 로마 제국은 313년에 기독교를 공인했다. 381년 테오도시우스 황제 때는 로마의 국교가 되었다. 영적으로 로마에 해당되는 나라들은 지금도 많이 있다. 회교 국가와 공산주의 국가들이 그렇다. 그들은 교회를 심하게 박해한다. 그런 나라에서 예수 믿는 것을 생명을 걸고 믿는 것이다. 교회는 지금도 진리를 지키기 위해 이교와 싸우고 있다.

이단도 마찬가지다. 교회는 처음부터 많은 이단들과 싸웠다. 교회 밖에서 교회로 들어온 이단이 있었다. 교회 안에서 자란 이단들도 있었다.(에비온파, 엘카이파, 도케티즘, 마르시온, 몬타누스파, 노바투스파, 도나투스파 등) 게 중에는 그리스도의 인정을 부정하는 이단이 있었다. 그리스도의 신성을 부정하는 이단이 있었다. 구약을 부정하는 이단이 있었다. 삼위일체론을 부정하는 이단이 있었다. 교회는 처음부터 이런 이단들과 싸웠다. 이단은 지금도 있다. 최근에 더욱 기승을 부리고 있다. 한국 교회가 선한 싸움에서 약한 모습을 보이기 때문이다.

교회는 때로 교회끼리 서로 싸우기도 했다. 진리의 군대로서 진리를 지키기 위해서였다. 교회사에 후스파 전쟁이 있다. 보헤미아(체코)의 성직자 얀 후스(Jan Hus, c. 1372-1415)는 존 위클리프(John Wycliffe, c. 1320-1384)의 영향을 받았다. 위클리프는 14세기 인물로 옥스퍼드의 철학교수였다. 위클리프는 종교개혁의 선구자라 할 수 있다. 그는 모든 교인이 성경을 깨닫기 위해 노력해야 한다고 주장했다. 그래서 평신도가 성경을 읽을 수 있도록 성경을 영어로 번역했다. 그 당시 가톨릭교회는 라틴어 성경만 고집했다. 그래서 위클리프를 정죄하고 그의 책을 읽지 못하게 했다. 보헤미아의 주교도 위클리프의 책을 금지했다. 그러나 후스는 프라하의 대학에서 위클리프의 사상을 가르쳤다.

한편 후스는 성만찬 때 평신도에게도 잔을 주어야 한다고 주장했다. 7세기부터 성직자들은 성만찬 때 평신도들에게 잔 돌리는 것을 중단했다. 그 대신 빵을 포도주에 적셔서 주었다. 1200년대부터는 그마저도 중단했다. 성만찬 때 평신도들에게 빵만 주었던 것이다. 후스는 그게 성경적이 아니라고 했다. 평신도에게도 잔을 주어야 한다고 주장했다. 그 당시 이는 상당히 급진적인 주장이었다. 결국 후스는 박해를 받아 화형에 처해졌다.

후스 자신은 성직자 겸 대학교수였다. 그래서 자국어 성경 번역이나 성만찬의 잔을 받는 일이 후스 자신의 문제는 아니었다. 그러나 '모든 교인들이 성경을 잘 알아야 한다, 그러므로 자국어로 성경을 읽어야 한다, 평신도도 성만찬의 잔을 받아야 한다'는 주장을 하다가 화형을 당했다. 편안히 살 수 있었지만 진리를 따라 살기 원했다. 그 때문에 순교를 당했다. 대표적인 그리스도의 군사의 모습이다. 후에 평신도에게 잔을 주는 문제로 후스파 전쟁이 일어나 많은 기독교인들이 죽었다. 교회끼리의 싸움은 분명히 비극적이다. 그러나 후스파 전쟁에서 진리를 위해 목숨을 아끼지 않는 진리의 군대의 모습을 볼 수 있다.

세상 사는 하늘 백성

2. 유혹과 진리의 승리

° 마귀와 죄

성도가 세례를 받고 믿음 생활을 한다고 해서 다 이룬 것은 아니다. 성도의 삶이라는 것이 매일 선한 싸움의 연속이기 때문이다. 성도의 적은 내부에 있다. 자기 자신이 적이다. 믿는 자는 오늘 겸손하지만 내일 교만할 수 있다. 오늘 하나님의 영광을 찬양하지만 내일 자신이 그 영광을 차지할 수 있다. 오늘 진리의 빛 가운데 살지만 내일 어둠 속에서 살 수 있다. 오늘 영적으로 부지런하지만 내일 게으름에 빠질 수 있다. 그렇게 되는 이유는 우선 스스로 넘어지기 때문이다. 사람에게는 육체의 본능과 타락한 본성이 있다. 통제할 수 없는 욕망도 있다. 그로 인해 스스로 유혹에 넘어간다. 그러므로 성도들은 영생을 얻는 그 날까지 자신의 악한 본성을 이기며 살아야 한다.

성도의 적은 외부에도 있다. 세상은 거룩한 것을 보려는 눈을 어지

럽힌다. 천국 부자가 되려는 마음을 빼앗는다. 돈이 많을수록 자유롭다고 한다. 돈 쓰는 재미가 최고라고 한다. 명예와 권력을 가지면 모든 것을 얻을 수 있다고 한다. 이 세상에는 사람의 육신과 눈을 즐겁게 악한 것들이 있다. 그것들은 하나님께로부터 나온 것이 아니다.(요일 2:16) 세상의 그런 유혹에 빠진다면 성령 충만한 삶을 살 수 없다. 그러므로 성도는 이 세상과 이 세상에 속한 것을 사랑해서는 안 된다.(요일 2:15)

그러나 성도의 가장 무서운 적은 마귀다. 성도가 진정으로 경계해야 할 것은 마귀의 유혹이다. 눈에 보이지 않는 귀에 들리지 않는 영적 유혹이다. 세상의 유혹은 사람 눈에 보이고 귀에 들린다. 그래서 비교적 쉽게 경계할 수 있다. 하지만 보이지 않고 들리지 않는 영적 유혹은 인식하기 어렵다. 분별하기 어렵다. 조금만 경계를 소홀히 하면 유혹에 넘어간다. 자신도 모르는 사이에 마귀의 함정에 빠진다. 악한 영이 기뻐하는 삶을 살게 된다.

사람이 죄를 짓는 큰 이유는 마귀의 유혹 때문이다. 이것이 선악과 사건의 중요한 교훈이다.(창 3장) 사람이 죄를 짓도록 유혹하는 존재가 있다. 만약 뱀의 유혹이 없었다면 아담과 하와는 선악과를 먹지 않았을 것이다. 사람을 죄와 죽음으로 끌고 가는 존재가 있다. 이 사실을 알아야 많은 죄를 피할 수 있다. 이것이 창세기 3장의 흐름이다.

마귀는 인간이 죄를 짓도록 유혹한다. 그 마귀가 선악과 이야기에서 뱀의 상징으로 등장한다. 창세기 3장의 뱀은 실질적인 뱀이 아니다. 그러므로 이 뱀이 어떤 뱀일까 독사일까 아닐까 하고 묻는 것은 무의미하다. 뱀도 처음에는 네 다리를 가지고 있었을 것이라고 추측하는 것도 무의미하다. 뱀이 원래 말을 할 수 있었다고 생각하는 것도 무의미하다. 뱀은 인간을 유혹하는 악마적 존재에 대한 상징이다.

하나님은 뱀이라는 상징을 통해 사람을 유혹하는 악한 존재가 있음을 계시하신다. 이 사실을 잊고 사는 것은 매우 위험하다. 그것은 지뢰밭을 모르고 지나가는 것과 같다. 잠깐은 무사해도 결국은 지뢰를 밟고 만다. 악한 영의 존재를 잊고 사는 것은 그만큼 위험한 일이다. 창조에 대한 이야기가 끝나면서 바로 죄에 대한 언급이 있는 것은 우연이 아니다. 죄라는 주제가 그만큼 심각한 것이다.

그리고 그 죄에 대한 이야기가 뱀에 대한 언급으로 시작되는 것도 우연이 아니다. 마귀의 유혹을 경계해야 선한 싸움에서 이길 수 있다는 뜻이다. 예수님이 사역을 시작하시면서 마귀의 유혹을 받은 것도 우연이 아니다. 마귀의 유혹을 이겨야 영생을 얻을 수 있다는 뜻이다. 성경 마지막 책인 요한계시록에 다시 뱀이 등장하는 것 또한 우연이 아니다. 다 같은 맥락의 경고다. 교회는 인간의 죄가 악한 영의 유혹으로부터 시작되었다는 사실을 기억해야 한다. 그 유혹이 오늘도 계속되고 있다. 그러므로 성령의 도우심을 구해야 한다.

마귀는 피조물 중에서 가장 간사하고 교활하다.(창 3:1) 인간보다 훨씬 간사하고 교활하다. 그래서 늘 악한 영의 존재를 인식하고 그 유혹을 경계해야 한다. 그래서 인간이 마귀의 유혹을 간파하는 것은 결코 쉽지 않다. 교회의 적은 피조물 중에서 가장 간사하고 교활하다. 천사와 논쟁을 하는 존재다.(유 1:9) 성경의 천사는 두렵고 떨리는 존재다. 천사를 직접 본 사람들은 모두 두려움에 떨었다. 마귀는 그런 천사들과 논쟁을 한다. 인간의 지혜를 능가한다. 오히려 그들이 인간을 우습게 여긴다. 마귀의 유혹을 바보 캐릭터의 우스개 정도로 여기지 말아야 한다.

눈에 보이지 않는다고 해서 마귀의 존재를 부인하는 것은 치명적인 실수다. 마귀는 하나님의 진리를 거짓으로 바꾸어 교회를 유혹한다.(롬 1:25) 마귀는 믿는 자를 위협하지 않고 유혹한다. 자신을 경계하지 않도록 하려는 계략이다. 마귀의 거친 말로 위협하지 않는다. 그보다는 달콤한 말로 유혹한다. 실은 이것이 더 위험하다. 사람들이 경계심을 풀기 때문이다. 그들은 때로 광명의 천사로 가장한다. 의로운 존재처럼 나타난다.(고후 11:14) 그래서 영의 분별은 몹시 중요하다.

선악과 이야기에서 뱀은 하와를 먼저 유혹한다. 하와가 유혹에 약한 것을 알았기 때문이다. 여기서 하와는 여자를 상징하기보다는 믿음이 약한 자를 상징한다. 본문의 여자는 실질적인 여자가 아니다. 그러므로 '여자가 남자보다 유혹에 약하다'는 말은 무의미하다. '여자가 남자를 죄 짓게 했다'고 말하는 것도 무의미하다. 간사하고 교활한 영은 약한 자를 먼저 유혹한다. 그를 통해 강한 자를 넘어뜨린다. 믿음이 약한 자가 먼저 죄를 짓게 한다. 그리고 다른 사람까지 죄 짓게 하는 것이다.

마귀는 사람의 약점뿐 아니라 가정의 약한 인물을 안다. 공동체의 약한 고리를 안다. 적의 약한 곳을 먼저 공격하는 것은 싸움의 기초다. 진지를 공격할 때 약한 곳을 공격하여 무너뜨리면 진지 전체를 어렵지 않게 점령할 수 있다. 피조물 중 가장 간사하고 교활한 존재가 이를 모를 리 없다. 가정과 교회에서 믿음이 약한 자들이 먼저 넘어진다. 그로 인해 믿음이 강한 자들이 넘어지는 것이다.

그러므로 가정과 교회에서 믿음이 강한 자들은 믿음 약한 자들을 위한 기도를 쉬지 말아야 한다. 그렇지 않으면 약한 자가 넘어지면서 자신도 넘어지게 된다. 믿음 없는 자로 인해 가정과 교회 전체가 흔들리게 된다. 교회와 가정에 이런 일이 일어난다. 상대적으로 믿음이 좋은 성도가 먼저 넘어진 성도 때문에 넘어진다. 마귀는 믿음이 좋은 아내를 넘어뜨리기 위해 믿음 약한 남편을 이용한다. 믿음이 좋은 부모가 그렇지 못한 자식 때문에 넘어진다.

° 유혹과 죄의 본질

유혹의 본질은 '하나님 말씀에 대한 의심'이다. 마귀가 사람을 유혹하는 방법은 하나님 말씀을 믿지 않도록 하는 것이다. 그 의심이 불순종으로 이어진다. 이 사실을 창세기 3:4에서 알 수 있다. 하나님은 아담에게 '선악과는 먹지 마라. 만약 먹으면 반드시 죽으리라'고 경고하셨다.(창 2:17) 아담은 이 사실을 확실히 기억했다. 그리고 후에 창조된 하와에게 그 사실을 전했다. 그래서 하와가 '선악과는 먹을 수 없어. 먹으면 죽어'라고 뱀에게 대답한 것이다.(창 3:3)

그 다음에 뱀이 한 말이 흥미롭고 중요하다. 이것이 마귀가 사람을 유혹하는 방법이다. 하와는 '선악과를 먹으면 죽는다고 하나님이 말씀하셨어'라고 말했다. 그때 뱀은 '아니야, 죽지 않아'라고 했다. 하나님 말씀에 대해 '그렇지 않다'고 말한 것이다. 이것이 유혹의 본질이다. 하나님 말씀을 의심하고 믿지 않도록 하는 것이다. 마귀는 인간에게 '하나님이 그렇게 말씀하셨다고? 아니야, 그렇지 않아' 하고 속삭인다. 의심하도록 하는 것이다. 교회는 하와가 어떻게 유혹에 넘어갔는지 깊이 묵상해야 한다. 하와는 하나님의 뜻을 알고 있었다. 그렇지만 뱀의 속삭임에 넘어가 하나님의 말씀을 의심한 것이다. 뱀은 하와에게 강제로 선악과를 먹인 게 아니다. 선악과를 먹지 않으면 죽이겠다고 위협한 것이 아니다.

하나님은 안식일을 거룩하게 지키라고 말씀하신다. 그것이 창조질서다. 예언자들이 누누이 이 사실을 강조한다. 성경은 주일성수를 가르친다. 그래야 하나님의 은혜를 누릴 수 있다. 그것이 하나님의 뜻이다. 마귀는 그렇게 알고 있는 성도에게 '항상은 아니야. 한두 번은 빠져도 상관없어. 당신 마음속에 있는 믿음이 중요해. 하나님은 그 중심을 보시는 분이야'라고 속삭인다. 그 속삭임에 빠져 '그렇지, 한두 주가 그리 큰 문제는 아니겠지' 하다가 교회를 떠나게 된다.

하나님은 성도들이 열심히 기도하기를 원하신다. 그래서 성경 곳곳에 기도에 관한 말씀이 있다. 예수님도 밤을 새워 기도하셨다. 시시때때로 기도하셨다. 기도에 대한 모범을 보여주셨다. 그래서 믿는 자는 기도가 하나님의 뜻임을 안다. 기도해야 풍성한 복을 받을 수 있다는 사실을 안다. 마귀는 그렇게 알고 있는 성도에게 '그렇지 않아. 기도 안 해도 상관없어. 하나님은 이미 다 알고 계셔. 사랑의 하나님이 기도하지 않는다고 복을 안 주시겠어? 기도 안 해도 복을 주셔'라고 한다. 그 속삭임에 빠져 '그렇겠지? 기도를 안 해도 예수를 잘 믿을 수 있을 거야' 하다가 하나님을 떠나게 된다.

개인만 넘어지는 것이 아니다. 교회도 마귀의 유혹에 넘어진다. 그것이 훨씬 더 심각하다. 예수님은 '내가 곧 길이요 진리요 생명이요 나로 말미암지 않고는 아버지께로 올 자가 없다'고 말씀하셨다. 성경 어디에도 예수를 믿지 않고서도 영생을 얻을 수 있다는 말씀은 없다. 그런데 교회 안에 '그렇지 않아. 하나님이 그렇게 편협할 수는 없어. 예수 천당을 버려야 진짜 기독교가 될 수 있어'라는 소리가 있다.

성경은 하나님과 재물을 함께 섬길 수 없다고 한다. 돈을 사랑하지 말라고 한다. 세상 부자가 아니라 천국 부자가 되라고 한다. 그런데 교회 안에 재물을 즐기고 돈을 사랑하는 분위기가 있다. 세상 부자도 되고 천국 부자도 되는 것이 바람직한 믿음이라는 흐름이 있다. 교회에 돈이 있어야 선교를 잘 할 수 있다고 한다.

성경은 분명히 심판을 가르친다. 죄에 대한 벌이 있다고 강조한다. 그에 대한 가장 명백한 가르침이 지옥이다. 그런데 교회 안에 '사랑의 하나님이 어떻게 영원한 형벌의 장소를 만들고 사람들을 영원히 벌주시겠느냐'라는 소리가 있다. 지옥은 성경을 오해한 결과라는 것이다. 지옥이 없다는 목사들이 있다. 그래야 세련된 신학이라는 분위기가 있다.

이 외에 동성애 문제도 있다. 성경은 동성애를 음란이라고 한다. 음란은 무서운 죄다. 하나님의 그런 뜻을 알면서도 '그렇지 않아'라고 주장하는 것이다. 옛날에 그랬지만 지금은 아니라고 한다. 시대가 변했으니 시대에 맞게 해석해야 한다고 한다. 과학적 발견이 있으니 그 결과를 따라야 한다고 한다. 동성애적 사랑과 동성애적 육체관계는 다르다고 한다. 그런 주장이 성경을 현대에 맞게 바로 해석한 결과라고 한다. 그러나 실은 그런 주장은 하와를 유혹한 뱀의 말과 같은 맥락에 있다. 이 사실을 깊이 유의해야 한다.

성경을 문자 그대로 믿자는 말이 아니다. 성경을 시대에 맞게 바로 해석한다면서 하나님의 뜻을 왜곡하지 말아야 한다는 말이다. 교회 안에서 그런 일들이 일어나고 있다. 마귀의 유혹이다. 성경을 읽거나 말씀을 들으며 '그렇지 않아'라는 생각이 들 때 조심해야 한다. 하나님 말씀에 대한 반론과 의문을 자신의 지혜로 스스로 칭찬한 일이 아니다. 그런 생각을 마귀의 유혹으로 경계해야 한다. 그래야 아담과 하와가 경험

세상 사는 하늘 백성

한 무서운 유혹을 이길 수 있다.

'회개'를 강조하는 교회와 '복'을 강조하는 교회가 있다면 '복'을 강조하는 교회가 더 빨리 성장할 것이다. 요즘 '회개하라'는 메시지는 사람들에게 인기가 없다. 현대 교회에서 회개의 메시지는 듣기 어렵다. 사람들이 원하는 메시지가 아니기 때문이다. 그렇지만 예수님은 복음을 전할 때 '회개하라'고 외치셨다.(마 4:17, 막 1:15)

여기서 의문을 가지게 된다. 예수님은 '회개하라'고 하셨는데 교회는 왜 '복 받아라'고 하느냐는 의문이다. 그리고 왜 그런 교회가 성장하느냐 하는 의문이다. 주님은 회개하라고 하셨다. 그러므로 복 받으라고 하면서 교회가 성장하는 것을 기뻐할 수 없다. 사람의 지혜로 인한 결과는 아닐까 살펴보아야 한다. 교회의 성장은 바람직한 일이다. 사람들이 교회로 모이는 것은 기뻐해야 할 일이다. 그러나 그것이 하나님의 말씀을 올바로 전한 결과일 때만 그렇다. 교회의 성장을 위해서 하나님의 말씀에 인간의 지혜를 섞는 일이 없어야 한다. 그것은 악한 영의 유혹에 넘어간 것이다.

인간이 악한 영의 유혹에 잘 넘어가는 이유가 있다. 인간 안에 스스로 지혜롭기를 원하는 마음이 있기 때문이다. 그것이 선악과 이야기의 설명이다. 인간 안에 스스로 지혜롭기를 원하는 마음이 있다. 그래서 마귀의 유혹에 약한 것이다. 선악과는 물질적인 나무열매가 아니다. 인간이 스스로 지혜롭기를 원하는 존재임을 밝혀주는 상징이다. 창세기 3장이 말하는 죄의 시작은 인간의 지혜다. 인간이 스스로 지혜롭기를 원하는 것이 하나님 말씀을 의심하도록 한다. 믿지 않도록 하고 불순종하게 만든다. 인간의 지혜가 의심이 되고 의심이 죄로 이어지는 것이다.

이를 창세기 3:6에서 알 수 있다. '여자가 그 나무를 본즉 먹음직도 하고 보암직도 하고 지혜롭게 할 만큼 탐스럽기도 한 나무인지라'는 말씀이다. 여기서 '그 열매가 사람을 지혜롭게 해줄 것처럼 보였다'라는 말씀이 중요하다. 히브리어로도 그런 뜻이다. 하와는 선악과를 보면서 '아, 이 열매를 먹으면 정말 지혜롭게 되겠구나'라고 생각했다. 하나님처럼 현명하게 될 것이라고 믿은 것이다. 사람이 스스로 지혜롭게 되어서 자기 생각대로 살고 싶은 것이 죄의 시작이다. 그 결과는 하나님 명령에 대한 불순종이다. 이 불순종이 죄의 본질이다.

사람이 자신의 지혜를 따라 사는 것이 좋아 보인다. 그렇게 사는 것이 주체적으로 사는 것 같은 것이다. 그래서 예수를 믿으면서도 자기 뜻대로 살고자 한다. 선악과가 보기에 먹음직스럽고 또 아름다웠다는 말이 바로 그런 뜻이다. 선악과는 먹음직스럽게 보이고 아름답게 보인다. 사람이 자기의 뜻을 따라 사는 것이 더 좋아 보이고 더 멋있어 보이는 것이다. 사람은 누구나 그렇게 살고 싶어 한다.

그러나 그렇게 보이는 것일 뿐이다. 실상은 그렇지 않다. 먹음직스럽고 아름다운 선악과를 먹는 것은 죄의 길이다. 하나님의 벌을 받는 길이다. 교회는 이 사실을 분명히 가르쳐야 한다. 창세기 3장의 선악과 이야기는 1분이면 읽을 수 있는 옛날이야기가 아니다. 인류가 등장한 이래 오늘까지 계속 되고 있는 이야기다. 교회가 반드시 극복해야 할 유혹에 대한 이야기다.

° 마귀의 유혹을 경계

성경은 마귀의 기원에 대해 자세히 밝혀주지 않는다. 다만 하나님께 죄를 지은 천사라고 짐작할 수 있을 뿐이다.(벧후 2:4) 그러나 마귀가 어떤 존재인가는 명확하게 가르쳐준다. 그것은 거짓의 영이다. 거짓의 영이 마귀의 본질이다. 예수께서 유대인들과 논쟁하시면서 그들을 마귀의 자식이라고 비난하신다. 그러면서 마귀를 '거짓말쟁이요 거짓의 아비'라고 하신다.(요 8:44) 성령이 진리의 영이신 반면에 악령은 거짓의 영이다. 거짓의 영이며 속이는 영이다.(요일 4:6)

마귀는 성령과 대등한 존재가 아니다. 마귀가 성령과 대등한 것처럼 거짓 행동을 할 수는 있다. 그렇지만 결코 성령과 대등한 상대가 될 수 없다. 성령은 하나님이시기 때문이다. 하나님께 대항할 수 있는 마귀는 없다. 악한 영을 악마, 마귀, 사탄, 귀신 그 어느 것으로 부를 수 있다. 그렇지만 그 모든 것이 하나님의 상대가 될 수 없다. 천사의 상대가 될 수 있을 뿐이다.(유 1:9 참고). 마귀의 힘과 능력이 하나님에 필적할 수는 없다. 마귀의 힘을 과소평가할 이유는 없다. 그렇다고 해서 과대평가해서도 안 된다. 마귀의 힘을 과소평가할 경우 마귀의 유혹에 쉽게 넘어가게 된다. 과대평가할 경우 마귀를 숭배하게 된다. 두 가지가 다 마귀가 바라는 것이다.

늘 마귀의 유혹을 경계하며 살아야 한다. 그렇지만 오해하지 말아야 할 것이 있다. 성도들이 마귀가 지배하는 세상에 사는 것은 아니라는 것이다. 그러므로 그들을 두려워할 필요는 없다. 누가복음 10:17-18

에 '칠십 인이 기뻐 돌아와 가로되 주여 주의 이름으로 귀신들도 우리에게 항복하더이다. 예수께서 이르시되 사단이 하늘로서 번개 같이 떨어지는 것을 보았노라'는 말씀이 있다. 요한복음 12:31-32에도 기억해야할 말씀이 있다. '이제 이 세상의 심판이 이르렀으니 이 세상 임금이 쫓겨나리라. 내가 땅에서 들리면 모든 사람을 내게로 이끌겠노라'는 말씀이다. 여기서 이 세상 임금은 악한 영을 가리킨다.

성도는 이원론에서 말하듯이 마귀의 지배 아래 사는 것이 아니다. 오히려 그들이 쫓겨나고 땅에 떨어진다. 그들은 주님의 이름에 굴복하고 하나님의 말씀에 쫓겨난다. 그러므로 그들을 두려워하며 살 이유가 없다. 성도들은 말씀으로 그들을 물리친다. 예수의 이름으로 그들을 굴복시킨다. 예수께서 그들을 이기시고 또 쫓아내신 것처럼 말이다.

> "그 때에 너희는 그 가운데서 행하여 이 세상 풍조를 따르고 공중
> 의 권세 잡은 자를 따랐으니 곧 지금 불순종의 아들들 가운데서 역
> 사하는 영이라"(엡 2:2)

에베소서 2:2는 마귀를 '공중의 권세 잡은 자'라고 표현한다. 이는 예수를 믿지 않는 사람을 정의하기 위해 사용된 표현이다. 예수를 믿지 않는 사람은 악한 영에 순종하는 사람이다. 이 공중의 권세 잡은 자를 직역하면 '공중 권세의 지배자'가 된다. 여기서 '공중'은 헬라어 '아에르(aer)'를 번역한 것이다. 아에르는 땅(earth)과 하늘(heaven) 사이를 의미한다.

당시 유대인들은 이 '공중'을 마귀들이 사는 곳으로 생각했다. 에베소서 2:2는 마귀가 세상 사람들 마음속에서 여전히 활동하고 있음을 밝혀준다. 이 말씀은 어느 정도 이원론적 세계관을 보이고 있다. 그렇지만 이 말씀에 근거해서 성도들도 공중 권세 잡은 자들의 영향 아래 살고 있다고 생각해서는 안 된다. 세상은 하나님의 섭리 아래 있다. 마귀의 지배를 받는 것이 아니다. 예수를 믿지 않는 자들이 마귀의 지배를 받을 뿐이다.

세상이 '공중 권세 잡은 자'의 지배를 받고 있다고 생각하는 것은 비성경적이다. 성경의 가르침은 그렇지 않다. 세상은 하나님의 지배를 받고 있다. 믿는 자 또한 하나님의 섭리 아래 있다. 예수를 믿지 않는 자들만 마귀에 순종하고 있다는 것이 에베소서 2:2의 의미다. 그러므로 세상 전체가 마귀의 지배 아래 있다는 식으로 오해하지 말아야 한다. 마귀를 두려워할 필요는 없다. 다만 마귀가 경계해야 할 대상인 것은 틀림없다. 그들은 늘 믿는 자를 유혹한다. 성도로 하여금 하나님 뜻을 벗어나게 한다. 성령으로 충만하지 못하게 한다. 그런 그들을 경계해야 할 필요는 있다. 그렇지만 두려워할 필요는 없다. 예수 그리스도의 권세가 그들을 틀림없이 이기기 때문이다.

C. S. 루이스가 지적한 것처럼 마귀가 없다고 생각하며 사는 것은 위험하다. 그러나 마귀를 지나치게 의식하며 살면서 두려워하는 것도 위험하다. 성도는 얼마든지 그들을 이길 수 있다. 말씀으로 이기고 기도로 이긴다. 예수의 권세로 이긴다. 그러나 성도가 빈틈을 보이는 순간 악령은 슬그머니 주인이 되어 그를 다스린다. 성도는 이것을 조심해야

한다.

그래서 목회서신에 아래와 같은 말씀들이 있다.

"마귀로 틈을 타지 못하게 하라."(엡 4:27)

"마귀의 올무에 빠질까 염려하라."(딤전 3:7)

"그러나 성령이 밝히 말씀하시기를 후일에 어떤 사람들이 믿음에
서 떠나 미혹케 하는 영과 귀신의 가르침을 좇으리라 하셨으니"
(딤전 4:1)

요한계시록 12장에 여자와 아기와 용에 대한 환상이 있다. 여기서
여자는 교회를 상징한다. 아기는 예수 그리스도를 상징한다. 용은 마귀
(사탄)를 상징한다. 요한계시록 12:9는 '큰 용이 내쫓기니 옛 뱀 곧 마귀
라고도 하고 사탄이라고도 하며 온 천하를 꾀는 자라 그가 땅으로 내
쫓기니 그의 사자들도 그와 함께 내쫓기니라'고 한다. 성경의 처음과 마
지막 부분은 마귀의 존재를 강조한다. 이는 우연이 아니다. 교회는 태초
에 인간을 타락시킨 존재가 마지막 날까지 인간을 유혹한다는 사실을
강조해야 한다.

마귀는 하나님의 구원 계획을 방해한다. 사람의 영생을 원치 않기
때문이다. 그래서 마귀는 그리스도의 탄생부터 방해한다. 요한계시록
12:4에 '용이 해산하려는 여자 앞에서 그가 해산하면 그 아이를 삼키
고자 하더니'라는 말씀이 있다. 이는 마귀가 그리스도의 탄생을 필사적
으로 저지하려 했던 모습을 묘사한다. 인간이 모르는 영적 차원에서 분

명히 그랬을 것이다. 그 일이 실패하자 마귀는 그리스도를 유혹한다.(마 4:1-11) 그리스도를 타락시켜 하나님의 구원 계획을 물거품으로 만들기 위해 유혹한 것이다. 마귀는 그리스도를 한 번만 유혹한 것이 아니라 기회가 있을 때마다 그랬을 것이다.(눅 4:13, 마 16:23)

마귀는 그리스도에 대한 모든 계략이 실패로 돌아가자 이번에는 하나님의 백성을 공격한다. 교회를 유혹하고 핍박한다. 그 목적은 하나님을 배반하고 그리스도를 떠나게 하려는 것이다. 하나님의 백성을 영원한 죽음의 길로 유혹하는 것이다. 마귀는 이 목적을 한 순간도 잊은 적이 없다. 수단과 방법을 가리지 않고 인간을 영원한 죽음의 길로 끌고 가려고 한다. 마지막 날이 가까울수록 그 활동이 더욱 극렬해진다. 마지막 때야 말로 마귀가 준동하는 때다.

그러므로 교회는 늘 깨어있어야 한다. 그리스도의 재림을 기다리며 종말론적 가치관을 가져야 한다. 영원한 생명과 상급을 소망하며 거룩하게 살아야 한다. 교회는 진리의 군대로서 하나님 말씀으로 마귀의 유혹과 핍박을 이겨야 한다. 그리고 하나님을 의지하면서 마귀의 핍박을 인내해야 한다. 요한계시록에는 삼년 반(마흔두 달, 천이백육십 일, 한 때와 두 때와 반 때)이라는 기간이 반복된다. 이는 마귀의 공격이 한시적이라는 사실을 강조하는 것이다.

마귀가 하나님의 구원 계획을 방해한다고 해서 마귀가 하나님과 대등한 존재라는 말이 아니다. 마귀는 피조물에 불과하다. 피조물이 창조주의 계획을 방해하는 이유는 그만큼 악하고 교만하기 때문이다.

° 교회의 승리

교회는 하나님의 도우심으로 마귀를 이긴다. 예수 그리스도의 이름으로 사탄을 극복한다. 교회가 주의해야 할 것은 그들의 유혹에 넘어가지 않는 것이다. '그들의 올무'에 걸려들지 않는 것이다.(딤후 2:26) 마귀가 천사들을 대항할 수는 있다. 그러나 하나님을 대항할 수는 없다. 마귀가 천사의 적이 될 수는 있다. 그러나 하나님과 그리스도의 적은 결코 될 수 없다.(벧후 2:4, 유 1:6 참고) 그래서 교회가 마귀를 두려워할 필요는 없다. 그러나 경계할 필요는 있다. 항상 '적그리스도의 영'의 도전을 경계해야 한다.(요일 4:3) '미혹의 영'의 유혹을 조심해야 한다.(요일 4:6) 이를 위해 교회는 늘 성령의 도우심을 간구해야 한다. 성령의 도우심이 있어야 마귀의 유혹을 이길 수 있기 때문이다.

교회는 마귀의 유혹을 경계해야 한다. 늘 마귀를 경계하면서 하나님의 말씀과 그리스도의 보혈로 이겨야 한다.(계 12:11) 마귀에 대해 방심하는 것은 원수에게 자기 자신을 맡기는 것과 같다. 그러나 마귀를 두려워해서는 안 된다. 교회는 반드시 하나님의 능력과 예수 그리스도의 권세로 마귀를 이기기 때문이다.(계 12:10) 그리스도의 재림 때 마귀는 완전히 멸망하여 영원히 불과 유황 못에 던져진다.(계 20:10) 교회는 이 사실을 믿고 마귀와의 선한 싸움에서 승리해야 한다. 성령의 도우심으로 분명히 승리할 수 있다.

성경은 영을 다 믿지 말고 영들이 하나님께 속한 것인지 분별하라고 가르친다.(요일 4:1-8) 성령과 악령의 역사를 분별하는 일은 반드시 필요하다. 악령 역시 놀라운 일과 기적을 행할 수 있다.(마 7:22, 계 13:13-14, 16:14) 그러나 마귀는 그 속성상 '성령의 열매'에 해당되는 결과를 가져올 수 없다. 마귀는 결코 사랑과 평안, 기쁨, 소망, 화목과 온유 등을 가져올 수 없다. 그러므로 어떤 일에 성령의 열매가 있느냐 없느냐를 통해서 영을 분별할 수 있다.

마귀의 유혹에 넘어간 교회는 회개가 필요하다. 회개하여 순결하고 뜨거운 사랑을 회복해야 한다. 거짓 가르침을 버리고 참된 진리를 되찾아야 한다. 우상 숭배를 버리고 오직 하나님만 경배해야 한다. 죄의 고백과 참회의 눈물을 넘어서야 한다. 지금까지의 행동을 버리고 주께서 원하시는 새로운 행동을 해야 한다.(엡 4:22-24) 그렇지 않으면 그리스도의 무서운 심판을 면할 수 없다.(계 2:5, 16, 22-23)

교회는 하나님의 전신갑주로 마귀와 싸워 이긴다. 이때 성령의 도우심이 필수적이다. 바울은 에베소서 6:10-20에서 '사탄의 속임수에 넘어가지 않도록 하나님의 무기로 완전무장하라'고 권면한다. 성도의 싸움은 궁극적으로 사람과의 싸움이 아니다. 악한 영과의 싸움이다. 가볍게 넘길 말씀이 아니다. 글자 그대로 믿어야 할 무서운 경고의 말씀이다.

하나님의 전신갑주를 한 마디로 요약하면 성령 충만함이다. 성령으로 충만한 것이 곧 하나님의 전신갑주를 입는 것이다. 고린도전서 2:13에 '영적인 일은 영적인 것으로 분별한다'는 말씀이 있다. 선한 싸움의 상대가 누구인지 정확하게 알아야 한다. 믿는 자는 영적인 것을 분별하는 신령한 눈이 있어야 한다. 선한 싸움의 진짜 상대는 눈에 보이지 않는 악한 영이다. 교회의 진짜 적은 세상이 아니라 그 배후에 있는 마귀다. 이 사실을 모르면 선한 싸움에서 진다. 진짜 상대를 모르기 때문이다. 지극히 거룩한 믿음의 사람은 마귀의 유혹이 가장 치명적이라는 사실을 알아야 한다.

사람의 힘으로는 마귀와 제대로 싸울 수 없다. 그래서 하나님의 도우심을 받아야 한다. 하나님의 전신갑주를 입어야 한다. 에베소서 6:10-20을 기억하면서 진짜 적을 알아야 한다. 그래야 싸워 이길 수 있다.

그래서 성령의 도우심을 의지해야 한다. 마귀의 유혹이 치명적이라면 성령의 도우심은 필수적이다. 성령의 도우심이 있어야 악한 영을 이길 수 있다. 그래서 바울은 성령의 칼을 쥐고 성령 안에서 기도하라고 권면한다.(엡 6:17-18) 성령의 지혜로 말씀을 읽고 성령의 뜻을 구하는 기도를 해야 한다는 뜻이다. 성령 충만함으로 마귀를 이기라는 말이다.

예수의 이름이 마귀를 이긴다. 예수의 이름에 능력이 있어 마귀는 예수의 이름을 두려워한다. 사람들은 예수의 이름으로 귀신을 내쫓았다.(막 9:38, 행 19:13) 믿는 자는 '예수의 이름으로 마귀야 물러가라'고 선포할 수 있다. 성경 말씀이 마귀를 이긴다. 예수님은 말씀으로 마귀의 모든 유혹을 물리치셨다.(마 4:4, 7, 10) 말씀은 마귀를 이기는 성령의 검이다.(엡 6:17) 그래서 항상 성경 말씀에 기초해서 마귀의 유혹을 이겨야 한다.

교회가 단번에 이기지 못할 수는 있다. 마귀의 유혹이 교묘하고 또 끈질기기 때문이다. 그래서 쉽게 이기지 못할 수 있다. 그러나 하나님 말씀으로 무장하고 예수 이름으로 기도하면서 성령의 도우심을 구하면 반드시 마귀의 유혹을 이길 수 있다. 그것이 삼위일체 하나님의 약속이다.

5장.
교회의 원형인 '새 예루살렘'

1. 하늘 교회의 세상 모형

° 교회의 원형과 모형

"오직 위에 있는 예루살렘은 자유자니 곧 우리 어머니라"(갈 4:26)

"지금 우리가 하는 말의 요점은 이러한 대제사장이 우리에게 있다는 것이라 그는 하늘에서 지극히 크신 이의 보좌 우편에 앉으셨으니 성소와 참 장막에서 섬기는 이시라 이 장막은 주께서 세우신 것이요 사람이 세운 것이 아니니라"(히 8:1-2)

"그들이 섬기는 것은 하늘에 있는 것의 모형과 그림자라 모세가 장막을 지으려 할 때에 지시하심을 얻음과 같으니 이르시되 삼가 모든 것을 산에서 네게 보이던 본을 따라 지으라 하셨느니라"(히 8:5)

"그러므로 하늘에 있는 것들의 모형은 이런 것들로써 정결하게 할 필요가 있었으나 하늘에 있는 그것들은 이런 것들보다 더 좋은 제물로 할지니라"(히 9:23)

"그리스도께서는 참 것의 그림자인 손으로 만든 성소에 들어가지

아니하시고 바로 그 하늘에 들어가사 이제 우리를 위하여 하나님 앞에 나타나시고"(히 9:24)

"또 내가 보매 거룩한 성 새 예루살렘이 하나님께로부터 하늘에서 내려오니 그 준비한 것이 신부가 남편을 위하여 단장한 것 같더라"(계 21:2)

"일곱 대접을 가지고 마지막 일곱 재앙을 담은 일곱 천사 중 하나가 나아와서 내게 말하여 이르되 이리 오라 내가 신부 곧 어린 양의 아내를 네게 보이리라 하고 성령으로 나를 데리고 크고 높은 산으로 올라가 하나님께로부터 하늘에서 내려오는 거룩한 성 예루살렘을 보이니"(계 21:9-10)

교회의 본질에 대한 다섯 번째 중요한 비유적 명칭은 '새 예루살렘'이다. 성경은 교회의 원형(原型)과 모형(模型)이 있다고 하는데, 교회는 새 예루살렘의 지상 모형이다.(갈 4:26, 히 8:1-2, 5, 9:23, 24, 계 21:2, 9-10) 교회는 세상에 존재하는 '새 예루살렘의 모형'이다. 이는 교회의 본질이 찬란한 영적 공동체임을 강조하는 명칭이다.

교회의 원형은 하늘나라에 있는 교회의 이상적 모습이다. 요한계시록의 새 예루살렘이다. 교회의 모형은 이 세상에 있는 교회의 현실적 모습이다. 이 사실을 알아야 교회의 본질을 바로 알 수 있다. 예수께서 니고데모에게 성령에 관해 말씀하시면서 '땅의 일'이 있고 '하늘의 일'이 있다고 하신다.(요 3:12) 그처럼 땅의 교회가 있고 하늘의 교회가 있다.

히브리서 9:23-28은 새 언약에 따른 하늘 제사에 대한 내용이다. 새 언약은 예수 그리스도로 인한 것이며 예수님이 대제사장이 되신 다.(히 8:1-9:22 참고) 그리고 하늘 제사는 하늘 성전에서 드리는 것이 다. 그런데 하늘 성전에서의 제사는 지상 성전에서의 제사보다 더 좋은 제물을 드려야 한다. 그 이유는 하늘 성전이 원형이고 지상 성전은 모형이기 때문이다. 원형이 되는 성전에서 드리는 제물은 모형에 불과한 성전에서 드리는 제물보다 나은 것이어야 한다. 그 제물이 바로 예수 그리스도다.

여기서 히브리서의 독특한 신학을 볼 수 있다. 예수 그리스도는 대제사장이기도 하면서 동시에 제물이기도 하다. 지상 성전에서는 그럴수 없다. 제물을 바치는 대제사장이며 동시에 제물도 된다는 것은 논리적인 설명이 아니다. 그렇지만 그래야만 하기 때문에 그렇게 설명한 것이다. 신앙의 신비를 논리로 설명할 수 없음을 경험한다. 그런데 하늘 성전에서의 제사와 지상 성전에서의 제사가 크게 다른 점이 있다. 하늘 성전에서의 제사는 단 한 번의 제사로 완전한 속죄를 이룬다. 그렇지만 지상 성전에서의 제사는 매년 드려야 하며 또 완전한 속죄를 이룰 수 없다.(히 9:26-28)

히브리서 9:23-28에 언급된 성전의 원형과 모형 개념이 교회의 본질 이해에 도움을 준다. 교회는 그렇게 하늘 원형과 세상 모형으로 이해해야 한다. 이 세상에 존재하는 교회는 하늘에 존재하는 교회의 그림자에 불과하다.(골 2:17, 히 8:5, 10:1 참고) 이 둘의 모습은 많이 다르다. 교회의 원형은 완벽하고 아름답기 그지없으나 모형은 많이 일그러져

세상 사는 하늘 백성

있고 아름답지 못하다. 마귀와 세상의 유혹, 성도들 자신의 죄 때문이다. 히브리서 10:1에 '율법은 장차 올 좋은 일의 그림자일 뿐이요 참 형상이 아니라'는 말씀이 있다. 지상의 교회가 그렇다. 하늘 교회의 그림자일 뿐 참 형상이 아니다.

교회는 삼위일체 하나님께 속한 공동체다. 하나님과 뗄 수 없는 관계 속에 있다. 교회는 단순히 인간 조직이나 단체가 아니다. 바울은 교회를 '예수 그리스도께 마음을 드리고 삶을 바친 사람들'이라는 뜻으로 사용한다. 그래서 바울은 사람들로 구성된 교회를 '하나님의 교회'라고 한다.(고전 1:2, 10:32, 11:22, 15:9, 고후 1:1, 갈 1:13, 살전 2:14, 딤전 3:5, 3:15) 성도는 이 세상에 사는 하나님 나라의 백성인 것이다.

칼빈은 인간이 하나님과 관계를 맺을 수 있는 유일한 장소는 교회뿐이라는 말을 했다. 교회가 인간의 구원을 위한 유일한 기관이기 때문이다. 칼빈은 그의 유명한 『기독교 강요』 최종판에서 전체 분량의 약 삼분의 일을 교회론에 할애한다. 바울과 칼빈은 교회의 중요성을 전혀 의심치 않았다.

교회는 은혜의 백성이 모인 공동체다. 사랑이 풍성한 거룩한 공동체다. 구원의 은혜를 체험한 기쁨의 공동체다. 하나님의 뜻에 전심으로 순종하는 순결한 공동체다. 성도들이 하나 되어 서로 사랑하는 공동체다. 교회들이 하나 되어 서로를 세우는 영적 공동체다. 계시적 진리로 무장해 모든 거짓을 이기는 진리의 공동체다. 진리로 무장해 모든 유혹을 이기는 승리의 공동체다. 이것이 성경이 말하는 교회다. 교회의 본질은 '하나님의 집, 그리스도의 신부, 그리스도의 몸, 그리스도의 군대'다.

그리고 교회의 원형은 '새 예루살렘'이다.

세상 사는 하늘 백성

° 교회의 현실적 모습

그러나 세상에서 보는 교회의 현실적 모습은 이와 많이 다르다. 자기 의에 가득 차서 남을 쉽게 정죄하는 편협한 모습을 보인다. 하나님도 사랑하고 세상도 사랑하는 순결치 못한 모습을 보인다. 서로 자기이득을 챙기는 이기적인 모습을 보인다. 정치적 이득을 극대화하기 위해 서로를 비난하는 모습을 보인다. 하나님의 지혜에 사람의 지혜를 섞어 믿는 잡종의 모습을 보인다. 유혹과 적당히 타협하는 나약한 모습을 보인다.

칼빈은 『기독교 강요』 최종판을 수정할 무렵 시편 주석 서문을 썼다. 거기서 칼빈은 당시 교회가 처한 시대적 상황을 자세히 설명한다. 그 이유는 당시 칼빈의 관심이 교회의 유익에 집중되어 있었기 때문이다. 칼빈은 당시 교회를 '세상에서 고난당하고 있는 모습'으로 이해했다. 참된 교회는 지금 '매우 열악한 상태에서 멸시 당하는 처지'라고 설명했다. 그렇다면 오늘날 한국 교회는 어떤 모습일까? 16세기 제네바의 칼빈이 경험했던 것처럼 '세상에서 고난당하고 있는 모습'일까? 그렇지 않다. 21세기 한국 교회는 16세기 제네바의 교회가 아니다. 아무도 한국 교회를 박해하지 않는다. 세상에서 고난 받는 교회가 아니다.

한국 교회는 스스로 무너졌다. 한때 대형교회 문제로 한국 사회가 시끄러웠을 때, '이제는 사회가 교회를 걱정하는 시대가 되었다'라는 말이 신문에 오르내렸다. 사회가 교회를 박해한 결과 한국 교회가 그런 말을 듣게 된 것이 아니다. 교회가 스스로 무너져 내린 것이다. 21세기 한국 교회는 '스스로 무너져 내린 교회'라는 인식을 가져야 한다. 그래서 회개해야 한다. 그리고 다시 순결하고 건강하며 거룩한 교회가 되려는 확고한 목표를 가져야 한다. 이를 반드시 실천해야 한다.

오늘날 한국 교회가 순결하고 거룩한 모습이라고 보기는 어렵다. 교회의 사명을 제대로 감당하고 있다고 보기 어렵다. 오히려 교회의 미래가 크게 염려되는 상황이다. 실제로 교인 수가 감소하고 있다. 주일학교는 더 심각하다. 한국 교회가 개혁되어야 한다는 비판의 소리는 많이 들린다. 지금처럼 하면 된다는 긍정적인 소리는 들리지 않는다. 사람들은 한국 교회를 비판하면서 거의 공통적으로, 세속주의, 물량주의, 개교회주의, 기복주의 신앙, 배금주의, 목회자의 권위 의식, 윤리의식 상실, 자정능력 상실, 회개의 상실 등을 지적한다. 하나 같이 다 근거 있는 지적이다. 한국 교회가 귀 기울여 들어야 할 소리들이다.

"두아디라에 남아 있어 이 교훈을 받지 아니하고 소위 사탄의 깊은 것을 알지 못하는 너희에게 말하노니 다른 짐으로 너희에게 지울 것은 없노라"(계 2:24)

요한계시록 2:18-29에 두아디라 교회에 관한 말씀이 있다. 두아디라 교회는 요한계시록 일곱 교회 중에서 칭찬도 받고 책망도 받은 교회다. 예수님은 먼저 두아디라 교회를 칭찬하신다. 두아디라 교회의 사업과 사랑과 믿음과 섬김과 인내와 열심을 알고 있다고 하신다. 그러나 그 다음에 두아디라 교회를 책망하신다. 스스로 예언자라 칭하는 여자 이

세벨을 그대로 두고 있다는 것이다. 이세벨은 구약에 나오는 왕비의 이름이다. '우상숭배'와 '악행'의 대명사다. 원래 시돈 왕의 딸이었는데 이스라엘 왕 아합과 결혼했다.(왕상 16:31) 아합은 나중에 북 이스라엘에서 가장 악한 왕이 되었다. 이세벨 때문이다.

이세벨은 바알 종교를 퍼트렸다. 여호와를 섬기던 예언자들을 많이 죽였다. 엘리야도 죽이려고 했다. 두아디라 교회는 그런 여자를 용납했다. 지켜만 보고 있었던 것이다. 요한계시록은 이세벨을 자칭 선지자라 하는 여자라고 한다.(계 2:20) 예언자란 하나님의 말씀을 전하는 사람이다.(민 24:3-4) 하나님이 주신 말씀만 전하는 사람이다. 반면에 자칭 예언자는 하나님 말씀이라고 하면서 자기 말을 전하는 사람이다.(렘 14:13-14) 하나님 말씀에 자기 말을 섞어 전하는 사람이다.

요한계시록 2:20의 이세벨은 그런 믿음을 말한다. 하나님 말씀에 사람의 생각을 넣는 것이다. 하나님 뜻에 사람의 지혜를 섞는 것이다. 교회 안에 그런 자들이 있다. 두아디라 교회 안에는 하나님 말씀에 사람의 말을 섞는 '혼합주의' 자들이 있었다. 요한계시록 2:20-22는 이것을 '음란한 죄'(행음, 음행, 간음)라고 한다.

두아디라 교회는 '사랑, 믿음, 섬김, 인내, 열심'을 가지고 있었다. 그렇지만 한편으로 '혼합주의 신앙'도 가지고 있었다. 이것이 칭찬과 책망을 받은 이유다. 두아디라 교회에서 오늘날 한국 교회의 모습을 볼 수 있다. 혼합주의 신앙은 교회가 세속화 되었다는 말이기도 하다. 하나님의 지혜에 사람의 지혜를 섞는다. 하나님의 뜻에 세상의 생각을 섞는다. 신앙적 가치에 세상의 가치를 섞는다. 그런 경우 교회는 필연적으로 세상을 닮아간다. 사람의 지혜를 인정하기 때문이다. 세상의 주장과 가치를 수용하기 때문이다.

교회의 세속화는 하나님도 믿고 세상도 즐기는 것이다. 영생도 얻고 돈도 버는 것이다. 헌금도 하고 임금착취도 하는 것이다. 진리를 말하고 거짓말도 하는 것이다. 하나님도 좋고 나도 좋고 하면서 자기 생각대로 하나님을 믿는 것이다. 이런 믿음은 결국 자기를 위해 하나님을 믿는 것이 된다.

'혼합된 믿음'은 실은 '음란한 믿음'이다. 하나님도 좋고 세상도 좋다는 것은 내 신랑도 좋고 신랑의 친구도 좋다는 것이다. 그런 아내를 사랑할 수는 없다. 결혼 전 음란도 문제가 된다. 결혼 후 음란은 더욱 그렇다. 혼인의 근본인 순결의 의무를 해쳤기 때문이다. 그런데 하나님을 그렇게 사랑하는 교회가 있다. 요한계시록 2:20은 그런 교회가 되지 말라는 것이다.

'사랑, 믿음, 섬김, 인내, 열심'이 있어도 그렇게 될 수 있다. 이 사실을 기억해야 한다. 두아디라 교회는 사랑과 믿음과 섬김과 인내와 열심을 가지고 있었다. 그럼에도 불구하고 혼합된 믿음에 빠졌다. 음란한 믿음도 가졌다. 마귀의 유혹이 이렇게 은밀하다. 그래서 교회는 늘 깨어 있어야 한다.

혼합주의 신앙은 바른 믿음이 아니다. 이를 오해하지 말아야 한다. 없는 것보다는 낫다고 하지 말아야 한다. 그렇게 믿다가 잘 믿을 수도 있다고 하지 말아야 한다. 예수님은 그런 믿음을 책망하신다. 이세벨을 그냥 두는 게 옳지 않다고 하신다. 주님의 뜻은 당장 회개하는 것이

세상 사는 하늘 백성

다.(계 2:22) 그렇지 않으면 함께 죽게 될 것이라고 경고하신다.(계 2:23) 예수님은 요한계시록 2:24에서 혼합주의 신앙을 '사탄의 깊은 것'이라고 하신다. 하나님 말씀에 사람의 생각을 섞는 것이 사탄의 깊은 것이다. 하나님 뜻에 세상 가치를 섞는 것이 사탄의 전략이다. 성경을 왜곡하는 것이 사탄의 비밀이다. 이것이 바로 악한 영의 은밀한 계략이다.

혼합주의 신앙의 또 다른 문제가 있다. 세상이 '예수 믿는 일'을 오해하는 것이다. 세상은 혼합주의 신앙을 보면서 이렇게 생각한다. 예수 믿는 것은 '하나님도 사랑하고 돈도 사랑하는 것이구나. 예배도 드리고 세상 재미도 즐기는 것이구나. 성경도 보고 음란물도 보는 것이구나. 기도도 하고 거짓말도 하는 것이구나. 아멘도 하고 욕도 하는 것이구나. 사랑도 베풀고 임금도 착취하는 것이구나. 우리랑 다른 듯 같구나'라고 생각한다.

그렇게 만드는 것이 두아디라 교회의 죄다. 이세벨의 거짓된 가르침은 음란한 죄다. 혼합주의 신앙은 사탄의 깊은 비밀이다.(계 2:24) 이를 알아야 한다. 교회는 순결한 믿음이 무엇인지 분명히 알아야 한다.

그런데 두아디라 교회에는 사탄의 깊은 것을 배우지 않은 자들이 있었다. 주님은 그들에게 '다른 짐을 지울 것이 없다'고 하신다. '다만 너희에게 있는 것을 내가 올 때까지 굳게 잡으라'고 말씀하신다. (계 2:24-25) 지금 가고 있는 길을 꾸준히 걸어가라는 말씀이다. 끝까지 순결한 믿음을 지키라는 뜻이다. 한국 교회는 두아디라 교회의 남은 자들이 받은 이 명령을 사명으로 삼아야 한다. 그래서 순결한 교회가 되어야 한다.

한국 교회는 혼합주의 신앙을 버려야 한다. '교회의 세속화 및 거짓의 용납'을 버려야 한다. 교회 안에 진리인지 거짓인지 쉽게 구별할 수 없는 묘한 가르침이 존재한다. 진리와 거짓이 섞여 있는 것이다. 이 묘한 가르침이 교회의 세속화를 유발한다. 그래서 교회와 세상이 구별되지 않는 결과를 가져온다. 혼합주의 신앙을 버리는 일은 중요하다. 한국 교회가 반드시 실천해야 할 문제다.

° 교회의 영적 모습

요한계시록 12장에 '여자와 용'에 관한 환상이 있다. 이 환상을 문자적으로 요약하면 용이 여자를 핍박하고 여자의 남은 자손과 전쟁을 한다는 것이다. 이 환상에서 용 또는 뱀은 사탄과 마귀를 상징한다. 여자는 교회를 상징한다. 그리고 여자의 남은 자손은 교회의 성도들을 상징한다. 그러므로 이 환상의 의미는 사탄이 교회를 공격하고 마귀가 성도들과 싸운다는 것이다. 이것이 세상에 존재하는 교회의 영적 모습이다. 교회는 사탄과 싸우는 그리스도의 군대고 성도는 마귀와 싸우는 그리스도의 군사다.

용은 '마지막 때'에 그런 일을 한다. 이 마지막 때는 '예수님이 오신 때로부터 다시 오실 때'까지다. 예수님의 처음 오심과 다시 오심 사이의 기간이 성경의 마지막 때다. 요한계시록 12:7에 '용이 여자에게 분노하여 돌아가서 그 여자의 남은 자손 곧 하나님의 계명을 지키며 예수의 증거를 가진 자들과 더불어 싸우려고 바다 모래 위에 서 있더라'는 말씀이 있다. 이 말씀에서 교회가 처한 영적 상황을 알 수 있다. 이 세상 모든 교회는 예수님이 재림하실 때까지 사탄의 유혹과 핍박을 받는다. 사탄과 싸우고 있다.

사탄은 그리스도에 대한 모든 계략이 실패로 돌아가자, 이번에는 하나님의 백성을 공격한다. 교회를 유혹하고 핍박하는 것인데 그 목적은 하나님을 배반하고 그리스도를 떠나게 하는 것이다. 하나님의 백성을 영원한 죽음의 길로 유혹하는 것이다. 사탄은 이 목적을 한 순간도 잊은 적이 없다. 수단과 방법을 가리지 않고 인간을 영원한 죽음의 길로 끌고 가려고 하며, 마지막 날이 멀지 않은 때일수록 그 활동이 더욱 극렬해진다. 마지막 때야 말로 사탄이 준동하는 때이다.

요한계시록 12:14의 광야는 출애굽 한 이스라엘 백성이 하나님의 인도하심과 보호하심을 받은 곳이다. 하나님만 의지하는 일을 배운 곳이다. 겸손과 순종을 배운 곳이다.(신 8:2) 하나님의 먹여주심과 입혀주심을 배운 곳이다.(호 13:5-6, 신 8:4) 무엇보다도 사람이 떡으로만 사는 것이 아니라 하나님의 말씀으로 산다는 것을 배운 곳이다.(신 8:3) 신약성경의 광야는 예수께서 기도하신 곳이다.(막 1:35, 눅 5:16) 마귀의 유혹을 이기신 곳이다.(마 4:1-11) 교회가 광야에 피신했다는 말은 하나님의 보호 아래 마귀의 유혹과 핍박을 이긴다는 사실을 의미한다.

12:15에서 '여자를 물에 떠내려가게 하려 한다'는 말은 교회를 사탄의 유혹에 넘어가게 하려 한다는 뜻이다. 뱀이 토해낸 강물을 땅이 삼킨다는 말은 자연이 그리스도의 편이 되어 교회를 보호한다는 말이다. 이는 창조주 하나님께서 교회를 도우신다는 뜻이다. 교회는 창조주 하나님의 도움으로 사탄의 유혹과 핍박을 이긴다.

하나님은 교회를 도우신다. 교회는 혼자 외롭게 싸우는 것이 아니다. 전능하신 하나님이 교회와 함께하신다. 12:14에 '그 여자가 큰 독수리의 두 날개를 받아 광야 자기 곳으로 날아가 거기서 그 뱀의 낯을 피하여 한 때와 두 때와 반 때를 양육 받으매'라는 말씀이 있다. 12:16에는 '땅이 여자를 도와 그 입을 벌려 용의 입에서 토한 강물을 삼키니'라는 말씀이 있다. 모두 하나님께서 교회를 보호하시고 성도들을 지켜

주신다는 뜻이다.

교회가 사탄의 유혹과 핍박으로 힘들어 할 때 하나님께서 교회와 함께하신다. 교회가 악한 영과 싸울 때 하나님께서 교회를 도우신다. 하나님은 '은혜로우시고 자비하시고, 노하기를 천천히 하시며 사랑이 풍성하시다.'(시 145:8) 그런 하나님께서 교회를 보호하신다. 그러므로 교회는 어떤 상황에서도 창조주 하나님을 믿고 의지해야 한다. 낙심하지 말아야 한다. 사탄과 싸우는 교회는 반드시 인내와 소망을 가져야 한다. 그 소망의 핵심은 다시 오실 예수 그리스도이시다. 그리스도의 재림과 더불어 사탄의 세력이 완전히 패망할 것이기 때문이다.

그러므로 하나님의 백성은 늘 깨어있어야 한다. 그리스도의 재림을 기다리며 종말론적 가치관을 가져야 한다. 영원한 생명과 상급을 소망하면서 하루를 거룩하게 살아야 한다. 교회는 진리의 말씀으로 사탄의 유혹과 핍박을 이겨야 한다. 하나님의 도우심을 믿고 의지하면서 사탄의 유혹과 핍박을 인내해야 한다. 왜냐하면 사탄의 유혹과 핍박은 한시적이기 때문이다. 요한계시록에 삼년 반(마흔두 달, 천이백육십 일, 한 때와 두 때와 반 때)이라는 기간이 거듭 반복된다. 이는 사탄의 공격이 한시적임을 강조하는 것이다.

교회는 아버지의 손을 잡고 온 아이들이 노는 놀이터가 아니다. 자신을 집어 삼키려는 마귀와 싸우는 그리스도의 군사들이 모인 훈련장이다. 그래서 바울은 에베소 교회에 보내는 편지에서 하나님의 전신갑주를 입으라고 권면한다. 사탄과 싸워 이기라는 말이다. 하나님의 전신갑주를 입어야 악한 영을 이길 수 있다. '은혜와 기쁨, 해방과 소망'을 맛볼 수 있다. 요한계시록 12장은 사탄이 늘 교회를 유혹하거나 핍박한다는 사실을 강조한다. 교회는 그런 사탄과 싸움 중이라는 내용의 환상이다. 마귀와 담대히 싸우는 것이 교회의 영적 모습이다.

요한계시록 20:7-10에 마지막 싸움과 사탄의 패망에 대한 말씀이 있다. 무저갱에서 풀려난 사탄이 '곡과 마곡의 전쟁'을 준비한다.(계 20:3) 이는 사탄의 완전한 멸망을 상징하는 전쟁이다. 사탄과 사탄의 세력은 '성도들의 진과 하나님이 사랑하시는 성'을 포위한다.(계 20:9) 성도들의 진은 광야의 열두 지파 진에서 유래했다.(출 33:7, 민 2:1-34) 사랑하시는 성은 시온 성을 의미한다.(시 78:68, 87:2, 습 3:17) 이 둘은 구약의 개념을 교회에 적용한 것이다. 20:7-10의 마지막 싸움은 실제 전쟁이 아니라 영적 싸움이다. '성도들의 진과 하나님이 사랑하시는 성'은 교회를 상징한다. 사탄이 교회를 공격하고 미혹해서 하나님의 구원 계획을 방해한다는 것이다. 새 예루살렘의 도래를 저지하려는 것이다.

그리고 요한계시록 20:9는 선과 악의 마지막 싸움을 묘사한다. 요한은 하늘에서 불이 내려와 사탄의 세력을 모두 태워버리는 것을 보았다. 이것은 성도들이 사탄과의 싸움을 염려할 필요가 없다는 뜻이다. 성도들이 사탄과 싸우는 것이 아니다. 하나님께서 싸우신다. 마지막 싸움에 대한 상세한 묘사가 없는 이유가 있다. 사탄과의 싸움이 성도들의 몫이 아니기 때문이다. 하나님께서 사탄을 이기신다.

사탄을 따르는 세력은 불에 타고 사탄은 불과 유황 못에 던져진다. 유황불은 영원히 꺼지지 않는 불이다. 가장 고통스러운 벌을 의미한다. 짐승과 거짓 선지자가 이미 그 곳에서 고통 받고 있다.(계 19:20) 사탄이

세상 사는 하늘 백성

불과 유황 못에 던져짐으로써 마지막 싸움은 그리스도의 완벽한 승리로 끝난다. 이는 교회의 승리를 의미하는 것이기도 하다. 그리스도의 재림과 더불어 사탄과의 싸움에서 교회가 승리하는 것이다. 이것이 교회가 그리스도의 재림을 소망하는 이유다.

° 신령한 자, 육신에 속한 자, 불의한 자

교회는 거룩한 공동체로서 하나님의 뜻이 실현되고 하나님의 뜻을 실천하는 곳이다. 세상에 이런 공동체는 교회밖에 없다. 그래서 예수께서 교회를 사랑하시는 것이다. 교회를 대체할 수 있는 공동체는 세상에 없다. 이것이 성도들이 교회를 아끼고 사랑해야 하는 이유다. 그러나 하나님의 뜻에 순종하지 않는 교회도 있다. 그런 교회는 거룩하지 않다. 하나님의 명령을 지키지 않는 교회는 더 이상 거룩한 공동체가 아니다. 하나님은 그런 교회를 외면하시고 책망하신다.

하나님의 뜻에 순종하지 않는 교회들이 있다. 하나님을 두려워하지 않는 성도들이 있다. 그런 교회를 거룩한 공동체라 부를 수는 없다. 그런 교회가 존재하는 이유가 있다. 믿는 자 중에 육신에 속한 자와 불의한 자가 있기 때문이다. 육신에 속한 자는 사람의 지혜로 하나님을 섬긴다. 불의한 자는 하나님을 이용하여 자신의 배를 채운다. 이들로 인하여 교회가 순결한 사랑을 잃고 타락한다. 거룩한 공동체의 모습을 잃어버리는 것이다.

"형제들아 내가 신령한 자들을 대함과 같이 너희에게 말할 수 없어서 육신에 속한 자 곧 그리스도 안에서 어린 아이들을 대함과 같이 하노라. 내가 너희를 젖으로 먹이고 밥으로 아니하였노니 이는 너희가 감당하지 못하였음이거니와 지금도 못하리라. 너희는 아직도 육신에 속한 자로다. 너희 가운데 시기와 분쟁이 있으니 어찌 육신에

세상 사는 하늘 백성

속하여 사람을 따라 행함이 아니리요"(고전 3:1-3)

바울은 고린도전서 3:1-3에서 성도들을 육신에 속한 자와 신령한 자로 구분한다. 바울이 고린도 교인들을 신령한 자들로 대하고 싶었다. 그렇지만 그럴 수가 없어서 육신에 속한 자로 대했다. 바울의 이 구분에 주목할 필요가 있다.

예수를 믿는다고 해서 누구나 신령한 자가 되는 것은 아니다. 세례를 받았다고 해서 무조건 성령을 따라 사는 사람이 되는 것이 아니다. 예수를 믿는다고 하면서도 성령에 무지하거나 무관심할 수 있다. 성령을 비난할 수도 있다. 얼마든지 성령의 뜻을 거스르며 살 수 있다. 또는 성령에 대해 아주 초보적인 내용만 알 수도 있다. 성도들 중에는 전혀 성령을 따라 살지 않는 사람들이 있다. 바울은 이런 사람들을 육신에 속한 사람이라 부른다.

육신에 속한 자는 성령의 뜻을 따라 사는 성도가 아니다. 예수를 믿지만 여전히 인간의 본성을 따라 살고 인간의 지혜를 따라 믿는 자들이다. 이런 경우 겸손과 온유함 같은 그리스도의 성품을 기대할 수 없다. 이웃을 위한 희생과 하나님 나라를 위한 자기 포기를 기대하기 어렵다. 그들은 무시와 멸시를 참지 못한다. 손해와 배신을 견디지 못한다. 자기를 미워하는 자를 사랑할 수 없다. 그들은 거듭나기는 했으나 영적인 것을 분별하는 능력을 가지고 있지 않다.(고전 2:13-14)

육신에 속한 자들은 성령에 대해 무지하다. 그들은 예배에 참석하고 봉사하는 일로 충분하다고 생각한다. 말씀을 읽고 기도하는 것만으로 충분하다고 믿는다. 성부를 알고 성자를 믿는 것으로 충분하다고 생각한다. 성령에 대해서는 알지도 못하고 알려고 하지도 않는다. 이런 생각은 신앙의 참된 성장을 불가능하게 만든다. 결국 성령께서 근심하시는 자가 되는 것이다.

그들은 하나님에 관해 많이 아는 것 같으나 실은 무지하다. 하나님의 일에 열심인 것 같으나 실은 자신들의 의를 쌓고 있다. 그들은 거룩한 삶을 사는 것 같으나 실은 그렇지 않다. 그들은 자신들의 지혜로 진리를 온전히 깨닫고 실천할 수 있다고 생각한다. 신앙의 기쁨과 평화를 얻을 수 있다고 생각한다. 그러나 그것은 착각일 뿐이다. 이런 무지와 착각이 그들로 하여금 하나님의 충만한 은총 가운데 거하는 일을 방해한다.

고린도교회 안에 시기와 분쟁이 가득했다. 이것은 고린도 교인들이 육신에 속한 자들이라는 증거가 된다. 예수를 믿는다고 하면서도 시기하고 질투하면 육신에 속한 사람이다. 이기심과 분노를 버리지 못해도 마찬가지다. 가족이나 이웃에게 악한 감정을 드러내어도 그렇다. 그런 사람은 많은 성경 지식을 가지고 있어도 육신에 속한 사람이다. 예배에 정기적으로 참석해도 육신에 속한 사람이다. 그런 자들은 진정한 의미의 성도가 아니다. 성령을 근심하게 하기 때문이다. 바울은 육신에 속한 자를 '사람을 따라 행하는 사람(고전 3:3), 육신을 따라 사는 사람(롬 8:13), 그리스도 안에서 어린 아이와 같은 사람(고전 3:1)'이라고 부른다. 이들로 인해 교회 안에 문제가 생긴다. 교회가 거룩함을 잃어버리게 된다.

그러나 이런 육신에 속한 자보다 더 심각한 문제를 일으키는 사람들이 있다. 그들은 불의한 자들이다. 마태복음 7:22-23에 '그 날에 많은 사람이 나더러 이르되 주여 주여 우리가 주의 이름으로 선지자 노릇 하며 주의 이름으로 귀신을 좇아 내며 주의 이름으로 많은 권능을 행하지 아니하였나이까 하리니 그 때에 내가 그들에게 밝히 말하되 내가 너희를 도무지 알지 못하니 불법을 행하는 자들아 내게서 떠나가라 하리라'는 말씀이 있다.

고린도전서 6:5-11은 '예수를 믿지만 성도들끼리 고소하는 자, 음행, 간음, 도적질 하는 자, 탐욕이 가득하고 술에 젖어 살고, 모함하고 약탈하는 자들'을 가리켜 불의한 자라고 한다. 그들은 하나님 나라를 기업으로 상속받지 못할 것이라고 한다. 영원한 생명을 얻지 못할 것이라는 말씀이다.

예수를 믿지만 영생을 얻지 못하는 자들이 있다. 예수께서 '나는 너를 모른다'고 말씀하시는 사람들이 있다. 바로 불의한 자들이다. 구약의 예를 든다면 엘리 제사장의 두 아들 홉니와 비느하스가 불의한 자들이다. 그들은 하나님을 두려워하지 않고 백성들이 바치는 제물을 함부로 취했다. 회막 문에서 수종 드는 여인들과 동침했다.(삼상 2:12-17, 22) 사무엘의 두 아들 요엘과 아비야도 불의한 자들이다. 그들은 사사로 일하면서 정직하지 않았다. 뇌물을 받고 재판을 공정하게 하지 않았다.(삼상 8:1-3) 오늘날 교회 안에 이런 불의한 자들이 있다. 목회자 중에도 있고 평신도 중에도 있다. 이들로 인해 교회의 순결함이 더럽혀진다. 교회가 거룩한 공동체가 되지 못하는 것이다.

바울이 말하는 신령한 자는 성령의 뜻을 따라 행하는 사람이다. 갈라디아서 5:25-26에 '만일 우리가 성령으로 살면 성령으로 행할지니 헛된 영광을 구하여 서로 노엽게 하거나 서로 투기하지 말지니라'는 말씀이 있다. 성령으로 행하는 사람이 신령한 사람이다. 그는 그리스도의 성품을 가지고 하나님의 뜻을 행하는 사람이다. 성령과 깊은 관계 속에 있는 사람이다. 그는 성령의 도우심과 인도하심, 그리고 보살펴 주심을 체험한다. 신령한 자는 곧 성령으로 충만한 사람이다. 예수를 믿는 자라고 해서 누구나 다 신령한 자는 아니다. 오직 성령을 따라 행하는 사람만이 신령한 자라고 불릴 수 있다. 자기 안에 거하시는 성령께 온전히 자신을 맡기는 사람이다. 그래서 성령께서 자신을 다스리시게 하는 사람이다.

성경의 구분에 따르면 세례를 받았으나 여전히 육신의 힘에 굴복하고 있는 성도들이 있다. 사람의 지혜로 예수를 믿는 자들이다. 이들은 그리스도 안에서 아직 어린 아이들이다. 그리고 불의한 자도 있다. 불의한 자는 하나님의 이용하여 자신의 욕망을 채우는 사람이다. 거짓말 하는 자들이다. 이들은 신앙의 연륜이나 직분과 관계없이 영원한 생명을 얻지 못한다. 고린도전서 6:9-10과 마태복음 7:21-23이 이를 분명히 가르친다. 불의한 자에 대해 잘 알 수 있는 말씀이 디도서 1:16에도 있다. '그들이 하나님을 시인하나 행위로는 부인하니 가증한 자요 복종하지 아니하는 자요 모든 선한 일을 버리는 자니라'는 말씀이다.

그리고 신령한 자가 있다. 성령의 뜻을 따라 믿는 자다. 말씀에 온전히 순종하는 사람이다. 그는 어떤 일을 결정함에 있어 기도로써 하나님의 뜻을 묻는다. 그 결정이 하나님을 기쁘시게 하는 것인지 자신 또는 사람을 기쁘게 하는 일인지를 분별한다. 그리고 그 과정에서 겸손한 마음으로 성령의 인도하심을 간구한다. 이런 신령한 자들이 교회를 거룩한 공동체로 만든다.

말라기 1:7-8에 더러운 떡을 제단에 바치고 눈 먼 짐승을 희생 제물로 바치는 것을 책망하시는 말씀이 있다. 하나님은 모든 제물을 무조건 기뻐하시는 것이 아니다. 더럽고 부정한 제물을 원치 않으신다. 오히려 악하다고 분노하신다. 하나님은 모든 예배를 무조건 기뻐 받으시는 것이 아니다. 절반의 순종으로 드리는 예배, 하나님의 뜻이 왜곡된 설교, 세상 문화가 젖어든 예배를 기뻐하지 않으신다. 오히려 악한 것이라고 책망하신다. 그러므로 온전한 순종이 있는 예배를 드려야 한다.

> "여호와께서 말씀하시되 너희의 무수한 제물이 내게 무엇이 유익하
> 뇨 나는 숫양의 번제와 살진 짐승의 기름에 배불렀고 나는 수송아
> 지나 어린 양이나 숫염소의 피를 기뻐하지 아니하노라"(사 1:11)
> "헛된 제물을 다시 가져오지 말라 분향은 내가 가증히 여기는 바요
> 월삭과 안식일과 대회로 모이는 것도 그러하니 성회와 아울러 악을
> 행하는 것을 내가 견디지 못하겠노라"(사 1:13)

이사야 1:11-13에 하나님께서 제사나 예배를 거부하시는 말씀이 있다. 헛된 제사와 예배에 대한 대표적인 말씀이다. 그렇지만 이 외에도 비슷한 말씀이 많이 있다.(시 40:6, 잠 21:3, 사 65:3-5, 66:3-4, 겔 20:28,

암 5:21 롬 12:1 참고)

세상 사는 하늘 백성

2. 세상 교회의 하늘 원형

° 교회의 참 모습

교회의 원형이 있다. 그 원형은 바로 요한계시록에 나오는 '새 예루살렘'이다. 새 예루살렘은 하늘 교회의 모습이고 교회의 진정한 모습이다.

"오직 위에 있는 예루살렘은 자유자니 곧 우리 어머니라"(갈 4:26)

"또 내가 보매 거룩한 성 새 예루살렘이 하나님께로부터 하늘에서 내려오니 그 준비한 것이 신부가 남편을 위하여 단장한 것 같더라"(계 21:2)

"일곱 대접을 가지고 마지막 일곱 재앙을 담은 일곱 천사 중 하나가 나아와서 내게 말하여 이르되 이리 오라 내가 신부 곧 어린 양의 아내를 네게 보이리라 하고 성령으로 나를 데리고 크고 높은 산으로

올라가 하나님께로부터 하늘에서 내려오는 거룩한 성 예루살렘을

보이니"(계 21:9-10)

요한계시록 21:9-27에 새 예루살렘에 대한 말씀이 있다. 요한계시록의 결론 부분이고 난해한 상징이 없다. 그래서 이해가 쉽다. 이 말씀이 묘사하는 새 예루살렘은 아래와 같다.

첫째, 길이와 폭과 높이가 똑 같은 정사각형이다. 고대 사회에서 정사각형은 가장 완벽한 형태로 이해되었다. 이는 새 예루살렘이 곧 지성소라는 뜻일 가능성이 크다. 솔로몬이 지은 성전의 지성소 모습이 정사각형이었다.(각 20규빗 씩, 약 10m, 왕상 6:20)

둘째, 그 길이와 폭과 높이가 각 22,000 스타디온, 약 2,400km이다. 상상을 초월하는 큰 성으로 그만큼 영광스럽다는 뜻이다.

셋째, 동서남북으로 각각 3개씩, 모두 12개의 문이 있다. 그 문에 이스라엘 12지파의 이름이 기록되어 있다. 이는 구약성경과 율법을 상징한다. 그리고 그 문은 한 개의 진주로 되어 있다. 그만큼 놀랍고 화려한 성이라는 뜻이다.

넷째, 새 예루살렘 성에는 모두 12개의 주춧돌이 있다. 거기에 예수님의 12제자의 이름이 새겨져 있다. 이는 신약성경과 복음을 상징한다. 그리고 각 주춧돌에는 각종 보석이 박혀 있다. 바로 대제사장의 가슴받이에 박혀 있던 보석과 같다.

다섯째, 12성문에 12지파 이름, 12주춧돌에 12사도 이름이 기록되어 있다는 말은 구약과 신약의 연결을 의미한다. 구약에서 시작된 구원

세상 사는 하늘 백성

이 신약에서 완성되었다는 뜻이다.

여섯째, 성벽은 높이가 약 70m다. 전부 벽옥으로 지어졌다. 성 안의 건물은 모두 유리처럼 맑은 순금으로 지어졌다. 말할 수 없이 장엄하고 화려하고 아름답다는 뜻이다.

일곱째, 성 안에는 성전이 없다. 하나님과 그리스도가 성전이시기 때문이다. 삼위일체 하나님이 그 성에 항상 계신다는 뜻으로 성 자체가 지성소다. 그래서 새 예루살렘은 지성소 같은 정사각형이다.

여덟째, 세상 모든 민족이 성 안에 다닌다. 온 땅의 왕들이 그 모습 그대로 성으로 들어온다. 이방인들도 모두 구원을 받는다는 뜻이다.

아홉째, 그런데 이 성에 들어오지 못하는 자들이 있다. 부정한 자들, 가증한 일을 한 자들, 그리고 거짓을 말한 자들이다. 예수를 믿지 않는 자들, 믿더라도 순종치 않는 자들, 거짓 예언을 하는 자들을 말한다.

새 예루살렘은 정말 놀랍고 장엄한 모습이다. 이 성은 부활의 나라를 의미한다. 부활한 자들이 영원히 사는 곳이 곧 새 예루살렘이다. 그런데 주목해야 할 점이 있다. 그 새 예루살렘이 바로 교회의 모습으로 설명된다는 사실이다. 새 예루살렘 성이 하늘로부터 내려오는데 마치 신랑을 위해 단장한 신부의 모습이다.(계 21:2) 신랑 되신 예수 그리스도를 위한 신부는 교회를 뜻한다.

더 명확한 말씀이 21:9에 있다. 여기서 천사는 요한에게 '이리 오라 내가 신부 곧 어린 양의 아내를 네게 보이리라'고 말한다. 그러면서 요한을 크고 높은 산으로 데려가 하늘에서 내려오는 새 예루살렘을 보여준다. 부활의 나라는 그리스도가 이 세상에 다시 오시는 날 성도들이 볼 교회의 모습이다. 새 예루살렘이 바로 천상의 교회, 영적 교회, The Church의 모습이다. 이 말씀을 통해 교회가 얼마나 영광스러운 곳인지 알 수 있다. 12주춧돌에 12사도의 이름이 기록되어 있다는 것도 같은 뜻이다.

새 예루살렘은 교회의 영적 모습이다. 말할 수 없이 장엄하고 아름다운 것이 교회의 진짜 모습이다. 이 세상 어느 성, 어느 도시와도 비교될 수 없다. 이 세상에 길이와 폭과 높이가 2,400km나 되면서 벽옥과 진주와 순금으로 지어진 성이나 도시는 없다. 있을 수가 없다. 교회는 이 세상 그 어느 것과 비교될 수 없는 지극히 장엄하고 아름다운 곳이다.

새 예루살렘은 부활한 자들이 하나님과 함께 사는 나라다.(계 21:3) 하나님께서 친히 그 나라 백성의 눈물을 닦아주신다.(계 21:4) 그 나라 백성은 장가도 아니 가고 시집도 아니 가고 하늘에 있는 천사들과 같이 된다.(마 22:30) 그 나라는 예수께서 다스리시는 무궁한 나라로서(눅 1:33), 죽음이 없다.(눅 20:36) 무수한 천사들과 장자들의 모임이 있으며(히 12:22-23), 흔들리지 않는 나라다.(히 12:28)

새 예루살렘에는 하나님을 대적하는 세력이 없다.(계 21:1) 눈물, 죽음, 슬픔, 울음, 아픔이 없다.(계 21:4) 비겁한 자, 믿지 않는 자, 악을 행하는 자, 살인하고 음란한 자, 마술을 행하고 우상숭배 하는 자, 거짓말 하는 자가 없다.(계 21:8) 성전, 해, 달이 없고 성문이 닫히지 않는다.(계 21:22-25) 하나님과 예수 그리스도가 곧 성전이시기 때문이다. 하나님의 영광이 비치고 밤이 없다.

새 예루살렘은 사람들이 만국의 영광과 존귀를 가지고 들어가는 나라다.(계 21:26) 생명수 강과 생명나무가 있으며(계 22:1-2), 다시는 저주가 없다.(계 22:3) 그 나라 백성의 이마에는 하나님의 이름이 있으며 그들은 하나님의 얼굴을 본다.(계 22:4) 성경은 이런 나라를 약속한다. 부활의 나라가 반드시 올 것이니, 이를 믿고 소망을 잃지 말라는 것이다.

요한계시록 22:1-5에 새 예루살렘의 내부에 대한 말씀이 있다. 믿은 자들이 영원히 살 나라가 이런 모습이라는 뜻이다. 하지만 상세히 언급되지는 않는다. 요한은 새 예루살렘 안에서 생명수 강과 생명나무를 본다. 둘 다 영원한 생명과 관계가 있다. 요한은 하늘 보좌로부터 흐르는 생명수 강을 보았다. 이 강은 새 예루살렘의 길 가운데로 흘렀다.(계 22:2) 그리고 그 강 좌우에서 생명나무를 보았다. 이 둘은 새 예루살렘에 영원한 생명이 있음을 의미한다. 생명책에 이름이 기록된 사람들이 생명수 강물을 마신다. 생명나무 열매를 먹는다. 그 곳이 바로 새 예루살렘이다. 이것이 요한계시록의 결론이자 성경의 결론이다. 성경은 새 예루살렘을 약속하는 책이라고 할 수 있다.

그런데 생명나무는 12달 동안 12가지 열매를 맺는다. 매달 다른 열매를 맺는다는 의미다. 이는 생명나무의 신비함과 풍성함을 강조하는 표현이다. 세상에 달마다 다른 열매를 맺는 나무는 없다. 12달 내내 열매를 맺는 나무도 없다. 새 예루살렘의 생명나무는 그만큼 신비로운 나무라는 말이다. 이 말씀은 사람들이 잃어버린 파라다이스(에덴동산)보다 사람들이 되찾은 파라다이스(새 예루살렘)가 훨씬 복된 곳이라는 뜻이다.

그 다음에 주목할 만한 말씀이 있다. 생명나무 잎사귀는 치료에 사용된다는 말씀이다. 이 말씀은 21:4의 '다시는 사망이 없고 아픈 것이 없다'는 말씀과 같다. 새 예루살렘에는 사망과 질병이 없다. 이 말을 생명나무 잎사귀가 사람들을 치료하는데 사용된다고 표현하는 것이다.

그리고 새 예루살렘에는 심판이 없다. 죄가 없기 때문이다. 새 예루살렘은 아담의 원죄가 극복된 곳이다. 그래서 성도들이 하나님의 얼굴을 보며 경배한다. 22:4의 '하나님의 얼굴을 본다'는 말씀은 죄의 완전한 극복을 의미한다. 아담이 범죄 한 후 하나님의 낯을 피했다.(창 3:8) 하나님의 얼굴을 본 자는 죽을 수밖에 없었다.(출 33:20) 그러나 새 예루살렘에서는 사람들이 하나님의 얼굴을 본다. 더 이상 죄가 없기 때문이다.

> "그들이 이같이 말하는 것은 자기들이 본향 찾는 자임을 나타냄이라"(히 11:14)
>
> "그들이 이제는 더 나은 본향을 사모하니 곧 하늘에 있는 것이라"(히 11:16)

히브리서 11:14, 16은 믿음의 조상들은 '더 나은 본향'을 찾은 사람들이라고 한다. 그래서 이 세상에서 인내하며 소망을 잃지 않았다는 것이다. 이처럼 성도는 교회의 원형인 하늘 교회를 사모하는 자가 되어야 한다. 고린도후서 4:18에 '우리가 주목하는 것은 보이는 것이 아니요 보이지 않는 것이니 보이는 것은 잠깐이요 보이지 않는 것은 영원함이라'는 말씀이 있다. 이 말씀처럼 영원한 것을 소망하며 살아야 한다. 하늘 교회를 사모하며 살아야 하는 것이다. 성도는 한 마디로 '이 세상에서 하늘 옷을 입고 사는 사람'이다. '새 예루살렘, 즉 위에 있는 예루살렘을 보며 사는 사람'이다. 오늘을 인내하며 영원한 것을 소망하는 사람이다.

> "하나님의 영광과 능력으로 말미암아 성전에 연기가 가득 차매"
> (계 15:8)
> "성 안에서 내가 성전을 보지 못하였으니 이는 주 하나님 곧 전능하신 이와 및 어린 양이 그 성전이심이라 그 성은 해나 달의 비침이 쓸 데 없으니 이는 하나님의 영광이 비치고 어린 양이 그 등불이 되심이라"(계 21:22-23)

요한계시록 21:22-23에 새 예루살렘과 하나님의 영광에 대한 말씀이 있다. 새 예루살렘은 하나님의 영광이 가득 찬 곳이라는 말씀이다. 새 예루살렘에는 성전이 따로 없다. 새 예루살렘 자체가 성전이기 때문이다. 그 이유는 하나님과 예수께서 늘 현존하시기 때문이다. 새 예루살렘은 성전이므로 하나님의 영광이 가득하다. 성전에 하나님의 영광이 가득하기 때문이다.(출 40:34-35, 왕상 8:10-11, 대하 7:1-3, 겔 43:5, 44:4, 학 2:7) 그 영광이 밝은 빛으로 드러나기 때문에 새 예루살렘에는 해와 달이 필요 없다.

새 예루살렘의 성문은 닫히는 법이 없다.(계 21:25) 거기에는 밤이 없기 때문이다. 밤이 없는 이유는 하나님과 그리스도의 영광의 빛이 항상 찬란하게 빛나기 때문이다. 하나님이 계시는 곳은 이렇게 찬란한 영광이 있다. 새 예루살렘은 부활의 나라를 의미하는 동시에 교회의 영원한 모습이다. 교회의 원형이다. 교회에도 하나님의 찬란한 영광이 있다. 하나님의 집이기 때문이다.(고전 3:9, 딤전 3:15, 히 3:6, 10:21, 벧전 4:17) 교회는 찬란한 영광의 공동체다. 이것이 교회의 영적 모습이다.

세상 사는 하늘 백성

° 흰 옷 입은 사람들

"내가 보니 왕좌가 놓이고 옛적부터 항상 계신 이가 좌정하셨는데 그의 옷은 희기가 눈 같고"(단 7:9)

"그러나 사데에 그 옷을 더럽히지 아니한 자 몇 명이 네게 있어 흰 옷을 입고 나와 함께 다니리니 그들은 합당한 자인 연고라 이기는 자는 이와 같이 흰 옷을 입을 것이요 내가 그 이름을 생명책에서 결코 지우지 아니하고 그 이름을 내 아버지 앞과 그의 천사들 앞에서 시인하리라"(계 3:4-5)

다니엘 7:9는 하늘 보좌에 앉으신 분의 옷이 눈 같이 희다고 한다. 흰 옷은 하나님이 입으신 옷이다. 구원 받은 성도들은 새 예루살렘에서 그런 흰 옷을 입고 산다. 그 옷은 영원한 생명의 옷이다. 예수님은 구원 받은 자들에게 하늘의 흰 옷을 약속하신다. 그 흰 옷은 예수 그리스도의 옷이며(마 17:2), 천사들의 옷이다.(마 28:3, 요 20:12, 행 1:10) 이십 사 장로들의 옷이다.(계 4:4) 어린 양의 아내, 즉 교회의 옷이다.(계 19:4) 하늘 군대의 옷이고(계 19:14), 하늘 백성의 옷이다.(계 7:9, 13) 흰 옷은 거룩함과 구원의 상징이다. 거룩한 자들만이 흰 옷을 입고 예수 그리스도와 '함께 다니는' 영광을 누릴 수 있다. 그들은 하늘 교회의 성도들이다. 교회의 원형에 속한 사람들이다.

"장로 중 하나가 응답하여 나에게 이르되 이 흰 옷 입은 자들이 누구며 또 어디서 왔느냐 내가 말하기를 내 주여 당신이 아시나이다

하니 그가 나에게 이르되 이는 큰 환난에서 나오는 자들인데 어린

양의 피에 그 옷을 씻어 희게 하였느니라"(계 7:13-14)

흰 옷을 입는 자들은 큰 환난을 극복한 자들이다.(계 7:14) 지상에서 이마에 하나님의 인침을 받은 자들이다.(계 7:2-4) 그들은 어린 양 때문에 고난을 겪은 자들이다. 그들은 믿음 때문에 박해를 받았지만 끝까지 믿음을 지킨 자들이다. 요한계시록을 편지로 받은 아시아의 교인들은 큰 환난을 자신들이 경험한 박해로 이해했을 것이다. 그러나 요한계시록의 환상은 초림 때부터 재림 때까지의 역사를 의미하기 때문에 큰 환난은 모든 환난으로 이해해야 한다.

그들의 옷은 어린 양의 피에 씻김을 받아서 희게 되었다. 이는 십자가 보혈로 인한 죄 사함을 상징한다. 예수 그리스도를 믿어 죄 사함을 받았다는 의미이다. 사실 피에 옷을 씻어 희게 한다는 것은 현실적으로 불가능하다. 성경에 더러운 옷이 죄를 상징한다는 말씀이 있다.(사 64:6, 슥 3:3-4) 그리고 그 죄를 예수의 피로 씻는다는 표현이 있다.(롬 3:25, 엡 1:7, 히 9:14, 벧전 1:19, 요일 1:7) 이사야 1:17에 '주홍 같이 붉은 죄가 눈과 같이 희어지고 진홍 같이 붉은 죄가 양털 같이 희게 된다'는 말씀이 있다.

그들은 새 예루살렘에서 밤낮으로 하나님을 섬긴다. 그들은 하나님의 위로와 보호를 받으며 다시는 그들에게 환난이 없다. 이제는 평안과 기쁨만 있을 뿐이다. 그들은 주리지도 않고 목마르지도 않는다. 이사야 49:10에 의하면 이스라엘 백성이 주리거나 목마르지 않고 더위와 볕

세상 사는 하늘 백성

이 그들을 상치 못하는 이유가 있다. 하나님이 그들을 긍휼히 여기시고 그들을 샘물로 인도하시기 때문이다. 하늘나라 백성이 평안을 누리는 이유도 마찬가지다. 하나님께서 그들을 위해 장막을 베푸시기 때문이다. 그리스도께서 그들의 목자가 되시며 그들을 생명수 샘으로 인도하시기 때문이다.

하나님께서 흰 옷 입은 자들의 눈에서 모든 눈물을 씻어 주신다. (계 7:17) 이는 하나님의 위로가 극대화된 표현이다. 하나님께서 직접 박해받은 자들의 눈물을 닦아주신다. 요한계시록 21:4에 같은 표현이 있다.

> "너희도 산 돌 같이 신령한 집으로 세워지고 예수 그리스도로 말미암아 하나님이 기쁘게 받으실 신령한 제사를 드릴 거룩한 제사장이 될지니라"(벧전 2:5)
>
> "그러나 너희는 택하신 족속이요 왕 같은 제사장들이요 거룩한 나라요 그의 소유가 된 백성이니"(벧전 2:9)
>
> "그의 아버지 하나님을 위하여 우리를 나라와 제사장으로 삼으신 그에게 영광과 능력이 세세토록 있기를 원하노라 아멘"(계 1:6)
>
> "그들로 우리 하나님 앞에서 나라와 제사장들을 삼으셨으니 그들이 땅에서 왕 노릇 하리로다 하더라"(계 5:10)
>
> "이 첫째 부활에 참여하는 자들은 복이 있고 거룩하도다 둘째 사망이 그들을 다스리는 권세가 없고 도리어 그들이 하나님과 그리스도의 제사장이 되어 천 년 동안 그리스도와 더불어 왕 노릇 하리

라"(계 20:6)

　　하늘나라의 흰 옷 입은 자들은 동시에 그리스도의 제사장으로 왕 노릇한다. 여기서 제사장은 구원받은 자들의 영광스런 모습을 묘사하는 것이다. 예수께서 구원받은 자들로 하여금 '나라를 이루게 하시고, 그 나라의 제사장이 되게 하신다'라는 의미이다.(계 1:6) 여기서 나라는 하나님 나라다. 구원받은 자들이 하나님 나라의 백성이 되어 하나님 나라를 이룬다는 뜻이다. 성도들이 하나님 나라의 제사장과 같은 존재라는 내용을 요한계시록 5:10과 20:6, 그리고 베드로전서 2:5, 9에서 볼 수 있다.

　　이 생각의 뿌리를 구약에서 찾을 수 있다. 출애굽기 19:6은 이스라엘 백성을 가리켜 '제사장 나라, 거룩한 백성'이라고 한다. 이사야 61:6은 '여호와의 제사장, 하나님의 봉사자'라고 한다. 여기에 근거할 때 구원받은 자들이 하나님 나라의 제사장이 된다는 것은, 거룩한 자들이 하나님을 직접 섬긴다는 의미일 것이다. 그들은 세상 어떤 왕보다 더 영광스런 인물로 세상을 다스리고도 남을 존재들이다.(계 5:10, 20:6, 22:5)

　　하나님의 백성은 주님과 함께 세상을 다스린다.(계 5:10) 이는 실제로 왕이 되어 다스린다는 말이 아니라 영적으로 그렇다는 말이다. 영적으로 볼 때 하나님의 백성은 이 세상을 다스리는 자들이다. (계 20:6, 22:5) 하나님의 백성이 세상을 다스릴 권세를 받는다는 사상을 다니엘 7:18, 22, 27에서 볼 수 있다. 로마서 5:17, 21에서 확인할 수 있다. 하나님의 백성은 세상을 이긴 자들로 그리스도의 통치에 참여한다.

현실에서는 박해를 받지만 영적으로 볼 때는 오히려 세상을 다스리는 것이다. 새 예루살렘이 도래하는 날 그 일이 실제로 이루어져 믿는 자들은 세세토록 왕 노릇 한다.(계 22:5)

요한계시록 20:6은 구원 받은 자들이 받는 복에 대한 설명이다. 그들은 첫째 부활을 얻으며 둘째 사망이 없다. 하나님과 그리스도의 제사장이 되어 천 년 동안 그리스도와 더불어 왕 노릇 한다. 여기서 천 년은 첫째 부활을 얻은 때부터 그리스도의 재림 때까지를 말하는 상징적인 숫자이다. 하지만 부활의 몸을 얻은 후에는 영원토록 왕 노릇 하게 된다.(계 22:5) 제사장이 된다는 것은 하나님과 그리스도를 직접 섬기는 거룩한 자가 된다는 뜻이다.(계 22:3-4) 왕 노릇 한다는 것은 영광스럽게 된다는 뜻이다. 성도들의 거룩함과 영광을 '제사장과 왕 노릇'으로 표현한 것인데, 이는 제사장이 제일 거룩하고 왕이 제일 영광스럽기 때문이다. 성도들이 왕 같은 제사장이 되어 하나님과 그리스도를 섬기는 것은, 지상이 아니라 하늘에서 일어나는 일이다. 첫째 부활에 참여한 자들이 누리는 특권이다.

° 교회의 순종

교회도 할 일이 있다. 루터는 '오직 의인은 믿음으로 말미암아 살리라'(롬 1:17)는 말씀을 붙들고 중세 교회의 개혁을 이루었다. 한국 교회역시 가만히 앉아 있을 수는 없다. 하나님이 일하시는 모습을 구경만할 수는 없다. 루터처럼 오늘에 필요한 말씀을 붙들어야 한다. 그리고한국 교회의 개혁을 이루어내야 한다. 교회 개혁의 방향과 목표를 정하는 결정적 말씀을 발견해야 한다.

그 말씀이 '내가 너희에게 이르노니 너희 의가 서기관과 바리새인보다 더 낫지 못하면 결코 천국에 들어가지 못하리라'는 말씀이 되어야할 필요가 있다.(마 5:20) 왜냐하면 오늘날 한국 교회의 의가 서기관이나 바리새인보다 낫다고 할 수 없기 때문이다. 목회자나 성도들이 헌금유용, 간음, 교회 세습, 학력 위조, 사기, 음란물, 폭력, 거짓말 등의 사건에 얽혀있다. 교회는 물론이고 사회를 떠들썩하게 한 사건들이 한두 가지가 아니다.

더 심각한 문제는 이런 문제들이 드러났을 때 전혀 회개하지 않는것이다. 또는 대충 회개하는 모습을 보이는 것이다. 그래서 예수 믿는자라고 하는데 세상 사람과 다를 바가 없다. 목회자라고 해서 예외가아니다. 그 결과 개신교에 대한 신뢰도가 불교나 천주교에 비해 훨씬 떨어진다. 목사에 대한 신뢰도가 신부나 승려에 비해 낮다.

주님은 사람들에게 의를 강조하셨다. 서기관과 바리새인보다 더 의로워야 천국에 들어갈 수 있다고 말씀하셨다. 오늘날 한국 교회가 깊이 새겨들어야 할 말씀이다. 종교개혁의 기치를 일방적으로 강조하다가 믿음과 순종의 균형과 조화를 잃었다. '오직 믿음으로 구원 받는다'는 사실을 외치다가 의로운 행동을 잃었다. 본회퍼의 말을 빌리면 하나님의 은혜를 값싼 은혜로 변질시킨 것이다.

선한 행동으로 구원을 받는다는 말이 아니다. 믿음에는 믿음의 행동이 따라야 한다는 뜻이다. 순종이 있어야 한다는 말이다. 예수님은 '반석 위에 지은 집'에 대해 말씀하셨다.(마 7:24-27) 듣고 행하지 않으면 모래 위에 지은 집과 같다. 듣고 행하는 자가 반석 위에 집을 짓는 것과 같다. 지금의 한국 교회는 마치 모래 위에 지은 집과 같다. 의로운 행위, 믿음의 행위, 말씀에 대한 순종이 부족하다. 마태복음 5:20은 반석 위에 집을 지으라는 말씀과 같다.

야고보서는 순종이 없는 믿음을 죽은 믿음이라고 한다.(약 2:17) 아무 소용이 없는 믿음이라는 뜻이다. 믿음이 아니라는 뜻이다. 그러면서 야고보는 아브라함이 이삭을 바치는 사건을 예로 든다. 아버지가 아들을 제물로 바치려는 것은 결코 윤리-도덕적으로 선한 행위가 될 수 없다. 아브라함의 행위는 철저하게 믿음의 행위였다. 말씀에 대한 순종이었던 것이다. 하나님은 그 순종을 칭찬하신다.

예수님이 마태복음 5:20에서 말씀하신 의는 믿음의 행위를 뜻한다. 바로 아브라함이 이삭을 바치려고 했던 것과 같다. 순종의 행위인 것이다. 오늘의 한국 교회는 이 믿음의 행위가 필요하다. 그것도 철저한 순종이 필요하다. 절반의 순종이 아니라 철저한 순종이 필요하다. 성경은 절반을 순종을 가리켜 불순종이라고 한다.(사무엘상 15장, 사울과 아

말렉과의 전쟁 이야기 참고)

'한 사람이 두 주인을 섬기지 못할 것이니 혹 이를 미워하고 저를 사랑하거나 혹 이를 중히 여기고 저를 경히 여김이라 너희가 하나님과 재물을 겸하여 섬기지 못하느니라'는 말씀을 들었으면 돈을 사랑하지 말아야 한다.(마 6:24) 그런데 돈을 사랑한다. '간음하지 말라'는 말씀을 들었으면 간음하지 말아야 한다.(출 20:14) 그런데 간음한다. '너희 중에 누구든지 으뜸이 되고자 하는 자는 모든 사람의 종이 되어야 하리라'는 말씀을 들었으면 남을 섬겨야 한다.(막 10:44) 그런데 섬김을 받는다. '어찌하여 형제의 눈 속에 있는 티는 보고 네 눈 속에 있는 들보는 깨닫지 못하느냐'라는 말씀을 들었으면 함부로 비판하지 말아야 한다.(마 7:3) 그런데 함부로 비판한다.

이 외에도 믿는 자들이 지키지 않는 말씀이 많다. 예수님은 원수를 용서하고 사랑하라고 하셨다. 그런데 용서하지 않고 사랑하지 않는다. 의식주 문제로 염려하지 말고 먼저 하나님 나라와 그 의를 구하라고 하셨다. 그런데 의식주 문제로 염려한다. 그래서 하나님 나라와 그 의를 잊고 산다. 말씀을 지키지 않으면서 의로울 수 없다. 그래서 한국 교회의 의가 서기관이나 바리새인보다 못하다고 하는 것이다.

야고보서에 한국 교회를 향한 경고의 말씀이 있다. '누구든지 온 율법을 지키다가 그 하나를 범하면 모두 범한 자가 되나니 간음하지 말라 하신 이가 또한 살인하지 말라 하셨은즉 네가 비록 간음하지 아니하여도 살인하면 율법을 범한 자가 되느니라'는 말씀이다.(약 2:10-11) 한국 교회는 말씀 하나를 지키고 하나를 어기면서 스스로 의롭다고 생각하는 형국이다. 하나를 지키면서 다 지키고 있다고 생각하는 것이다.

성경은 그런 믿음을 가리켜 의롭지 않다고 한다. 루터는 야고보서를 '지푸라기 서신'이라고 평가했다. 야고보서에 '오직 믿음으로 구원을 받는다'는 복음적 요소가 없기 때문이다. 그러나 만약 루터가 오늘의 한국 교회를 본다면 다른 말을 했을 것 같다. 믿음의 행위를 강조한 야고보서야말로 한국 교회를 치유할 수 있는 책으로 추천했을 것 같다. 한국 교회에서 말씀에 대한 온전한 순종을 보기 어렵기 때문이다.

야고보서에는 로마서 같이 깊은 신앙적 교리가 없다. 그래서 야고보서가 교회사에서 중요한 역할을 했다는 말은 없다. 교회사가 필립 샤프는 사도들 다음으로 교회의 위대한 인물로 아우구스티누스, 루터, 칼빈이며, 그 다음은 존 웨슬리'라고 한다.(『교회사전집』 제7권 독일종교개혁, 크리스챤 다이제스트, 630쪽) 그런데 그 중 세 사람인 아우구스티누스, 루터, 웨슬리가 로마서를 읽고 회심하거나 깨우쳤다. 칼빈은 로마서 11:36의 '이는 만물이 주에게서 나오고 주로 말미암고 주에게로 돌아감이라 그에게 영광이 세세에 있을지어다'라는 말씀에 기초해 하나님의 절대주권사상을 발전시켰다.

누가 야고보서를 읽고 나서 교회사의 위대한 인물이 되었다는 말은 없다. 그래도 야고보서는 분명히 소중한 책이다. 어쩌면 평범한 성도에게는 야고보서야말로 보물 같은 책일 수 있다. 말씀에 대한 순종을 강조하고 명령하는 책이기 때문이다. 한국 교회는 '영혼 없는 몸이 죽은 것 같이 행함이 없는 믿음은 죽은 것이니라'는 말씀을 기억해야 한다.(약 2:26) 그래야 한국 교회의 의가 서기관과 바리새인보다 더 나아질 것이다.

° 교회의 소망

성경은 교회의 이상적 모습을 가르치고 그렇게 되기를 명령한다. 그러나 교회의 현실은 늘 그렇지 못하다. 순결하려고 하지만 온전히 순결치 못하다. 거룩해지려고 하지만 온전히 거룩하지 못하다. 완전하기를 원하면서도 늘 완전치 못한 모습이 그리스도의 재림을 기다리는 교회의 현실적 모습이다.

교회 안에 신령한 자만 있는 게 아니기 때문이다. 교회에 육신에 속한 자가 있고 불의한 자도 있다. 신령한 자라고 해도 완전하지는 않다. 여기에 마귀의 유혹과 거짓 가르침이 있다. 세상의 유혹과 박해가 있다. 이로 인한 배교와 혼란이 있다. 교회는 끊임없이 안팎의 도전과 유혹에 시달린다. 요한계시록이 이 사실을 강조한다.

이 세상의 교회는 결코 완전할 수 없는 공동체다. 그러므로 한국 교회의 현실에 너무 실망할 것은 없다. 부정적인 시각만 가질 필요는 없다. 교회 개혁이 필요 없다는 말이 아니다. 더 늦어도 된다는 뜻은 아니다. 교회에 대한 실망 일변도의 시각을 경계하자는 것이다. 왜냐하면 하나님께서 일하고 계시기 때문이다. 종교개혁이 일어나기 전 중세 교회의 모습은 분명히 오늘날 한국 교회보다 더 심각하게 타락했다. 하나님께서는 그런 때 하나님의 사람을 보내 종교개혁을 이루어내셨다. 하나님께서는 한국 교회를 위해서도 그런 일을 하실 것이다.

에스겔서 37장의 마른 뼈 환상이 한국 교회에 소망을 준다. 에스겔은 환상으로 심히 마른 뼈들을 보았다. 그 뼈들은 골짜기에 있었고 아

세상 사는 하늘 백성

주 많았다. 그리고 심히 메말라 있었다. 그런 뼈들이 다시 살아난다는 것은 도저히 상상할 수 없다. 그러나 하나님께서 그런 뼈들을 살리신다. 살을 입히고 가죽으로 덮고 뼈와 뼈들을 연결하신다. 그리고 에스겔을 통해 생기를 불어 넣으신다. 그러자 그 뼈들이 다시 살아나 매우 큰 군대가 되었다.

에스겔이 본 이 환상이 무기력해진 교회에 대한 소망이다. 마른 뼈는 이스라엘이기도 하고 교회이기도 하다. 마른 뼈들이 스스로 힘줄이 생길 수 없다. 스스로 살이 붙고 살갗이 생길 수 없다. 스스로 그 안에 생기가 돌아 움직일 수 없다. 하나님께서 일하실 때 비로소 그런 일들이 가능하다. 마른 뼈처럼 죽은 것 같은 교회는 오직 하나님에 의해서만 다시 살아난다.

> "또 새 영을 너희 속에 두고 새 마음을 너희에게 주되 너희 육신에
> 서 굳은 마음을 제하고 부드러운 마음을 줄 것이며 또 내 신을 너
> 희 속에 두어 너희로 내 율례를 행하게 하리니 너희가 내 규례를 지
> 켜 행할지라"(겔 36:26-27)
> "내가 내 영을 너희 속에 두어 너희가 살아나게 하고 내가 또 너희
> 를 너희 고국 땅에 두리니 여호와가 이 일을 말하고 이룬 줄을 너희
> 가 알리라 여호와의 말씀이니라"(겔 37:14)

교회는 성령의 역사를 사모해야 한다. 참다운 교회 개혁은 오직 하나님과 그리스도의 영이신 성령에 의존할 때 가능하다. 성령이 그 안에

거하시는 사람만이 하나님의 말씀을 온전히 깨닫고 순종할 수 있다. 그때 비로소 마른 뼈와 같은 하나님의 자녀들과 교회가 살아난다. 하나님의 영이 마른 뼈와 같았던 이스라엘을 살리신다. 하나님의 영이 오늘날 마른 뼈와 같은 한국 교회를 살리신다. 교회는 오직 성령으로 인해서만 개혁될 수 있다. 그러므로 교회가 개혁을 원한다면 하나님이 일하심을 믿어야 한다. 성령을 사모하고 성령을 의지해야 한다.

> "그의 얼굴을 볼 터이요 그의 이름도 그들의 이마에 있으리라 다시
> 밤이 없겠고 등불과 햇빛이 쓸 데 없으니 이는 주 하나님이 그들에
> 게 비치심이라 그들이 세세토록 왕 노릇 하리로다"(계 22:4-5)

요한계시록 22:4의 하나님의 이름이 이마에 있다는 말씀은 '하나님을 섬기는 일'과 관계가 있다.(계 22:3) 대제사장은 '여호와께 성결'이라는 순금패를 만들어 이마에 붙였다.(출 28:36-38) 하나님의 이름이 이마에 있다는 것은 새 예루살렘에 거하는 자들이 모두 제사장으로 하나님을 섬긴다는 의미다. 모두가 제사장이라는 말은 모두가 거룩한 사람들이라는 뜻이다.

22:5의 '성도들이 거기서 영원히 왕처럼 살 것'이라는 말은 날마다 산해진미를 누리며 떵떵거리고 산다는 말이 아니다. 영광스런 모습으로 산다는 말이다. 예수 믿으면 잘 먹고 잘 산다는 말은 이단들이나 하는 소리다. 성경은 예수를 믿어 거룩하게 산다고 가르친다. 진리 가운데 산다고 가르친다. 왕 노릇 한다는 말은 잘 먹고 잘 산다는 말이 아니다. 왕

처럼 영광스러운 사람이 된다는 뜻이다.

그래서 교회는 그리스도의 재림을 소망한다. 그리스도의 재림으로 교회가 그렇게 간절히 원하는 일들이 이루어지기 때문이다. 교회의 소망은 첫째, 오래 동안 교회를 괴롭히던 사탄의 완전한 멸망이다. 둘째, 교회가 바라고 또 바라던 새 예루살렘의 도래다. 그래서 그리스도의 재림을 소망하는 교회가 순결하고 거룩한 교회다. 교회가 순결하면 순결할수록 그리스도의 재림을 소망한다. 거룩하면 거룩할수록 더 사모한다. 그 사모함이 강하면 강할수록 더욱 순결하고 거룩한 교회다.

교회의 머리 되시는 예수께서 '내가 속히 오리라'고 약속하신다. (계 22:20) 이 약속을 믿는 모든 교회는 한 목소리로 '아멘 주 예수여 오시옵소서'라고 기도한다.(계 22:20) 이 기도가 교회의 가장 중요한 본질을 밝힌다. 교회는 본질적으로 예수 그리스도의 재림을 소망하는 종말론적 공동체다. 교회는 이 소망으로 유혹과 박해가 넘치는 험난한 세상을 이긴다. 그 가운데 여전히 은혜의 백성으로 존재한다. 사랑의 공동체를 이루고 거룩한 공동체를 유지한다. 그리고 진리의 군대로 승리한다. 진리와 소망의 공동체가 세상을 이기는 것이다.

> "그러나 우리의 시민권은 하늘에 있는지라 거기로부터 구원하는 자
> 곧 주 예수 그리스도를 기다리노니 그는 만물을 자기에게 복종하게
> 하실 수 있는 자의 역사로 우리의 낮은 몸을 자기 영광의 몸의 형체
> 와 같이 변하게 하시리라"(빌 3:20-21)

성도의 시민권은 하늘에 있다. 하늘나라가 믿는 자의 본향이다.(히 11:14, 16) 믿는 자는 이 세상에 사는 하늘나라 백성인 것이다. 이 세상에 사는 하늘 백성은 그리스도의 재림을 기다린다. 부활의 몸을 입을 날을 기다리는 것이다. 그 부활의 몸으로 하나님과 영원히 살 본향 집을 소망하는 것이다. 그 날이 온다. 반드시 온다. 그것이 거룩하신 하나님의 약속이다.

> "우리가 여기에는 영구한 도성이 없으므로 장차 올 것을 찾나니"
> (히 13:14)
> "내가 여호와께 바라는 한 가지 일 그것을 구하리니 곧 내가 내 평생에 여호와의 집에 살면서 여호와의 아름다움을 바라보며 그의 성전에서 사모하는 그것이라"(시 27:4)

성도는 '이 세상에 사는 하늘나라 백성'이다. 이 땅에 영원한 성이 없어서 장차 올 성을 기다리는 자들이다.(히 13:14) 그래서 시편 27:4 말씀이 그의 소원이 되어야 한다. 교회를 사랑하고 섬기고 세우며 살아야 한다.

> "내가 진실로 속히 오리라 하시거늘 아멘 주 예수여 오시옵소서"
> (계 22:20)

성도는 세상에 살면서 새 예루살렘을 소망한다. 요한계시록 22:20

이 그의 소망이다. 믿는 자는 그리스도의 재림을 소망하면서 모든 것을 인내하고 모든 유혹을 이긴다. 그리고 그리스도께서 약속하신 생명수를 값없이 받는 은혜를 누린다.

"성령과 신부가 말씀하시기를 오라 하시는도다 듣는 자도 오라 할 것이요 목마른 자도 올 것이요 또 원하는 자는 값없이 생명수를 받으라 하시더라"(계 22:17)

"주 예수의 은혜가 모든 자들에게 있을지어다 아멘"(계 22:21)

부록.
사탄의 계략과 교회의 승리

1. 성경 해석의 문제

° 마귀의 유혹과 성경

"길 가에 있다는 것은 말씀을 들은 자니 이에 마귀가 가서 그들이

믿어 구원을 얻지 못하게 하려고 말씀을 그 마음에서 빼앗는 것이

요"(눅 8:12)

"너희는 너희 아비 마귀에게서 났으니 너희 아비의 욕심대로 너희

도 행하고자 하느니라 그는 처음부터 살인한 자요 진리가 그 속에

없으므로 진리에 서지 못하고 거짓을 말할 때마다 제 것으로 말하

나니 이는 그가 거짓말쟁이요 거짓의 아비가 되었음이라"(요 8:44)

마귀는 거짓말쟁이요 거짓의 아비다. 그 속에 전혀 진리가 없다. 그
런 마귀가 사람을 속이고 교회를 유혹할 때 가장 원하는 것은 성경 말
씀을 아예 믿지 못하게 하는 것이다. 마귀는 마음 밭에 뿌려진 말씀의
씨앗을 빼앗아 가려고 애를 쓴다.(눅 8:12) 말씀을 거부하도록 하는 것

이다. 들어도 전혀 믿지 않도록 만드는 것이다.

> "이에 마귀가 예수를 거룩한 성으로 데려다가 성전 꼭대기에 세
> 우고 이르되 네가 만일 하나님의 아들이어든 뛰어내리라 기록되
> 었으되 그가 너를 위하여 그의 사자들을 명하시리니 그들이 손으
> 로 너를 받들어 발이 돌에 부딪치지 않게 하리로다 하였느니라"
> (마 4:5-6)

그 일이 실패하면 성경의 가르침을 왜곡한다. 진리에 비진리를 섞어
엉뚱한 것을 믿게 하는 것이다. 성경의 진리를 왜곡하는 방법은 마귀가
좋아하고 또 마귀가 자주 사용하는 방법이다. 이런 일은 주로 성경을
해석하는 과정에서 일어난다. 영원한 진리의 말씀을 해석하는 과정에
사람의 지혜와 경험을 섞는 것이다. 계시의 말씀을 사람의 이성으로 판
단하도록 한다. 하나님의 뜻을 사람의 생각으로 결정하도록 한다. 그런
과정에서 말씀에 대한 왜곡이 일어나는 것이다.

마귀는 성경을 이용해서 예수님을 유혹한다.(마 4:5-6) 사람은 말할
것도 없다. 교회도 마찬가지다. 마귀는 성경을 이용해서 교회를 무너뜨
린다. 진리의 길에서 벗어나게 하고 이단의 길로 들어서게 한다. 교회사
초기부터 이런 일이 있었다. 지금도 있고 앞으로도 있을 것이다. 말씀을
해석하는 일이 있는 한 말씀에 대한 왜곡 역시 피할 수 없다. 교회가 말
씀을 왜곡한 마귀의 유혹에 넘어가면 교회 전체가 무너진다. 이는 한
개인이 믿음을 저버리는 것보다 훨씬 무서운 결과를 가져온다. 교회사

가 이를 증명한다. 교회가 진리를 지켜야 하는 이유가 여기에 있다.

마귀의 유혹을 이기기 위해서는 성경에 대한 바른 이해가 필요하다. 말씀을 바로 이해하지 못할 때 신앙의 왜곡이 일어난다. 믿음이 약해지고 믿음이 사라진다. 이단에 빠져 믿음을 저버리게 된다. 예수를 믿는다고 하면서 멸망의 길로 들어서는 것이다. 이것이 마귀가 원하는 바다.

교회 안에서 그런 유혹의 결과를 볼 수 있다. 중요한 교리에 관해 성경과 다른 주장을 하는 사람들이 있는 것이다. 그들은 자기들의 성경 이해가 옳다고 주장한다. 자기들의 성경 해석을 따라야 신앙이 깊어지고 넓어진다고 한다. 참된 신앙을 가질 수 있다고 한다. 예를 들면 '교회 밖에도 구원이 있다, 한 번 구원은 영원한 구원이다, 천국 부자는 곧 세상 부자이다, 동성애 축복이 곧 진정한 사랑이다'와 같은 것이다.

이런 잘못된 주장들을 극복해야 한다. 그래야 하나님 기뻐하시는 교회가 될 수 있다. 올바른 성경 이해가 있어야 거룩하고 순결한 교회가 될 수 있다. 참된 하나님의 집, 그리스도의 신부, 그리스도의 몸, 그리스도의 군사가 될 수 있다. 하늘 교회의 모습을 지닌 세상 교회가 될 수 있다. 마귀의 유혹을 이기는 가장 확실한 길이 바로 성경을 바로 이해하는 것이다.

° 생명의 말씀

(문1) 성경 66권은 사람이 쓰고, 전수하고, 모으고, 정경으로 결정 했다. 그런데도 하나님의 말씀인가?

(답1) 그렇다. 성경은 사람이 쓰고 전수하고 모으고 정경으로 결정 했다. 그러나 하나님의 말씀이다. 그 모든 과정에 하나님이 간섭하 셨기 때문이다. 사람은 하나님의 뜻을 따라 하나님의 지혜를 쓰고 전수하고 모으고 정경으로 결정했다.

구약은 약 600년에서 800년에 걸쳐 다양한 저자들에 의해 기록되 었다. 초기에는 구전 전승의 단계가 있었고 그 다음에 작문 단계가 있 었다. 작문하면서 편집하는 단계가 있었고 편집하면서 전수하는 단계가 있었다. 그 후에 재편집의 단계가 있었다. 그리고 단순한 전수의 단계가 있었다. 그런 복잡한 단계를 거쳐 지금의 모습이 된 것이다.

그리고 역시 수백 년에 걸친 정경화의 과정이 있었다. 오경과 예언 서와 성문서가 정경으로 인정받기까지 오랜 시간이 걸렸다. 오경은 주 전 450년경, 예언서는 주전 2세기경에 정경으로 인정받았다. 그 후 성 문서가 정경으로 인정받았다. 주후 1세기 말 2세기 초에 대략 지금과 같은 모습이 정경이 확정되었지만 몇몇 책은 2-3세기까지도 논쟁이 있 었다.(전도서, 아가, 에스더)

신약은 구약만큼 오랜 시간이나 복잡한 과정을 거치지는 않았다. 정경화의 과정도 그렇게 복잡하지 않았다. 1세기 말에 다양한 기독교 문서들이 기록되었고 2세기 중반까지 중요한 책들이 인정받았다. 그리고 그룹으로 수집되기 시작했다. 2세기 중반부터 후반까지 신약의 정경이 실제화 되기 시작했고 주후 400년 무렵에는 신약의 정경이 완성되었다.

※ **성경의 원본과 사본 문제:** 구약의 경우 성경의 원본에 대한 복잡한 이론이 있다. 첫째, 최초에 구약의 원본이 있었고 그것이 여러 개 사본으로 발전했다는 이론이 있다.(Urtext 이론) 둘째, 처음부터 원본이라는 것이 없었고 여러 개 성경 본문이 존재하다가 나중에 하나의 주류가 형성되었다는 이론이 있다.(Vulgar Texts 이론) 그 주류가 지금 사용하고 있는 마소라(Masorah) 사본이라는 것이다. 셋째, 팔레스타인, 바빌로니아, 이집트에 각각 원본이라고 할 수 있는 성경들이 있었다는 이론이 있다.(Local Texts 이론) 넷째, 성경이 오래 동안 구전으로 내려오다가 아주 후대에 기록되었다는 이론도 있다.(Oral Tradition 이론) 현재 사용하는 히브리어 성경은 마소라 본문 전통의 벤 아셀(Ben Asher) 사본이다. 마소라 사본은 주후 500년경 티베리아의 유대인 학자들이 발명한 티베리아식 모음기호가 적힌 사본이다. 레닌그라드에 있다고 해서 레닌그라드 사본(1008년 완성)이라고 한다. 이 레닌그라드 사본을 기초로 해서 영어, 독일어, 한국어 등 각 나라의 언어로 번역한다. 신약의 경우 원본 문제가 구

약만큼 복잡하지 않다.

이 모든 과정에 사람의 노력이 있었고 사람의 지혜가 있었다. 그리고 사람의 결정이 있었다. 그렇게만 본다면 성경은 사람이 쓰고 전수하고 모으고 정경으로 결정한 책이다. 사람의 지혜를 모은 책으로 하나님의 말씀일 수가 없다.

그러나 그렇지 않다. 그 모든 과정에 하나님께서 간섭하셨다. 그리고 그 모든 내용이 하나님의 지혜다. 지금의 성경은 하나님께서 역사하신 결과물이다. 하나님께서 하나님의 지혜를 사람들에게 쓰게 하셨고 전수하게 하셨다. 모으게 하셨고 정경으로 결정하게 하셨다. 성경을 만든 모든 사람의 모든 노력과 지혜와 결정이 하나님의 섭리를 따라 된 것이다. 성경은 하나님의 지혜를 하나님의 뜻에 따라 사람이 기록하고 모은 책이다. 그래서 하나님의 말씀이다. 사람이 쓰고 전수하고 모으고 정경으로 결정했지만 그 전체가 하나님의 계시다. 이것이 성경의 본질이고 진실이다.

이 사실을 믿는 것이 기독교인이다. 이 사실을 믿지 않으면 기독교인이 아니다. 나는 기독교인데 이 사실은 믿지 않는다고 하는 것은 자기모순일 뿐이다. '얼음인데 뜨겁다, 횃불인데 차갑다, 고래인데 산에 산다, 독수리인데 심해에 산다'라는 말과 같다. 성경이 하나님의 말씀이라는 것을 믿지 못하면서 기독교인이 될 수는 없다. 그는 무조건 기독교인이 아니다. 자신이 아무리 기독교인이라고 해도 실은 기독교인이 아니다. '나는 기독교인데 성경이 하나님의 말씀이라는 사실은 믿지 않는다'

라고 말하는 것은, '나는 사람인데 사람은 먹어야 산다는 말을 믿지 않는다'라고 말하는 것과 같다. 말이 안 되는 것이다.

성경이 하나님의 말씀이라는 사실을 믿지 못하는 사람은 그가 특별히 배운 게 많고 남들보다 똑똑해서가 아니다. 남달리 의심이 많아서도 아니다. 그에게 성령께서 주시는 내적 확신이 없기 때문이다. 그는 예수를 믿지만 여전히 사람의 지혜와 경험을 붙들고 있다. 그는 불의한 자 아니면 육신에 속한 자다. 결코 신령한 자가 아니다. 참된 기독교인이 아닌 것이다. 신령한 자는 결코 그렇게 말하지 않는다. 그렇게 말할 수가 없다.

> "무릇 표면적 유대인이 유대인이 아니요 표면적 육신의 할례가 할례가 아니니라 오직 이면적 유대인이 유대인이며 할례는 마음에 할지니 영에 있고 율법 조문에 있지 아니한 것이라"(롬 2:28-29)

그는 표면적 기독교인이다. 속은 아니다. 그는 물로만 세례를 받은 사람이다. 성령 세례는 받지 못한 사람이다. 세례교인으로서 성경이 하나님의 말씀임을 믿지 못하는 사람은 회개해야 한다. 그것도 철저히 회개해야 한다. 그는 무늬만 기독교인으로 마귀가 기뻐하는 사람이다.

(문2) 구약과 신약은 두 권의 책인가? 아니면 한 권의 책인가?

(답2) 구약과 신약은 한 권의 책이다.

성경은 구약과 신약으로 나뉘어져 있다. 그러나 실은 한 권의 책이다. 한 분 하나님이 쓰신 한 권의 책인 것이다. 하나의 연속된 계시다. 구약(舊約)이라는 말은 옛 계약이라는 뜻이고 신약(新約)은 새 계약이라는 뜻이다. 이는 하나님이 사람들과 맺으신 계약을 강조하는 이름이다. 옛 계약은 모세를 통해 이스라엘 백성과 맺은 것으로 율법이다. 새 계약은 예수님을 통해 온 세상 백성과 맺은 것으로 복음이다.

옛 계약은 새 계약을 준비하기 위한 것이었다. 하나님은 처음부터 새 계약을 계획하고 계셨다. 그러나 옛 계약이 없이 바로 새 계약을 맺을 수 없었다. 그래서 옛 계약을 준비하신 것이다. 구약은 사람들을 신약으로 인도하는 의미를 가진다. 만약 구약이 없었다면 신약도 없었을 것이다. 이것이 하나님께서 이스라엘 민족을 통해 구약을 기록하고 보존하게 하신 이유다.

하지만 하나님의 온전한 뜻은 새 계약을 통해 드러났다. 이 일을 위해 하나님은 먼저 세례자 요한을 이 세상에 보내셨다. 그리고 예수 그리스도의 오심을 준비하게 하셨다. 누가복음 16:16에 '율법과 선지자는 요한의 때까지요 그 후부터는 하나님 나라의 복음이 전파되어 사람마다 그리로 침입하느니라'는 말씀이 있다. 요한이 옛 계약과 새 계약을 잇는 과도기적 인물이라는 뜻이다. 그리고 예수 그리스도부터 새로운 계약이 시작된다는 말씀이다.

신약을 통해 드러난 하나님의 온전한 뜻은 영생이다. 온 세상 사람들을 영원한 생명으로 인도하는 것이다. 이것은 요한복음 3:16에서 분명히 알 수 있다. 이 일을 위해 하나님은 육신으로 이 세상에 오셨다. 또 성령으로 이 세상에 오셨다. 이것이 하나님께서 신구약 성경 전체를 기록하고 보존하게 하게 하신 이유다. 그 결과 구약의 할례가 신약의 세례가 되었다. 구약의 안식일이 신약의 주일이 되었다. 구약의 예루살렘 성전이 신약의 온 세상 교회가 되었다. 그리고 이스라엘이 열방으로 변하게 되었다.

그렇기 때문에 구약과 신약은 두 권의 다른 책이 아니다. 하나는 유대인들이 기록한 것이고 다른 하나는 기독교인들이 기록한 책이 아니다. 구약과 신약은 한 분 하나님이 자신의 뜻을 기록하게 하신 책이다. 한 권의 책이다. 옛 계약과 새 계약은 실은 하나의 계약이다. 구약과 신약은 삼위일체 하나님의 통일된 계시의 말씀이다. 이 사실을 알아야 하고 또 믿어야 한다.

구약이 있기 때문에 신약이 필요 없는 게 아니다. 구약만으로는 하나님의 뜻을 온전히 깨달을 수 없다. 구약 역시 하나님의 계시인 것은 틀림없다. 그렇지만 하나님의 뜻이 온전히 드러난 완전한 계시는 아니었다. 하나님의 완전한 뜻은 예수 그리스도와 성령을 통하여 계시되었다.

반대로 신약이 있기 때문에 구약이 필요 없게 된 것도 아니다. 만약 구약이 없다면 예수님이 전한 하나님을 알 수 없다. 하나님을 알지 못하면 예수 그리스도 또한 믿을 수 없게 된다. 구약과 신약은 통일된 연속성 상에 있다. 이것을 신약성경 여러 곳에서 확인할 수 있다. 예수님 '내가 율법을 깨뜨리러 온 것이 아니라 완성하러 왔다'고 말씀하신다.(마 5:17) 또 예수님은 '이 세상이 세워질 때부터 지금까지 숨겨졌던 것을 말할 것이다'라고 말씀하신다.(마 13:35) 그리고 예수의 오심이 구약의 예언서에 이미 예언되었다.(행 9:30-35, 13:27)

구약과 신약이 한 권의 책이라는 사실을 변화산 사건에서 알 수 있다. 예수께서 영광스런 모습으로 변화하신 사건이다.(마 17:1-9, 눅 9:28-36) 예수께서 영광스런 모습으로 변화하실 때 모세와 엘리야가 나타났다. 이는 구약과 신약의 통일성과 연속성을 강하게 보여준다. 다른 사건도 있다. 유대인들이 예수님께 메시아의 표적을 요구했다. 그 때 예수님은 요나의 표적과 솔로몬의 지혜를 들으려고 온 남방 여왕을 언급하셨다. 그들을 예로 들어 유대인들의 믿음 없음을 책망하신 것이다. 이 또한 구약과 신약의 통일성과 연속성을 보여주는 사건이다.(눅 11:29-32)

마태복음 13:52에 '예수께서 이르시되 그러므로 천국의 제자 된 서기관마다 마치 새것과 옛것을 그 곳간에서 내오는 집주인과 같으니라'는 말씀이 있다. 여기서 옛 것과 새 것은 율법과 복음이다. 구약과 신약이다. 요한복음 12:41은 이사야의 예언이 예수 안에서 이루어졌다고 한다. 이처럼 구약과 신약은 서로를 필요로 하고 서로를 보완한다. 원래부터 한 권의 책이기 때문이다. 그 저자는 삼위일체 하나님이시다.

(문3) 성경은 영원한 진리의 말씀인가?

(답3) 그렇다. 성경은 영원한 진리의 말씀이다. 만물을 창조하시고 사람의 생사화복을 주관하시는 창조주 하나님의 지혜이기 때문에 그렇다.

최근에 과학이 놀라울 정도로 발전했다. 과학혁명이 일어났다고까지 한다. 우주의 기원과 진행, 생명의 시작과 진화, 물질의 존재와 소멸, 인류의 기원, 천문학, 우주과학, 물리학, 화학, 생물학, 생명공학, 뇌 과학 등에 비약적 발전이 있었다. 그래서 최근 20-30년을 가리켜 지적 혁명의 시대라고 한다. 최근에 출판된 과학서적들을 보면 그 지식의 깊이와 폭과 넓이에 저절로 고개가 숙여질 정도다. 2천 년 전에 완성된 성경이나 읽고 있을 시대가 아니라는 생각이 든다. 그래서 현대 철학자나 사상가는 최근 20-30년 사이에 밝혀진 과학적 사실을 생각에 반영해야 한다. 그렇지 않으면 사고의 기반 자체가 흔들리게 된다.

브라이언 그린(Brian Greene)이 『엔드 오브 타임』(Until the End of Time, 박병철 역, 서울: 와이즈베리, 2021)이라는 책을 썼다. 그린은 컬럼비아 대학의 물리학과 및 수학과 교수다. 그린은 일반인의 눈으로 보면 천재로 보인다. 『엔드 오브 타임』에는 어려운 이야기가 많이 나온다. 그린은 수많은 저자들을 소개하고 인용한다. 물리학의 기본 개념인 엔트로피를 설명하는 내용만 해도 상당히 복잡하다. 그래서 일반인은 이 책을 거의 이해하지 못한다. 이 책에는 100,891,344,545,564,193,334,812,497,256이라는 어마어마한 숫자도 나온다. 1센트짜리 동전 100개를 테이블 위에 쏟아 부었을 때, 앞면과 뒷면이 정확하게 50개씩 나올 확률이라고 한다.

그린은 오스발트 슈펭글러(Oswald Spengler)의 책 『서구의 몰락』(Decline of the West)을 읽다가 충격을 받았다고 한다. '인간은 죽음을 아는 유일한 존재다. 그 외의 모든 생명체들도 늙기는 마찬가지지만, 자

　세상 사는 하늘 백성

신이 영원하다는 착각 속에서 살아가고 있다. 모든 종교와 과학, 그리고 철학은 죽음을 극복하려는 몸부림에서 탄생한 것이다'라는 문장 때문이다.(『엔드 오브 타임』, 10쪽) 그린은 글의 마지막 부분이 자신의 폐부를 찔렀다고 한다. 죽음이 인간에게 모든 동기를 부여한 원천이라는 사실에서 모든 것이 분명해졌다고 한다. 그린은 '슈펭글러가 말한 대로 종교와 철학, 그리고 과학은 죽음의 한계에 부딪힌 인간이 불멸의 가치를 추구한 끝에 얻은 결과물'이라고 한다.(『엔드 오브 타임』, 10쪽)

그러나 『엔드 오브 타임』을 쓸 수 있는 그린보다 성경을 알고 믿는 무학의 시골 노인이 더 지혜롭다. 성경을 아는 시골 노인은 우주의 시작에 대해 알고 지구의 마지막에 대해 알기 때문이다. 그리고 무엇보다 죽음을 극복했기 때문이다. 기독교 신앙은 죽음에 대한 승리를 가르친다. 성경을 알고 믿는 사람은 죽음을 이긴다. 기독교는 죽음의 문제를 해결한 유일한 종교다. 그래서 모든 종교와 철학과 과학을 넘어서는 영원한 진리의 말씀이다. 유일한 진리의 말씀이다.

세상에는 아주 지혜로운 철학자, 사상가들이 많다. 베이컨, 홉스, 데카르트, 스피노자, 라이프니츠, 로크, 루소, 칸트, 헤겔, 쇼펜하우어, 니체, 키르케고르, 스튜어트 밀, 러셀, 비트겐슈타인, 하이데거, 사르트르, 데리다, 푸코, 들뢰즈 같은 사람들이다. 한 사람 한 사람이 모두 다 천재라고 할 수 있다. 이들이 쓴 책은 수백 수천 권에 이른다. 보통 사람은 그런 책을 쓰기는커녕 그 중 한두 권을 제대로 이해하지 못한다. 천재들의 책이기 때문이다. 일반인은 철학적 혁명을 이루었다는 칸트(1724~1804)의 『순수이성비판』이나 『실천이성비판』, 그리고 『판단력비판』을 쉽게 이해할 수 없다. 이해하려고 애를 써도 이해할 수 없다.

그러나 그런 철학적, 사상적 천재들보다 성경을 알고 믿는 무학의 시골 노인이 더 지혜롭다. 세상의 시작과 끝을 알기 때문이다. 인생의 의미와 가치를 알기 때문이다. 무엇보다 죽음의 문제를 해결했기 때문이다. 이렇게 천재적 철학자, 사상가보다 무학의 시골 노인을 더 지혜롭게 하는 것이 성경이다. 영원한 진리의 말씀이기 때문이다.

이 세상 모든 천재들이 쓴 책을 다 합친 것보다 성경 말씀 한 구절이 더 소중하다. 성경의 한 구절은 영원한 진리의 말씀이기 때문이다. 창조주 하나님의 지혜이기 때문에 그렇다. 이 세상 모든 천재들의 책은 피조물의 지혜일뿐이다. 하늘이 땅보다 높은 것 같이 하나님의 지혜는 사람의 모든 지혜보다 더 지혜롭다. 그런 성경을 믿는 사람은 하나님을 모르는 천재보다 더 지혜롭다.

세상 사람이 들으면 기가 막히는 말이다. 천재가 평생을 고민한 한 권의 책보다 무학의 노인이 읊조리는 성경 한 구절이 더 가치가 있다고 하니 말이다. 그렇지만 그것이 진실이다. 무학의 노인이 읊조리는 성경 한 구절이 영원한 진리의 말씀이기 때문이다. 성경은 사람이 알 수 없는 진리를 계시한다. 이것이 하나님의 은혜고 피조물에 대한 창조주의 사랑이다. 이 은혜와 사랑을 믿는 자가 영원한 생명을 얻는다.

믿는 자들의 이런 확신은 어디에서 오는 것인가? 세뇌가 되어서 그런 것인가? 그렇다고 주장하는 설교를 듣고 또 듣다보면 그렇게 되는가? 그렇게 세뇌가 되면 성경만 영원한 진리라는 말을 앵무새처럼 되뇌게 되는가? 세뇌가 되었기 때문에 칸트의 그 유명한 '순수이성비판, 실천이성비판, 판단력비판'보다 무학 노인이 고백하는 '하나님이 세상을 창조하셨다, 예수님은 구세주이시다, 성령께서 나를 도우신다'라는 말을 훨씬 더 가치 있게 여기게 되는 것인가?

그렇지 않다. 그것은 세뇌의 결과가 아니다. 믿는 자 안에 거하시는 성령께서 주시는 내적 확신 때문이다. 성령의 도우심으로 그렇게 고백하는 것이다. 믿음의 고백은 세뇌의 결과가 아니라 성령께서 주시는 내적 확신의 결과다. 사람의 지혜로 성경이 하나님의 말씀임을 믿는 게 아니다. 성경을 깊이 연구했더니 성경이 하나님의 말씀임을 믿을 만한 증거가 있고 그래서 믿는 것이 아니다. 이 사실을 성령께서 알게 하시고 믿게 하신다. 내적으로 깨닫게 하시고 내적으로 확신을 주신다. 참된 믿음을 가진 사람은 이 사실을 안다. 그래서 이 사실을 믿지 못하면 스스로 속고 있는 것이라고 말하는 것이다. 그는 참된 믿음의 사람이 아니다. 스스로 속고 있을 뿐이다.

(문4) 성경에는 내적 불일치, 불필요한 중복, 상호모순, 현대에는 지킬 수 없는 명령, 고대의 세계관 등이 있다. 그런데도 영원한 진리의 말씀인가?

(답4) 그렇다. 성경에는 불일치와 중복과 모순과 지킬 수 없는 명령과 고대의 세계관이 있다. 그렇지만 영원한 진리의 말씀이다.

성경을 조금만 깊이 살펴보면 그 내용에 모순과 불일치, 불필요한 중복, 그리고 지킬 수 없는 명령, 비과학적인 고대의 세계관 등이 산재해 있음을 알 수 있다. 성경은 흔히 말하듯 일점일획도 틀림이 없는 완전무결한 책이 아니다. 아주 쉬운 사실, 수학으로 치면 덧셈과 뺄셈 정도에 해당되는 몇 가지 예를 창세기에서 찾아본다.

1. 두 개의 창조 이야기: 두 이야기는 하나님 이름, 그 내용과 분위기, 창조 순서 등이 아주 다르다
   (1) 창세기 1:1 - 2:3
   (2) 창세기 2:4 - 2:25

2. 노아 방주에 들어간 짐승
   (1) 창세기 7:2 - 정결한 짐승 7쌍, 부정한 짐승 2쌍
   (2) 창세기 7:8-9 - 정결한 짐승 2쌍, 부정한 짐승 2쌍

3. 에서의 부인들
   (1) 창세기 26:34-35, 28:9 - 헷 족속 브에리의 딸 유딧(첫째), 헷 족속 엘론의 딸 바스맛(둘째), 이스마엘의 딸이며 느바욧의 누이인 마할랏(셋째)
   (2) 창세기 36:2-4 - 헷 족속 엘론의 딸 아다(첫째), 히위 족속 시브온의 딸인 아나의 딸 오홀리바마(둘째), 이스마엘의 딸 느바욧의 누이 바스맛(셋째)

이런 종류의 이야기는 조금도 비밀스러운 이야기가 아니다. 성경을 조금만 연구하면 누구나 아는 내용이다. 사실 학문적으로 성경을 연구하면 이 정도의 이야기는 기초 수준이다. 성경의 원어인 히브리어, 아람어, 헬라어로 성경을 보고, 성경의 사본들을 비교 연구하고, 고대 근동의 언어들로 비교분석하고, 라틴어 성경으로 비교하고, 역사 비평적 방법으로 성경을 보면 수백, 수천 곳의 문제점을 발견할 수 있다. 예수님의 족보만 해도 마태복음 1:1-17과 누가복음 3:23-38이 아주 다르다. 학자들은 어느 복음서의 족보를 더 신뢰할 수 있는지 결론을 내리지 못하고 있다.

※ **사본 비평**: 사본 비평(Textual Criticism)으로 유명한 히브리 대학의 임마누엘 토브(Emanuel Tov) 교수의 책 『Textual Criticism of the Hebrew Bible』(Fortress Press, 1992) 한 권만 보아도 구약 성경 사본들 사이에 아주 많은 차이점이 있음을 알 수 있다. 성경을 필사하고 전수하는 과정에서 생겨난 오류이거나 해석이다.

성경은 신이 말씀하시고 천사가 기록하고 만든 천상의 작품이 아니다. 하나님의 말씀을 정확하게 기록하고 전수하려고 한 인간들이 만든 지상의 작품이다. 성경에는 인간의 노력이 있고 인간의 흔적이 있다. 그래서 실수도 있고 중복, 모순, 오류 등이 있다. 시대와 상황의 한계를 가지는 문화적 요소도 있고 정치적 의도로 삽입된 부분도 있다. 학문적으로 깊이 연구하면 그런 내용이 아주 많다. 일반인이 상상하는 정도를 넘어선다.

그렇지만 여전히 하나님의 말씀이고 영원한 진리의 말씀이다. 이것이 성경의 본질이다. 성경의 본질은 사람을 살리는 생명의 말씀이다. 하나님의 뜻이 드러난 계시의 말씀이다. 앞에서 언급한 것과 같은 문제점들이 결코 성경의 본질을 훼손시키지 못한다. 성경 안에 있는 여러 가지 실수, 중복, 모순, 오류, 고대의 세계관, 고대 문화 등은 성경의 형성과 전수 과정 등에서 생겨난 인간적인 한계일 뿐이다. 그것이 성경의 본질을 훼손하지 못한다. 하나님의 구원 계획을 해치 못한다. 그런 인간적 오류와 한계에도 불구하고 성경에는 여전히 사람을 구원하는 능력이 있다. 성경은 사람의 죄를 용서하고 사람을 영원한 생명으로 이끄는 힘이 있다. 성경만이 그런 힘이 있다. 그래서 모든 인간적 한계에도 불구하고 여전히 영원한 진리의 말씀이고 유일한 진리의 말씀이다.

아주 좋은 성능을 가진 구급차가 있다고 하자. 각종 최신 의료장비를 갖춘 세계 최고의 구급차다. 거기에다 실력이 좋고 헌신적인 의사, 간호사, 구급대원들이 충분히 있다. 응급환자를 살리는 데 있어서는 명실 공히 세계 최고의 구급차다. 그런데 이 구급차 창문 몇 개에 금이 가 있다. 범퍼가 좀 찌그러져 있고 타이어가 낡았다. 오랜 세월 사람들을 구하다보니 그런 흠이 좀 있는 것이다. 그렇다고 해서 이 구급차가 생명을 살리는데 문제가 있는가? 절대 아니다. 응급환자를 치료하고 호송하는 본질은 전혀 훼손된 것이 없다. 사람을 살리는 문제에 있어서는 조금도 하자가 없는 것이다. 이런 문제들은 엔진이 고장 나거나 전기 배선이 다 타버리거나 바퀴가 다 터져버리는 것 같은 문제들이 아니다. 사람의 생명을 구하는 구급차의 본질과는 전혀 상관이 없는 일들이다.

아주 훌륭한 심장병 의사가 있다고 하자. 심장 진료와 치료, 수술에 있어서는 타의 추종을 불허한다. 명실 공히 세계 일인자다. 지금까지 살린 환자들이 수도 없이 많고 앞으로도 그럴 것이다. 그런데 인간적인 약점이 좀 있다. 유머가 부족하고 주변 정리를 잘 하지 못 한다. 소지품을 자주 잃어버린다. 꽃가루 알레르기가 있다. 그렇다고 해서 이 의사가 생명을 살리는데 문제가 있는가? 절대 아니다. 심장병 환자를 진단하고 수술하고 생명을 살리는 문제는 전혀 상관이 없다. 의사 본연의 사명을 감당하는 일은 아무 문제가 없다. 이런 문제들은 수술하는 손이 떨린다든지 시력을 잃는 것 같은 문제들이 아니다. 사람의 생명을 구하는 의사의 본질과는 전혀 상관이 없는 일들이다.

앞에서 언급한 성경 안에 있는 여러 가지 실수, 중복, 모순, 오류, 고대의 세계관, 고대 문화 등이 이런 문제들이다. 생명을 살리는 성경의 본질과는 아무 상관이 없는 아주 지엽적인 것일 뿐이다. 그런 인간적 실수, 중복, 모순, 오류, 고대의 세계관, 고대 문화의 흔적은 사람의 생명을 살리는 성경의 본질을 조금도 훼손하지 못한다. 사람의 죄를 사하고 사람의 생명을 구하는 성경의 능력은 조금도 약해지지 않는다. 그래서 성경에 불일치와 중복과 모순과 지킬 수 없는 명령과 고대의 세계관이 있지만 성경은 영원한 진리의 말씀이다.

"진실로 너희에게 이르노니 천지가 없어지기 전에는 율법의 일점일획도 결코 없어지지 아니하고 다 이루리라 그러므로 누구든지 이

계명 중의 지극히 작은 것 하나라도 버리고 또 그같이 사람을 가
르치는 자는 천국에서 지극히 작다 일컬음을 받을 것이요 누구든
지 이를 행하며 가르치는 자는 천국에서 크다 일컬음을 받으리라"
(마 5:18-19)

"모든 성경은 하나님의 감동으로 된 것으로 교훈과 책망과 바르게
함과 의로 교육하기에 유익하니"(딤후 3:16)

"하나님의 말씀은 살아 있고 활력이 있어 좌우에 날선 어떤 검보다
도 예리하여 혼과 영과 및 관절과 골수를 찔러 쪼개기까지 하며 또
마음의 생각과 뜻을 판단하나니"(히 4:12)

"보라 내가 속히 오리니 이 두루마리의 예언의 말씀을 지키는 자는
복이 있으리라 하더라"(계 22:7)

"내가 이 두루마리의 예언의 말씀을 듣는 모든 사람에게 증언하
노니 만일 누구든지 이것들 외에 더하면 하나님이 이 두루마리에
기록된 재앙들을 그에게 더하실 것이요 만일 누구든지 이 두루마
리의 예언의 말씀에서 제하여 버리면 하나님이 이 두루마리에 기
록된 생명나무와 및 거룩한 성에 참여함을 제하여 버리시리라"
(계 22:18-19)

성경은 하나님의 계시를 기록한 책이다. 하나님이 인간에게 가르쳐
주신 것을 기록한 책이라는 뜻이다. 성경은 인간의 깨달음을 기록한 책
이 아니다. 이것이 성경과 다른 경전이 근본적으로 다른 점이다. 신명
기 29:29에 '감추어진 일은 우리 하나님 여호와께 속하였거니와 나타

난 일은 영원히 우리와 우리 자손에게 속하였나니 이는 우리에게 이 율법의 모든 말씀을 행하게 하심이니라'는 말씀이 있다. 『쉬운 성경』은 이를 '우리 하나님 여호와께는 비밀로 하시는 일들이 있소. 그러나 어떤 일들은 우리에게 알려 주셨소'라고 번역했다. 이 '우리에게 알려주신 말씀'이 바로 계시다. 그리고 이 계시를 모아 놓은 책이 성경이다. 신명기 29:29는 성경의 본질을 밝혀준다.

하나님의 뜻은 신비 그 자체다. 인간은 하나님께서 하시는 일을 도무지 알 수 없다. 신명기 29:29는 이를 비밀로 하시는 일이라고 표현한다. 그런데 이 비밀로 하시는 일들 가운데 하나님께서 인간에게 밝혀주시는 일이 있다. 인간은 그렇게 하나님께서 계시해 주신 일을 통해 하나님의 뜻을 안다. 그리고 그 뜻을 믿고 순종해야 한다. 그것이 인간의 본분이다. 인간이 지혜롭게 사는 길이다.

하나님께서 그렇게 자신의 뜻을 계시하시는 이유가 있다. 인간은 아무리 애쓰고 노력해도 하나님의 진리를 깨달을 수 없기 때문이다.(전 8:16-17) 인간은 아무리 지혜로워도 영원한 진리를 알 수 없다. 아무리 애를 쓰도 스스로 구원할 수 없다. 오직 선한 인간, 죄가 없는 의인은 없기 때문이다. 모든 인간에게 죄가 있다.(전 7:20)

다른 종교의 경전은 하나님의 계시를 기록한 것이 아니다. 인간의 깨달음을 기록한 것이다. 다른 종교의 경전에 진리가 전혀 없는 것은 아니다. 진리의 조각은 있다. 진리의 일부분은 있다. 인간도 진리의 부분은 알 수 있다. 하나님께서 인간에게 영을 주셨기 때문이다. 그러나 인간의 지혜로는 모든 진리를 알 수 없다. 온전한 진리를 깨달을 수 없다.

무엇보다 스스로를 구원할 수 없다. 자신의 죄를 사할 수 없고 자신에게 영원한 생명을 줄 수 없다. 그래서 하나님의 계시가 필요한 것이다. 그것이 하나님이 사람에게 성경을 주신 이유다.

요한복음 8:23에 '예수께서 이르시되 너희는 아래에서 났고 나는 위에서 났으며 너희는 이 세상에 속하였고 나는 이 세상에 속하지 아니하였느니라'는 말씀이 있다. 이 말씀을 성경과 다른 경전의 차이점을 이해하는데 사용할 수 있다. 성경은 위에서 난 것이다. 즉 하늘에 속한 계시의 말씀이다. 다른 종교의 경전은 아래서 난 것이다. 즉 세상에 속한 구도적 깨달음이다.(요한복음 8:43-47 참고)

성경은 진리의 말씀을 전한다. 그 진리는 완전한 진리이며 유일한 진리다. 천사들까지도 알기 원한 말씀이다.(벧전 1:12) 믿는 자는 천사들이 알고 싶어 하는 진리를 보고 읽고 듣는 것이다. 믿는 자는 완전한 진리를 알고 있는 사람들이다. 이 사실을 믿어 세상철학 앞에서 주눅 들지 말아야 한다. 시대사상 앞에서 슬며시 도피하는 일이 없어야 한다. 그들이 뭔가 새로운 것 같고 첨단을 걷는 것 같을 수 있다. 성경을 인용하는 것은 뭔가 고리타분하고 시대에 걸맞지 않는 이야기를 하는 것 같을 수 있다. 그렇지 않다. 성경 이야기를 하는 것은 다 아는 이야기를 반복하는 것이 아니다. 유일한 진리를 거듭 되새기는 것일 뿐이다.

성경 말씀은 이미 완전한 진리이기 때문에 더 이상 새로울 필요가 없다. 그저 믿고 순종하면 된다. 물론 해석이 필요한 곳도 있다. 하나님의 진리는 하늘 높은 곳, 바다 깊은 곳에 있는 것이 아니다. 바로 성도의 입술과 마음속에 있다.(신 30:11-14) 하나님은 믿는 자가 진리를 쉽게 알고 실천할 수 있는 은혜까지 베푸셨다.

° 해석의 문제

(문5) 그렇다면 성경은 글자 그대로 무조건 믿어야 하는가?

(답5) 아니다. 글자 그대로 믿어야 할 말씀이 있고, 반드시 해석해서 믿어야 할 말씀이 있고, 잘 해석해서 믿어야 할 말씀이 있다.

글자 그대로 믿어야 할 말씀들이 있다. 삼위일체 하나님, 창조, 구원, 심판에 대한 말씀들이다. 예수님의 동정녀 탄생, 세례, 죄 사함, 부활, 영생, 성령의 은사와 열매, 성령의 내재에 대한 말씀들이다. 주로 영적 진리에 대한 말씀들이다.

반드시 해석해서 믿어야 할 말씀들도 있다. 불효한 사람이나 간음한 사람은 돌로 처형하라는 말씀이다.(신 21:18-21, 22:22-24) 눈이 죄를 짓게 하거든 빼어 내버리라는 말씀이다.(마 18:9, 막 9:47) 손과 발을 찍어버리고 영생하는 것이 지옥에 던져지는 것보다 낫다는 말씀도 있다.(막 9:43, 45)

잘 해석해야 하는 말씀들이 있다. 기브온을 구할 때 해와 달이 멈추었다는 말씀이다.(수 10:12-13) 믿음이 있으면 산을 옮길 수 있다는 말씀이다.(마 17:20) 손으로 독사를 만지고 독을 마셔도 해를 받지 않을 것이라는 말씀이다.(막 16:18) 예수님의 제자가 되려면 부모와 처자와 형제와 자매와 더욱이 자기 목숨까지 미워해야 한다는 말씀이다.(눅 6:27)

중세적 사고에 머물러 있던 교회는 여호수아 10:12의 '태양아 너는 기브온 위에 머무르라 달아 너도 아얄론 골짜기에서 그리할지어다'라는 말씀을 가지고 코페르니쿠스의 지동설을 단죄했다. 여호수아가 정지하라고 명령한 것은 지구가 아니라 태양이었다는 것이다. 그러니 태양이 움직이고 지구는 아니라는 것이다. 그 당시 과학 상식으로는 그럴 수밖에 없었다. 그러나 지금도 그렇게 주장하는 것은 오히려 성경의 진리를 왜곡하는 것이다. 여호수아 10:12는 잘 해석해서 믿어야 한다.

> ※ 『인간의 굴레에서』 - 서머셋 모옴(S. Maugham)이 쓴 『인간의 굴레에서』(Of Human Bondage)라는 소설이 있다. 고전이고 명작이다. 이 책에 나오는 이야기다.(『인간의 굴레에서』, 서머셋 모옴, 송무 역, 민음사, 1998, 85-91쪽) 주인공 필립은 날 때부터 한쪽 발이 기형인 불구자이다. 그래서 절룩거리며 걷는다. 12살에 마태복음 17:20을 읽고 또 설교를 듣는다. '믿음이 있고 의심치 아니하면, 산을 옮길 수 있을 것이다'라는 말씀이다. 필립은 큰아버지에게 다시 한 번 이 말씀을 물어 사실을 확인한 후 희망에 찬 기도를 시작한다. 필립은 기적이 일어날 날짜를 정했다. 그 날 아침 일어나 보면, 발이 나아있게 해 달라고 기도한다. 그리고 한 순간도 의심의 그림자를 마음에 드리우지 않는다. 그리고 드디어 하나님께 부탁한 날 아침이 되었다. 그러나 기적은 일어나지 않았다. 여전히 필립의 발은 기형이었다. 그 후 필립은 믿음을 버린다. 하나님은 없다는 것이다. 논리적으로 필립을 이해할 수 있다. (1) 성경은 하나님의 말씀이어서 틀림이 없다.

(2) 그 성경에 무엇이든지 믿고 구하면 다 받으리라는 말씀이 있다. (3) 예수님은 믿고 기도하면 산을 들어 바다에 던져버릴 수 있다고 하신다. (4) 그래서 나면서부터 기형인 발을 낫게 해달라고 믿고 기도했다. 하나님 말씀을 조금도 의심치 않았다. (5) 그런데 낫지 않았다. 그러니 성경이 거짓말을 했다. 그러니 하나님을 믿을 필요가 없다. 이런 논리다. 그런데 사실은 필립의 잘못이 있다. 필립은 잘 해석해서 믿어야 할 말씀을 글자 그대로 믿은 것이다. 이것이 필립의 잘못이다. 그런 실수가 없어야 한다.

"또 그 모든 편지에도 이런 일에 관하여 말하였으되 그 중에 알기 어려운 것이 더러 있으니 무식한 자들과 굳세지 못한 자들이 다른 성경과 같이 그것도 억지로 풀다가 스스로 멸망에 이르느니라" (벧후 3:16)

성경을 함부로 인간의 이성과 지혜로 함부로 판단하는 죄를 짓지 말아야 한다. 진리의 말씀을 믿지 않는 죄를 짓지 말아야 한다. 그리고 성경을 함부로 해석하는 잘못도 피해야 한다. 올바른 성경 해석을 위해서는 성경 해석에 필요한 기본적인 지식을 갖추어야 한다. 그리고 반드시 성령의 도우심을 받아야 한다. 성령으로 충만한 사람이 성경을 바로 이해할 수 있다는 뜻이다. 하나님의 말씀은 오직 하나님의 영을 통해 바로 알 수 있다.

"오직 하나님이 성령으로 이것을 우리에게 보이셨으니 성령은 모든
것 곧 하나님의 깊은 것까지도 통달하시느니라"(고전 2:10)

믿는 자는 하나님의 말씀대로 살아야 한다. 이 말은 영원한 진리의
말씀인 성경을 삶의 기준으로 삼아 살아야 한다는 말이다. 당연한 일이
다. 성경은 기독교의 유일한 경전이기 때문에 기독교인은 성경에서 하
나님의 뜻을 발견하며 그 뜻대로 살아야 한다. 성경은 기독교의 모든
신앙적, 신학적 질문에 대한 최종적 해답의 근거가 되는 권위를 가진 책
이다. 그래서 성경 말씀대로 살아야 한다. 그러나 세부적으로 본다면
믿는 자가 성경 말씀대로 살고 있지 않다는 예를 얼마든지 찾아 낼 수
있다. 실은 성경 말씀대로 살려고 해도 살 수가 없다.

(1) 믿는 자는 눈에는 눈, 이에는 이라는 식으로 남에게 갚
을 수 없다.(출 21:24-25) 간음한 사람이나 부모를 치는 자
를 죽일 수 없다.(레 20:10, 출 21:15) 토지를 팔지 말라고 했
는데 사고판다.(레 25:23) 안식년과 희년을 지키지 않는다.
(레 25:1-17)

(2) 믿는 자는 번제나 화목제 같은 제사를 드리지 않는다. 정결
음식법을 지키지 않으며 할례를 받지 않는다. 유월절이나
칠칠절, 초막절 같은 절기를 지키지 않는다.

(3) 믿는 자는 노예를 두고 살 수 없다. 여러 명의 부인을 가질
수 없다.

이와 같이 믿는 자는 성경 말씀을 전부 지키며 살지는 않는다. 교인 중에 간음한 자가 있다고 해서 목사가 교회 뜰에서 '돌로 쳐 죽일 수'는 없다. 그럴 수도 없고 그럴 사람도 없다. 사실 위에서 든 예들을 어렵지 않게 설명할 길은 있다. (1)의 예들은 전부 고대 이스라엘의 법률들이다. 그러므로 현대 한국에 사는 우리들에게는 해당되지 않는 법들이라고 말할 수 있다. (2)의 예들은 고대 이스라엘 종교에 속하는 것들이므로 현대의 기독교인들은 이를 지킬 필요가 없다고 말할 수 있다. (3)의 예들은 고대의 생활관습에 속하는 것이므로 현대의 우리들이 따라 살 수 있는 것이 아니다.

이런 식으로 믿는 자들이 성서 말씀대로 살 수 없는 이유를 잘 설명할 수 있다. 그러나 한편으로 이런 설명은 심각한 신학적 문제를 야기할 수도 있다. 세상 법이 성경의 법 즉 하나님의 법보다 더 우위에 있는 것일까? 현대 한국의 기독교인이 전혀 지킬 필요가 없으며 또 지킬 수도 없는 부분들은 성경에 없어도 되며, 읽지 않아도 되고 아예 빼 버려도 되는 것일까? 어차피 현대에는 의미가 없는 내용들이니까 말이다.

이런 문제에 빠져 들지 않는 방법은 글자 그대로를 볼 때 성경에는 영원한 것이 있고 일시적인 것이 있다는 것을 알고 또 인정하는 것이다. 성경에는 영원히 불변하며 시공을 초월하여 사람들에게 깊은 의미를 주는 진리가 있다. 반면에 그 시대에 한정되어서만 의미를 가지고 그 시대에만 옳았던 것들도 있다. 성경의 모든 내용이 글자 그대로 영원한 진리는 아닌 것이다. 위에서 든 예들은 모두 일시적인 것들이고 고대 문화와 고대 종교의 흔적들이다.

이런 것들은 영원한 것에 속하지 않는 것들이다. 고대 이스라엘인 들에게만 의미가 있었던 일시적인 것들이다. 그러므로 현대를 사는 한 국 기독교인들에게는 직접적인 의미가 없다. 이미 그 효력과 구속력을 상실한 내용이므로 그런 것을 글자 그대로 지킬 필요는 없다. 그러나 그 의미는 살아서 여전히 현대 한국의 기독교인에게 교훈을 준다. 그래서 글자 그대로 믿어야 할 말씀이 있고, 반드시 해석해서 믿어야 할 말씀 이 있고, 잘 해석해서 믿어야 할 말씀이 있다고 하는 것이다.

소위 신학적 자유주의자들은 글자 그대로 믿어야 할 말씀을 자꾸 해석하려고 한다. 하나님의 계시와 영적 진리를 사람의 경험과 지혜로 해석하려는 것이다. 그러면서 교회에 해로운 결론을 얻는다. 문자주의 자들은 반드시 해석하거나 잘 해석해서 믿어야 할 말씀을 자꾸 글자 그 대로 믿으려고 한다. 사람의 경험과 지혜를 아예 무시하려는 것이다. 그 러면서 교회에 해로운 결론을 얻는다. 둘 다 옳은 태도가 아니며 하나 님의 진리를 훼손하는 것이다. 그 의도가 선한 것이라고 할지라도 결과 는 좋지 못하다. 사탄의 성경 왜곡에 이용되기 때문이다. 결국 사탄의 유혹에 넘어간 결과를 가져온다.

글자 그대로 믿어야 할 말씀, 반드시 해석해서 믿어야 할 말씀, 잘 해석해서 믿어야 할 말씀을 구분해야 한다. 이를 위해 필요한 일들이 있다. 첫째, 성령의 지혜를 얻어야 한다. 성령의 도우심이 필수적이다. 둘째, 적당한 학문적 훈련이 필요하다. 신학이 필요한 것이다. 셋째, 마 귀의 유혹을 경계해야 한다. 성경을 대할 때 항상 겸손해야 하며 사람 의 생각과 경험을 대단한 것으로 여기지 말아야 한다. 사탄은 사람의 생각과 경험을 이용해서 말씀을 왜곡한다. 이를 잘 분별해야 한다. 그래서 성령의 지혜가 필수적인 것이다.

> "이 세상 지혜는 하나님께 어리석은 것이니 기록된 바 하나님은 지혜 있는 자들로 하여금 자기 꾀에 빠지게 하시는 이라 하였고 또 주께서 지혜 있는 자들의 생각을 헛것으로 아신다 하셨느니라"
> (고전 3:19-20)

이 세상의 지혜는 어리석어서 하나님의 지혜를 알 수 없다. 사람의 생각으로는 하나님의 뜻을 제대로 알 수 없는 것이다. 그래서 성경을 바로 이해하기 위해서는 반드시 성령의 지혜가 필요하다. 성령께서 주시는 내적 확신과 깨우쳐주심이 필요한 것이다.

성경을 해석할 때 일반화의 위험을 피해야 한다. 예수님과 베드로가 물 위를 걸으셨다고 해서 믿는 자 모두가 물 위를 걸을 수 있는 것이 아니다.(마 14:25-29) 성전 미문 앞 걷지 못하는 자가 고침을 받았다고 해서 믿는 자 누구나 그런 기적을 체험하는 것이 아니다.(행 3:1-10) 바울이 독사에 물린 뒤 아무 해를 입지 않았다고 해서 믿는 누구나 그렇게 되는 것이 아니다.(행 28:1-6) 성경에는 모든 시대, 모든 성도에게 해당되는 말씀이 있고 특정한 때 특정한 인물에게만 해당되는 말씀도 있다. 이를 잘 구별하는 지혜가 있어야 한다.

(문6) 성경을 함부로 해석하는 자들이 있는가?

(답6) 그렇다. 성경을 함부로 대하는 자들이 있다. 그들은 성경을 멋대로 해석하고 듣기 싫다고 하면서 거부한다.

성경을 함부로 대하는 사람들이 있다. 그들은 말씀을 듣기 싫어하고 말씀을 왜곡해서 듣는다. 성경을 하나님의 계시로 생각하지 않는다. 계시의 말씀을 노래 소리 정도로 생각하고 예언의 말씀을 거부한다. 하나님의 말씀으로 인정하지 않는 것이다. 그리고 사람의 지혜와 경험으로 함부로 해석하고 판단한다. 성경이 옳다고 하는 것을 그르다고 하고 그르다고 하는 것을 옳다고 한다. 성경이 하라고 하는 것을 하지 않고, 하지 말라고 하는 것을 한다. 믿을 수 없는 내용이 있다고 하고 믿고 싶지 않다고 한다. 영적 진리를 거부하고 이성으로 판단하면서 불가능하다고 한다. 시대가 바뀌었고 세상이 달라졌다고 하면서 성경의 많은 것을 거부한다. 성경에 이런 태도를 경고하는 말씀들이 많이 있다.

> "그의 백성이 하나님의 사신들을 비웃고 그의 말씀을 멸시하며 그의 선지자를 욕하여 여호와의 진노를 그의 백성에게 미치게 하여 회복할 수 없게 하였으므로"(대하 36:16)
>
> "그들이 선견자들에게 이르기를 선견하지 말라 선지자들에게 이르기를 우리에게 바른 것을 보이지 말라 우리에게 부드러운 말을 하

라 거짓된 것을 보이라"(사 30:10)

"선지자들은 거짓을 예언하며 제사장들은 자기 권력으로 다스리며 내 백성은 그것을 좋게 여기니 마지막에는 너희가 어찌하려느냐"(렘 5:31)

"그러나 너희가 나실 사람으로 포도주를 마시게 하며 또 선지자에게 명령하여 예언하지 말라 하였느니라"(암 2:12)

"그들은 네가 고운 음성으로 사랑의 노래를 하며 음악을 잘하는 자 같이 여겼나니 네 말을 듣고도 행하지 아니하거니와"(겔 33:32)

"그들이 말하기를 너희는 예언하지 말라 이것은 예언할 것이 아니거늘 욕하는 말을 그치지 아니한다 하는도다"(미 2:6)

"때가 이르리니 사람이 바른 교훈을 받지 아니하며 귀가 가려워서 자기의 사욕을 따를 스승을 많이 두고 또 그 귀를 진리에서 돌이켜 허탄한 이야기를 따르리라"(딤후 4:3-4)

° 거짓 가르침

(문7) 교회 안에 거짓 가르침이 있는가?

(답7) 있다. 성경을 오해하거나 잘못 해석하는 경우가 있다. 사람의 지혜를 섞는 경우도 있다. 때로는 마귀의 유혹이 분명한 경우도 있다.

하나님은 성경을 함부로 대하는 사람들의 태도를 경고하시고 책망하신다. 성경의 진리를 거부하거나 사람의 지혜로 함부로 해석하는 것을 경고하신다. 그래서 진리를 왜곡하는 것을 책망하신다. 하나님의 계시를 사람의 지혜로 이해하고 판단하는 것을 책망하시는 것이다. 하나님의 뜻을 사람의 이성으로 왜곡하지 말아야 한다. 계시의 말씀에 사람의 지혜를 섞지 말아야 한다. 마귀가 원하는 것이 그런 일이다. 그렇게 하나님의 지혜에 사람의 지혜를 섞어 하나님의 뜻을 왜곡하는 일이 거짓 선지가 하는 일이다.

성경은 거짓 선지자와 거짓 선생을 조심하라고 한다. 거짓 선지자가 일어나 성도들을 미혹하고 멸망의 길로 이끌 것이라고 경고한다. 거짓 선생이 교회 안에 들어와 교회를 혼란스럽게 할 것이라고 한다. 그리고 그들의 멸망을 예고한다.

구약에 그런 말씀들이 있다. 에스겔 13장은 전체가 그런 말씀이다.

"대저 여호와께서 깊이 잠들게 하는 영을 너희에게 부어 주사 너희
의 눈을 감기셨음이니 그가 선지자들과 너희의 지도자인 선견자들
을 덮으셨음이라"(사 29:10)

"여호와께서 내게 이르시되 선지자들이 내 이름으로 거짓 예언을
하도다 나는 그들을 보내지 아니하였고 그들에게 명령하거나 이르
지 아니하였거늘 그들이 거짓 계시와 점술과 헛된 것과 자기 마음
의 거짓으로 너희에게 예언하는도다"(렘 14:14)

"인자야 너는 이스라엘의 예언하는 선지자들에게 경고하여 예언하
되 자기 마음대로 예언하는 자에게 말하기를 너희는 여호와의 말
씀을 들으라 주 여호와의 말씀에 본 것이 없이 자기 심령을 따라 예
언하는 어리석은 선지자에게 화가 있을진저 이스라엘아 너의 선지
자들은 황무지에 있는 여우 같으니라"(겔 13:2-4)

신약에도 그런 말씀들이 있다.

"거짓 그리스도들과 거짓 선지자들이 일어나 큰 표적과 기사를 보
여 할 수만 있으면 택하신 자들도 미혹하리라"(마 24:24)

"이는 그들이 하나님의 진리를 거짓 것으로 바꾸어 피조물을 조물
주보다 더 경배하고 섬김이라"(롬 1:25)

"그런 사람들은 거짓 사도요 속이는 일꾼이니 자기를 그리스도의

사도로 가장하는 자들이니라"(고후 11:13)

"이는 가만히 들어온 거짓 형제들 때문이라 그들이 가만히 들어온 것은 그리스도 예수 안에서 우리가 가진 자유를 엿보고 우리를 종으로 삼고자 함이로되"(갈 2:4)

"디모데야 망령되고 헛된 말과 거짓된 지식의 반론을 피함으로 네게 부탁한 것을 지키라"(딤전 6:20)

"그러나 백성 가운데 또한 거짓 선지자들이 일어났었나니 이와 같이 너희 중에도 거짓 선생들이 있으리라 그들은 멸망하게 할 이단을 가만히 끌어들여 자기들을 사신 주를 부인하고 임박한 멸망을 스스로 취하는 자들이라"(벧후 2:1)

"사랑하는 자들아 영을 다 믿지 말고 오직 영들이 하나님께 속하였나 분별하라 많은 거짓 선지자가 세상에 나왔음이라"(요일 4:1)

특히 요한계시록에 그런 말씀들이 많다.

"그러나 네게 두어 가지 책망할 것이 있나니 거기 네게 발람의 교훈을 지키는 자들이 있도다 발람이 발락을 가르쳐 이스라엘 자손 앞에 걸림돌을 놓아 우상의 제물을 먹게 하였고 또 행음하게 하였느니라"(계 2:14)

"이와 같이 네게도 니골라 당의 교훈을 지키는 자들이 있도다"
(계 2:15)

"그러나 네게 책망할 일이 있노라 자칭 선지자라 하는 여자 이세벨

을 네가 용납함이니 그가 내 종들을 가르쳐 꾀어 행음하게 하고 우
상의 제물을 먹게 하는도다"(계 2:20)

"두아디라에 남아 있어 이 교훈을 받지 아니하고 소위 사탄의 깊은
것을 알지 못하는 너희에게 말하노니 다른 짐으로 너희에게 지울
것은 없노라"(계 2:24)

"그 선지자들이 허탄한 묵시를 보며 거짓 것을 점쳤으니 내 손이 그
들을 쳐서 내 백성의 공회에 들어오지 못하게 하며 이스라엘 족속
의 호적에도 기록되지 못하게 하며 이스라엘 땅에도 들어가지 못하
게 하리니 너희가 나를 여호와인 줄 알리라"(계 13:9)

"또 그들을 미혹하는 마귀가 불과 유황 못에 던져지니 거기는 그
짐승과 거짓 선지자도 있어 세세토록 밤낮 괴로움을 받으리라"
(계 20:10)

교회 안에 거짓 가르침이 있다. 발람, 니골라, 이세벨의 가르침이 있
다. 하나님의 말씀에 세상 가치와 세상 지혜를 섞은 가르침이 있다. 하
나님의 지혜에 사람의 지혜를 섞은 가르침이 있다. 하나님의 뜻을 인간
의 이성으로 판단한 가르침이 있다. 성경에 없는 말을 하는 사람들이
있다. 성경이 하는 말씀을 의도적으로 덮어버리는 가르침이 있다. 하나
님의 말씀을 의도적으로 왜곡하거나 무지해서 왜곡하는 것이다.

이 거짓 예언과 가르침이 요한계시록 2:24가 경고하는 '사탄의 깊
은 것'이다. 사탄의 비밀이라는 뜻이다. 사탄은 하나님의 말씀에 거짓을
섞는다. 그렇게 하나님 말씀을 왜곡한다. 이것이 사탄의 비밀이다.

세상 사는 하늘 백성

이 사탄의 비밀에서 가장 극적인 예는 마귀가 성경 말씀을 인용하면서 예수님을 유혹하는 장면이다. 마귀는 예수님을 성전 꼭대기에 세우고 '이르되 네가 만일 하나님의 아들이어든 뛰어내리라 기록되었으되 그가 너를 위하여 그의 사자들을 명하시리니 그들이 손으로 너를 받들어 발이 돌에 부딪치지 않게 하리로다 하였느니라'고 하면서 유혹한다.(마 4:6) 시편 91:11-12 말씀으로 유혹한 것이다. 마귀는 하나님의 말씀으로 그리스도를 유혹한다. 아버지의 말씀으로 아들을 유혹하는 것이다.

예수님과 바울은 다음과 같이 경고한다.

> "거짓 선지자들을 삼가라 양의 옷을 입고 너희에게 나아오나 속에는 노략질하는 이리라"(마 7:15)
> "그런 사람들은 거짓 사도요 속이는 일꾼이니 자기를 그리스도의 사도로 가장하는 자들이니라 이것은 이상한 일이 아니니라 사탄도 자기를 광명의 천사로 가장하나니 그러므로 사탄의 일꾼들도 자기를 의의 일꾼으로 가장하는 것이 또한 대단한 일이 아니니라 그들의 마지막은 그 행위대로 되리라"(고후 11:13-15)

(문8) 거짓 가르침은 어떤 것인가?

(답8) 거짓 가르침은 결국 하나님 말씀을 왜곡하는 것이다. 그것은

구체적으로 성경에 있는 것을 없다고 하는 것이고, 성경에 없는 것을 있다고 하는 것이다. 그리고 성경을 인간의 지혜로 함부로, 제 멋대로 해석하는 것이다. 이것이 사탄의 계략이고 비밀이다.

성경은 천국과 지옥이 있고 영원한 상벌이 있다고 한다. 그런데 천국은 있지만 지옥은 없다고 하는 사람들이 있다. 영원한 생명은 있지만 영원한 상벌은 없다고 한다. 성경은 교회 밖에는 구원이 없다고 한다. 그런데 교회 밖에도 구원이 있다고 하는 사람들이 있다. 성경은 동성애가 음란한 죄로서 구원 받을 수 없다고 한다. 그런데 동성애는 죄가 아니라 개인의 성적 취향일 뿐 하나님은 동성애자도 사랑하셔서 구원하신다고 하는 자들이 있다. 성경은 예수님의 부활이 분명히 있었다고 하는데 그것은 사실이 아니라 제자들이 예수님을 신격화 하는 과정에서 만들어 낸 이야기일 뿐이라고 하는 자들이 있다. 또는 부활이 없어도 예수를 잘 믿을 수 있다고 하는 자들이 있다.

이렇게 성경에 있는 것을 없다고 하고 없다고 하는 것을 있다고 하는 것이 거짓 가르침이다. 그리고 말씀을 철저히 인간의 지혜와 경험에 기초해 해석하면서 영적 진리를 거부하거나 축소하는 것이 거짓 가르침이다. 모두 하나님의 말씀을 왜곡하는 것이기 때문이다.

믿는 자는 아래 말씀을 반드시 기억하고 실천해야 한다.

세상 사는 하늘 백성

"내가 너희에게 명령하는 말을 너희는 가감하지 말고 내가 너희에게 내리는 너희 하나님 여호와의 명령을 지키라"(신 4:2)

"내가 너희에게 명령하는 이 모든 말을 너희는 지켜 행하고 그것에 가감하지 말지니라"(신 12:32)

"또 그 모든 편지에도 이런 일에 관하여 말하였으되 그 중에 알기 어려운 것이 더러 있으니 무식한 자들과 굳세지 못한 자들이 다른 성경과 같이 그것도 억지로 풀다가 스스로 멸망에 이르느니라"(벧후 3:16)

"내가 이 두루마리의 예언의 말씀을 듣는 모든 사람에게 증언하노니 만일 누구든지 이것들 외에 더하면 하나님이 이 두루마리에 기록된 재앙들을 그에게 더하실 것이요 만일 누구든지 이 두루마리의 예언의 말씀에서 제하여 버리면 하나님이 이 두루마리에 기록된 생명나무와 및 거룩한 성에 참여함을 제하여 버리시리라"(계 22:18-19)

하나님의 말씀을 더하고 빼는 죄는 너무나 큰 죄다. 그것이 자신을 하나님과 동등한 존재로 여기거나 하나님 말씀을 부끄럽게 여기는 행위이기 때문이다. 자신을 하나님과 동등하게 여기는 교만한 자가 구원을 받을 수는 없다. 하나님의 말씀을 부끄럽게 여기는 자도 마찬가지다.

"누구든지 이 음란하고 죄 많은 세대에서 나와 내 말을 부끄러워하면 인자도 아버지의 영광으로 거룩한 천사들과 함께 올 때에 그 사

람을 부끄러워하리라"(막 8:38)

(문9) 사탄의 비밀을 밝혀내고 그것을 이길 수 있는 방법이 있는가?

(답9) 있다. 하나님을 아는 지식과 성령의 도우심으로 사탄의 비밀을 이길 수 있다.

하나님을 아는 지식이 필요하다. 그래야 거짓 가르침에 빠지지 않을 수 있다. 진리의 말씀에 굳게 서서 모든 유혹을 이길 수 있다. 진리에 대한 왜곡을 방지할 수 있다. 모든 유혹에 흔들리지 않고 굳센 믿음을 지킬 수 있다. 마귀의 유혹과 세상의 유혹에 흔들리지 않을 수 있다. 참과 거짓을 분별할 수 있다. 거룩한 삶을 끝까지 지켜 영원한 생명과 상급을 받을 수 있다. 그리스도와 함께 승리하는 삶을 살 수 있다. 마귀는 성경을 이용해서 유혹한다.(마 4:6) 예수님까지 유혹한다. 그러므로 믿는 자는 여호와를 아는 일에 열심을 다해야 한다.(호 4:6, 6:3, 6)

"내 백성이 지식이 없으므로 망하는도다 네가 지식을 버렸으니 나도 너를 버려 내 제사장이 되지 못하게 할 것이요 네가 네 하나님의 율법을 잊었으니 나도 네 자녀들을 잊어버리리라"(호 4:6)
"그러므로 우리가 여호와를 알자 힘써 여호와를 알자 그의 나타나심은 새벽 빛 같이 어김없나니 비와 같이, 땅을 적시는 늦은 비와

같이 우리에게 임하시리라 하니라"(호 6:3)

"나는 인애를 원하고 제사를 원하지 아니하며 번제보다 하나님을

아는 것을 원하노라"(호 6:6)

성경에 대한 문자주의, 근본주의 해석은 위험하다. 성경에는 글자 그대로 믿어야 하는 말씀들이 많지만 때로는 반드시 해석이 필요한 말씀이 있다. 그리고 성경에는 인간적 오류나 모순, 서로 상반되는 기록들이 있다. 학문적 차원에서 보면 그렇다는 말이다. 이런 것들은 성경의 오랜 기록 과정과 전수 과정에서 생긴 인간적 오류, 중복, 모순 같은 것들이다. 사소한 문제들이다. 그렇지만 그런 것까지 무조건 글자 그대로 믿을 필요는 없다. 영어 'from time to time'은 '때때로'라는 뜻의 숙어다. 이 숙어를 '시간에서 시간으로'라고 번역하는 것은 큰 오류다. 문장의 뜻을 왜곡하는 것이다. 문자주의자들은 이런 실수를 하고 있다.

성경에 대한 자유주의적 해석도 위험하다. 성경에는 해석해서 믿어야 하는 말씀들이 많지만 때로는 반드시 글자 그대로 믿어야 하는 말씀이 있다. 자유주의적 해석이라는 것이 결국 하나님의 계시의 말씀을 인간의 지혜와 이성으로 평가하고 해석하는 것이다. 자유주의적 해석가장 큰 난점은 성경의 영적 진리에 무지하거나 무관심하다는 것이다. 결정적인 문제가 성령에 대해 무지하고 무관심한 것이다. 성령에 무지하고 무관심한 해석은 반드시 하나님의 말씀을 왜곡한다. 성령의 도움 없이 인간의 지혜로 성경을 함부로 해석한 결과이다. 자유주의적 해석은 학문적 열정에도 불구하고 교만의 소지가 크며 교회에 유해한 결론이

많다. 전반적으로 그렇다.

'from mountain to mountain'은 '산에서 산으로'라고 번역해야 한다. 'from time to time'이 '때때로'라고 해서 'from mountain to mountain'을 '높은 곳에서'라고 번역할 수는 없다. 그런데 자유주의자들이 그런 오류를 범하고 있다. 글자 그대로 이해하면 될 것을 억지로 해석한다. 제멋대로 해석하는 것이다.

세상에는 세균이나 바이러스가 있다. 사람 눈에 보이지는 않지만 분명히 있다. 눈에 보이지 않는다고 해서 세균과 바이러스가 없다고 하는 것은 큰 오류다. 자유주의자들은 이런 실수를 하고 있다. 사람의 이성과 경험으로 이해할 수 없다고 하면서 거듭남, 부활, 천국, 지옥, 마귀와 같은 영적 진리에 무지한 것이다. 그런 것들을 거부하는 것이다.

성경은 필요한 학문을 닦은 뒤 성령의 지혜를 간구하며 해석해야 한다. 이 말씀을 해석할 것이냐 아니면 글자 그대로 믿을 것이냐 하는 문제를 바르게 파악하는 것이 중요하다. 이때 성령의 도우심이 필수적이다. 성령의 지혜를 따라 성경을 이해하고 또 해석해야 하는 것이다. 그래야 해석해야 할 말씀과 글자 그대로 믿어야 할 말씀을 제대로 구별할 수 있다. 영적 진리와 일반적 진리를 구별할 수 있다. 영원한 진리와 일시적 진리를 분별할 수 있다. 제대로 된 성경 해석을 할 수 있는 것이다.

물론 100퍼센트 그렇게 할 수 있는 것은 아니다. 인간이 천사와 같을 수는 없기 때문이다. 그러나 그렇게 성령의 지혜를 따라 성경을 이해하고 해석할 때 결정적인 오류를 피할 수 있다. 성령께서 도와주시기 때

세상 사는 하늘 백성

문이다. 성도가 성령으로 충만하면 성령께서 내적으로 인도하신다. 성령께서 내적으로 알려주신다. 글자 그대로 믿어야 할 것과 해석해서 이해해야 할 것을 깨닫게 해주시는 것이다. 그런 것이 성령의 인도하심이다. 성령의 인도하심은 분명히 있다. 이를 간구하며 성경을 읽고 이해해야 한다. 그것이 하나님을 아는 길이다. 하나님에 대한 지식을 바르게 가지는 길이다.

"오직 하나님이 성령으로 이것을 우리에게 보이셨으니 성령은 모든 것 곧 하나님의 깊은 것까지도 통달하시느니라"(고전 2:10)
"우리가 이것을 말하거니와 사람의 지혜가 가르친 말로 아니하고 오직 성령께서 가르치신 것으로 하니 영적인 일은 영적인 것으로 분별하느니라"(고전 2:13)
"우리 주 예수 그리스도의 하나님, 영광의 아버지께서 지혜와 계시의 영을 너희에게 주사 하나님을 알게 하시고"(엡 1:17)

하나님의 지혜는 오직 성령을 통해서만 알 수 있다. 성령의 인도하심이 없는 성경 해석은 반드시 왜곡된다. 힘써 하나님을 아는 일은 오직 지혜와 계시의 영이신 성령의 도우심을 통해서만 가능하다. 성령의 도우심이 없는 올바른 해석은 불가능하다. 하나님의 뜻은 오직 성령만이 아실 수 있기 때문이다.

말씀을 가르치거나 전하는 사람들은 말씀을 잘못 가르치거나 전하는 일이 없어야 한다. 그것은 사람을 지옥의 자식이 되게 하는 일이기 때문이다. 그 책임이 아주 크다. 그런 사람은 하나님의 책망과 벌을 피할 수 없다. 의도치 않은 실수도 죄다. 몰라서 그렇게 하는 것도 죄다. 말씀을 가르치고 전하는 사람은 그 일에 막중한 책임감을 가져야 한다. 말씀을 바로 전하는 일에 열심을 다해야 한다. 이에 대한 무서운 경고의 말씀이 있다.

> "그러므로 누구든지 이 계명 중의 지극히 작은 것 하나라도 버리고 또 그같이 사람을 가르치는 자는 천국에서 지극히 작다 일컬음을 받을 것이요 누구든지 이를 행하며 가르치는 자는 천국에서 크다 일컬음을 받으리라"(마 5:19)
> "화 있을진저 외식하는 서기관들과 바리새인들이여 너희는 교인 한 사람을 얻기 위하여 바다와 육지를 두루 다니다가 생기면 너희보다 배나 더 지옥 자식이 되게 하는도다"(마 23:15)

(문10) 하나님의 계시에 대한 어떤 왜곡들이 교회 안에 있는가?
(답10) 대표적인 것으로 '교회 밖에도 구원이 있다, 한 번 구원은 영원한 구원이다, 천국 부자가 곧 세상 부자다, 동성애 축복이 진정한 사랑이다, 지옥은 없다, 영원한 상급은 없다'는 등의 주장이다.

교회 안에 거짓 가르침과 오해와 무지가 있다. 하나님의 말씀에 대

한 왜곡이 있다. 성경에 기초해서 이를 살펴보려고 한다. 거짓 가르침과 오해와 무지에서 벗어나려는 것이다. 이를 논문처럼 자세히 다룰 필요는 없다. 성경에 계시된 하나님의 뜻을 아는 것으로 충분하기 때문이다.

개와 고양이를 구별하기 위해 유전자 검사까지 할 필요는 없다. 눈으로만 봐도 충분하다. 남자와 여자를 구별하기 위해 염색체 검사를 할 필요는 없다. 신체적 특징을 보면 안다. 진리와 거짓을 구별하는 일이 그렇다. 그렇게 어렵고 복잡한 일이 아니다. 성경이라는 확실한 기준이 있기 때문이다.

위에서 언급한 문제들은 복잡한 신학적 주제가 아니다. 진리를 거짓이라 하고 거짓을 진리라고 하기 때문이다. 욥은 자기를 비난하는 친구들을 향해 '이들은 밤을 낮이라고 하고 빛을 어둠이라 한다'고 고발한다.(욥 17:12) 사탄의 계략이 그렇다. 그렇지만 빛과 어둠을 구별하는 일이 어려운 일이 아니다. 그러므로 진리를 왜곡하는 사탄의 계략을 논문 쓰듯이 상세히 살펴보며 애쓸 일이 아니다. 문제만 복잡하게 만들어 오히려 진리를 깨닫는데 어려움을 가져온다. 성경을 살펴보는 것만으로 충분하다.

> "내가 오늘 네게 명령한 이 명령은 네게 어려운 것도 아니요 먼 것도 아니라 하늘에 있는 것이 아니니 네가 이르기를 누가 우리를 위하여 하늘에 올라가 그의 명령을 우리에게로 가지고 와서 우리에게 들려 행하게 하랴 할 것이 아니요 이것이 바다 밖에 있는 것이 아니니 네가 이르기를 누가 우리를 위하여 바다를 건너가서 그의 명령

을 우리에게로 가지고 와서 우리에게 들려 행하게 하랴 할 것도 아니라 오직 그 말씀이 네게 매우 가까워서 네 입에 있으며 네 마음에 있은즉 네가 이를 행할 수 있느니라"(신 30:11-14)

"이는 사람으로 혹 하나님을 더듬어 찾아 발견하게 하려 하심이로되 그는 우리 각 사람에게서 멀리 계시지 아니하도다"(행 17:27)

"그러면 무엇을 말하느냐 말씀이 네게 가까워 네 입에 있으며 네 마음에 있다 하였으니 곧 우리가 전파하는 믿음의 말씀이라"(롬 10:8)

하나님의 말씀은 어렵지 않다. 멀리 있는 게 아니다. 하늘 위에 있는 것이 아니고 바다 건너에 있는 것이 아니다. 하나님의 말씀을 알기 위해 하늘까지 올라갈 필요가 없고 바다를 건너갈 필요가 없다. 하나님의 말씀은 우리 입에 있고 우리 마음에 있다. 아주 가까이 있다는 뜻이다. 학문적으로 깊어야 하나님 말씀을 제대로 알 수 있는 게 아니다. 논문을 써야 구원에 대해 제대로 알 수 있는 게 아니다. 진리는 늘 가까이에 있다. 하나님의 뜻은 우리 손에 잡힐 정도로 가까운 곳에 있다.

교회 안에 앞에서 언급한 것과 같은 잘못된 주장들이 있다. 이를 오로지 성경의 관점에서 살펴보려고 한다. 그것이 유일한 진리고 정답이기 때문이다. 하나님의 말씀이 사탄의 모든 깊은 것, 사탄의 모든 비밀을 이긴다.(계 2:24)

2. 사탄의 성경 왜곡

° (1) 교회 밖에도 구원이 있다

(문11) 교회 밖에도 구원이 있는가? 예수를 믿지 않아도 영생을 얻을 수 있는가?

(답11) 없다. 성경은 교회 밖에는 구원이 없다고 한다. 예수를 믿지 않으면 죄 사함과 영원한 생명을 얻을 수 없다고 한다. 성경은 예수를 믿어야만 구원을 받을 수 있다고 한다. 교회 안에만 구원이 있다는 뜻이다. 예수를 믿지 않으면 결코 천국에 갈 수 없다. 반드시 지옥에 간다.

다음과 같은 말씀들이 오직 예수 그리스도를 통해서만 구원을 받

을 수 있음을 선언한다. 이런 말씀은 해석해서 믿어야 하는 말씀이 아니다. 글자 그래도 믿어야 할 말씀들이다.

"예수께서 이르시되 내가 곧 길이요 진리요 생명이니 나로 말미암지 않고는 아버지께로 올 자가 없느니라"(요 14:6)

"내 아버지께서 모든 것을 내게 주셨으니 아버지 외에는 아들을 아는 자가 없고 아들과 또 아들의 소원대로 계시를 받는 자 외에는 아버지를 아는 자가 없느니라"(마 11:27)

"다른 이로써는 구원을 받을 수 없나니 천하 사람 중에 구원을 받을 만한 다른 이름을 우리에게 주신 일이 없음이라 하였더라" (행 4:12)

"그러므로 우리가 믿음으로 의롭다 하심을 받았으니 우리 주 예수 그리스도로 말미암아 하나님과 화평을 누리자"(롬 5:1)

"이는 그리스도 예수 안에서 우리에게 자비하심으로써 그 은혜의 지극히 풍성함을 오는 여러 세대에 나타내려 하심이라 너희는 그 은혜에 의하여 믿음으로 말미암아 구원을 받았으니 이것은 너희에게서 난 것이 아니요 하나님의 선물이라"(엡 2:7-8)

"아버지께서는 모든 충만으로 예수 안에 거하게 하시고 그의 십자가의 피로 화평을 이루사 만물 곧 땅에 있는 것들이나 하늘에 있는 것들이 그로 말미암아 자기와 화목하게 되기를 기뻐하심이라" (골 1:19-20)

가장 확실한 말씀으로 요한복음 17:3을 들 수 있다.

"영생은 곧 유일하신 참 하나님과 그가 보내신 자 예수 그리스도를
아는 것이니이다"(요 17:3)

(문12) 그렇다면 왜 교회 밖에도 구원이 있다고 주장하는가? 그런
이유가 있는가?

(답12) 그런 이유가 있다. 교회 밖에도 구원이 있을 수 있고 또 있어
야 한다는 주장에 나름 타당한 이유가 있다.

'교회 밖에도 구원이 있다'고 주장하는 사람들이 있다. 예수를 믿
지 않아도 구원을 받을 수 있다는 것이다. 삼위일체 하나님을 몰라도
영원한 생명을 얻을 수 있다는 것이다. 이런 주장을 하는 이유가 있다.

첫째는 예수님이 오시기 전에 살았던 사람들 문제다. 예수께서 이
세상에 오시기 전에 살았던 소크라테스(주전 470년 경-399년)의 구원 문
제가 있다. 소크라테스는 예수님이 이 세상에 오시기 전에 살았다. 예수
님을 알려고 해도 알 수가 없었던 것이다. 그런 소크라테스가 영원히 지
옥에서 형벌을 받는다고 하면 정말 억울한 일이다. 예수님이 세상에 오
시기 전에 살았는데 지옥에 가야 하기 때문이다. 예수를 믿을 기회가
아예 없었던 예수님 이전 시대 사람의 구원 문제가 있다.

둘째는 예수님이 오신 후에 살기는 했지만 예수를 전혀 알 수 없었던 사람들 문제다. 예를 들면 신라시대 선덕여왕(632-647년 재위)의 구원 문제가 있다. 선덕여왕은 예수님 이후 시대 사람이기는 하지만 믿음에 관해서는 예수님 이전 시대 사람과 다를 바가 없다. 예수님을 알 수가 없었다. 아무도 예수를 전하지 않았고 선덕여왕 자신은 예수라는 인물이 이 세상에 존재했던 사실조차 몰랐던 것이다. 그런 사람들의 구원 문제가 있다.

셋째는 현대에 살기는 하지만 예수를 믿을 수 있는 확률이 0%에 가까운 사람들이 있다. 유대인 랍비 가정의 아이들, 아프가니스탄 오지의 회교 가정 아이들, 필리핀 산지와 아마존 강 유역의 원시부족 아이들이다. 이런 아이들은 기독교에 대해 알 수 있는 기회가 거의 없다. 선교사를 본 적도 없고 복음을 들은 적도 없다. 이런 아이들의 구원 문제가 있다. 어른들도 마찬가지다.

넷째는 태어난 지 며칠, 또는 몇 시간 만에 세상을 떠나는 아이들 문제다. 태어난 지 하루 만에 세상을 떠나는 아이는 천국에 갈까 지옥에 갈까? 양쪽 부모가 다 기독교인이면 천국에 가고 양쪽 부모가 다 비(非)기독교인이면 지옥에 갈까? 그렇다면 엄마는 기독교인이고 아빠는 비기독교인이면 어떻게 될까? 이런 아이들 구원 문제가 있다.

다섯째는 착한 비기독교인과 악한 기독교인 문제다. 살다보면 착한 비기독교인들이 있다. 성실하고 착하게 살면서 사회에 봉사하고 이웃을 열심히 돕는 비기독교인들이 있다. 반면에 교양도 없고 악착 같이 살면서 비도덕적, 비윤리적 행동을 하는 기독교인들이 있다. 그렇게 착하고

세상 사는 하늘 백성

성실한 비기독교인들이 지옥에 가고 천박하고 양심도 없는 것 같은 기독교인들이 천국에 간다는 것이 너무 이상한 것이다.

생각해 보면 이 외에도 더 많은 경우가 있을 것이다. 이런 문제를 해결하는 대표적인 방법이 칼 라너(Karl Rahner) 신부의 '익명의 그리스도인' 개념이다. 비기독교인과 무신론자도 구원의 가능성이 있는데 그런 사람들은 실은 익명의 그리스도인이라는 것이다. 자신들은 의식하지 못하지만 실은 기독교인이라는 뜻이다. 이는 기독교인만 구원 받을 수 있다는 교리와 위에서 언급한 그런 문제들을 해결하기 위한 방책이다. 이와 비슷한 입장에서 비기독교인, 무신론자, 타 종교인들의 구원의 가능성을 열어두는 이론들이 있다.

(문13) 이런 문제를 해결할 수 있는 성경 말씀이 있는가?

(답13) 정확한 답을 얻을 수 있는 말씀은 없다. 그러나 생각할 여지를 주는 말씀은 있다.

복음을 듣지 못한 사람들의 심판의 기준을 알 수 있는 말씀들이 있다.

"창세로부터 그의 보이지 아니하는 것들 곧 그의 영원하신 능력과 신성이 그가 만드신 만물에 분명히 보여 알려졌나니 그러므로 그들

이 핑계하지 못할지니라"(롬 1:20)

"율법 없는 이방인이 본성으로 율법의 일을 행할 때에는 이 사람은
율법이 없어도 자기가 자기에게 율법이 되나니 이런 이들은 그 양심
이 증거가 되어 그 생각들이 서로 혹은 고발하며 혹은 변명하여 그
마음에 새긴 율법의 행위를 나타내느니라"(롬 2:14-15)

로마서 1:20은 '자연 계시'에 대한 말씀이다. 자연 속에 하나님의
능력과 신성이 나타났다는 것이다. 그래서 사람이 하나님을 알 수 있다
는 것이다. 로마서 2:14-15는 '양심 계시'라고 할 수 있는 말씀이다. 사람
의 양심이 의인의 기준이 된다는 것이다. 예수를 전혀 알 수 없었던 사
람들의 구원 문제를 로마서 1:20, 2:14-15로 생각해 볼 수 있다.(자연 계
시, 양심 계시)

"그(그리스도)가 또한 영으로 가서 옥에 있는 영들에게 선포하시니
라 그들은 전에 노아의 날 방주를 준비할 동안 하나님이 오래 참고
기다리실 때에 복종하지 아니하던 자들이라"(벧전 3:19-20)

"이를 위하여 죽은 자들에게도 복음이 전파되었으니 이는 육체로
는 사람으로 심판을 받으나 영으로는 하나님을 따라 살게 하려 함
이라"(벧전 4:6)

그리고 예수님 이전 사람들의 구원 문제를 베드로전서 3:19-20,
4:6으로 생각해 볼 수 있다.(죽은 자들에 대한 복음 전파) 베드로전서

3:19-20은 예수를 알 수 없었던 사람들의 구원에 대해 생각해 볼 수 있는 말씀이다. 예수께서 이미 죽은 자들에게 영으로 가서서 복음을 전하셨다는 뜻으로 볼 수 있다. 같은 맥락의 말씀이 베드로전서 4:6에 있다. 이런 말씀들이 힌트가 되어 앞에서 언급한 문제들을 생각해 볼 수는 있다. 그러나 이런 말씀들이 정확한 답을 주지는 않는다. 자세한 설명이 아니라 스쳐지나가는 정도일 뿐이다. 그리고 다른 곳에서는 이 문제에 대한 말씀이 전혀 없다.

(문14) 다른 해결책은 없는가?

(답14) 있다. (문12)와 (답12)에서 언급된 문제를 해결하는 또 다른 방법이 있다.

"감추어진 일은 우리 하나님 여호와께 속하였거니와 나타난 일은 영원히 우리와 우리 자손에게 속하였나니 이는 우리에게 이 율법의 모든 말씀을 행하게 하심이니라"(신 29:29)

"하나님이 모든 것을 지으시되 때를 따라 아름답게 하셨고 또 사람들에게는 영원을 사모하는 마음을 주셨느니라 그러나 하나님이 하시는 일의 시종을 사람으로 측량할 수 없게 하셨도다"(전 3:11)

예수님 이전 시대 사람들과 예수를 전혀 알 수 없었던 사람들의 구원 문제는 신명기 29:29와 전도서 3:11 말씀으로 이해할 수 있다.

신명기 29:29는 하나님께서 사람에게 비밀로 하시는 일도 있고 사람에게 알려 주신 일도 있다는 뜻이다. 예수를 믿는 자만이 구원을 받을 수 있다는 것은 하나님께서 사람에게 알려 주신 일이다. 그러나 예수님 이전 시대 사람들과 예수를 알 수 없었던 사람들의 구원은 하나님께서 사람에게 비밀로 하시는 일이다. 그러므로 사람이 알 수 없다. 그 문제는 사랑과 정의의 하나님, 은혜와 진리의 하나님, 전지전능하고 거룩하신 하나님께서 알아서 하실 것이다. 사람은 그저 예수를 믿어야만 구원을 받을 수 있다는 사실을 믿고 예수를 믿으면 된다. 예수를 전하고 복음을 전하면 된다. 그 이상의 일은 하나님의 영역일 뿐이다. 하나님의 신비롭고 오묘한 계획을 사람이 다 알 필요는 없다. 또 다 알 수도 없다. 성경에 나타난 하나님의 뜻에 따르고 순종하는 것이 중요하다.

전도서 3:11도 같은 맥락의 말씀이다. 사람은 영원한 것을 사모하고 영원한 것을 깨달을 수 있다. 하나님께서 사람에게 그런 마음과 능력을 주셨기 때문이다. 그러나 하나님께서 하시는 모든 일을 다 알거나 깨달을 수는 없다. 사람으로 측량할 수 없도록 하신 것이다. 결국 사람은 하나님이 밝혀 주신 일만 알 수 있다. 하나님께서 숨기신 일은 알 수가 없는 것이다. 구원에 있어 하나님께서 숨기신 일이 바로 예수님 이전 시대 사람들과 예수를 전혀 알 수 없었던 사람들의 구원 문제다.

이를 종합하면서 잘 요약한 말씀이 고린도전서 4:6이다.

"형제들아 내가 너희를 위하여 이 일에 나와 아볼로를 들어서 본을 보였으니 이는 너희로 하여금 기록된 말씀 밖으로 넘어가지 말라 한 것을 우리에게서 배워 서로 대적하여 교만한 마음을 가지지 말게 하려 함이라"(고전 4:6)

바울은 고린도전서 4:6에서 고린도 교인들의 교만을 지적한다. 고린도 교회의 분열이 그들의 교만 때문이라고 말한다. 남을 깔보는 일에서 분열이 시작되었다는 뜻이다. 교회의 분열은 복음의 원칙적 가르침에 의해 해소될 수 있다고 한다. 그러면서 '기록된 말씀 밖으로 넘어가지 말라'고 경고한다. 이는 성경, 구약에 기록된 말씀을 넘어가지 말라는 말이다. 성경 말씀에 사람의 생각과 의견을 섞지 말라는 뜻이다.

바울이 한 말은 구약의 직접적인 인용은 아니다. 구약 어디에도 '기록된 말씀 밖으로 넘어가지 말라'는 말씀이 없다. 바울은 성경 인용과 이해와 해석 문제에 있어서 일반적인 원칙을 말한 것 같다. 바울은 넓은 의미에서 신명기 29:29와 전도서 3:11의 교훈을 염두에 두고 말한 것이라고 볼 수 있을 것이다. 하나님께서 비밀로 하신 것, 알 수 없는 것을 아는 척 하지 말라는 것이다.

어쨌든 사람은 하나님이 가르쳐 주신 것을 넘어설 수 없다. 성경에 기록된 것 이상을 알 수 없다. 그것을 넘어서려고 하는 것은 교만이다. 교회의 분열만 일으킬 뿐이다. 구원 문제는 분명이 중요하지만 필요 이상으로 이 문제에 매달릴 필요는 없다. 성경에 없는 내용을 사람의 지혜로 만들어 내어서는 안 된다. 성경이 침묵하는 문제에 사람이 떠들어서는 안 된다. 교만이고 월권이다. 하나님께서 그렇게 하신 이유가 있을 것이라고 믿고 사람도 침묵해야 한다. 성경이 비밀로 하는 것은 하나님께 맡겨야 하는 것이다.

(문15) 예수님 이전 시대 사람들과 예수를 전혀 알 수 없었던 사람들의 구원 문제에 대한 답은 무엇인가?

(답15) 그것은 하나님의 전권에 속하는 문제라는 것이다. 그 문제는 전적으로 하나님께 맡겨야 한다. 하나님께서 알아서 하실 것이다. 사람이 알 수 없는 문제다.

소크라테스는 구원을 받았을까? 알렉산더 대왕은 구원 받았을까? 선덕여왕, 세종대왕, 이순신 장군은 구원 받았을까? 하나님께서 알아서 하실 것이다. 유대인 랍비 가정의 아이들, 아프가니스탄 오지의 회교 가정 아이들, 필리핀 산지와 아마존 강 유역의 원시부족 아이들은 구원 받을까? 하나님께서 알아서 하실 것이다. 태어난 지 며칠, 또는 몇 시간 만에 세상을 떠나는 아이들은 구원 받을까? 하나님께서 알아서 하실 것이다. 착한 비기독교인은 구원 받을까? 구원 받을 수 없다. 거룩하지 않기 때문이다. 예수를 믿지 않고 거룩해질 수는 없다. 악한 기독교인은 구원 받을 수 있을까? 구원 받을 수 없다. 그는 더 이상 거룩하지 않기 때문이다.

"트집 잡는 자가 전능자와 다투겠느냐 하나님을 탓하는 자는 대답할지니라"(욥 40:2)

"너희의 패역함이 심하도다 토기장이를 어찌 진흙 같이 여기겠느냐 지음을 받은 물건이 어찌 자기를 지은 이에게 대하여 이르기를 그가 나를 짓지 아니하였다 하겠으며 빚음을 받은 물건이 자기를 빚은 이에게 대하여 이르기를 그가 총명이 없다 하겠느냐"(사 29:16)

"질그릇 조각 중 한 조각 같은 자가 자기를 지으신 이와 더불어 다툴진대 화 있을진저 진흙이 토기장이에게 너는 무엇을 만드느냐 또는 네가 만든 것이 그는 손이 없다 말할 수 있겠느냐"(사 45:9)

"그러나 여호와여, 이제 주는 우리 아버지시니이다 우리는 진흙이요 주는 토기장이시니 우리는 다 주의 손으로 지으신 것이니이다"(사 64:8)

"여호와의 말씀이니라 이스라엘 족속아 이 토기장이가 하는 것 같이 내가 능히 너희에게 행하지 못하겠느냐 이스라엘 족속아 진흙이 토기장이의 손에 있음 같이 너희가 내 손에 있느니라"(렘 18:6)

"이 사람아 네가 누구이기에 감히 하나님께 반문하느냐 지음을 받은 물건이 지은 자에게 어찌 나를 이같이 만들었느냐 말하겠느냐 토기장이가 진흙 한 덩이로 하나는 귀히 쓸 그릇을, 하나는 천히 쓸 그릇을 만들 권한이 없느냐"(롬 9:20-21)

설사 하나님께서 예수님이 오시기 전에 살았던 사람들, 예수님을 알 수 없었던 사람들, 예수를 믿기가 거의 불가능한 사람들, 태어난 후 곧 생명을 잃은 아이들을 구원하지 않으신다고 해도 그것은 하나님의 주권에 속한 문제다. 인간이 왈가왈부할 수 있는 성격의 일이 아니다. 하나님이 그렇게 불합리하고 비이성적이어서 하나님을 믿지 않겠다고 할 수 없다. 그것은 피조물이 창조주를 판단하고 비평하고 비난하는 일이다. 인간의 지혜로 하나님의 지혜를 판단하고 비평하고 비난하는 일이다. 성경에는 그런 태도에 대한 경고의 말씀이 많이 있다. 이를 진흙과 토기장이로 비유하면서 토기장이의 절대적 주권을 강조한다. 창조주 하나님의 권능이 그렇다는 것이다.

"이제 내가 사람들에게 좋게 하랴 하나님께 좋게 하랴 사람들에게 기쁨을 구하랴 내가 지금까지 사람들의 기쁨을 구하였다면 그리스도의 종이 아니니라"(갈 1:10)

사람이 듣기 좋으라고 말하면서 하나님의 뜻이 아닌 것을 말하는 사람은 거짓 선생, 거짓 예언자다. 그는 그리스도의 종이 아니다. 사람이 듣기 좋고 아니고는 중요하지 않다. 오직 하나님의 뜻을 전하는 것이 중요하다. 그것이 참된 선생, 참된 예언자의 길이다.

"내가 이 두루마리의 예언의 말씀을 듣는 모든 사람에게 증언하노니 만일 누구든지 이것들 외에 더하면 하나님이 이 두루마리에 기록된 재앙들을 그에게 더하실 것이요 만일 누구든지 이 두루마리의 예언의 말씀에서 제하여 버리면 하나님이 이 두루마리에 기록된 생명나무와 및 거룩한 성에 참여함을 제하여 버리시리라"

(계 22:18-19)

하나님 말씀에 무엇을 더하는 자는 재앙을 면할 수 없다. 하나님 말씀에서 무엇을 빼는 자도 재앙을 면할 수 없다. 예수를 믿어야만 구원을 받을 수 있다는 말씀에 무엇을 더하는 자는 재앙을 면할 수 없다. 여기서 무엇을 빼는 자도 재앙을 면할 수 없다.

구원에 관해 사람이 모르는 것도 있고 궁금한 것도 있다. 의문스러운 것도 있고 의아한 것도 있다. 이 문제는 창조주 하나님께 맡기면 된다. 전지전능하신 하나님께서 알아서 하신다. 사람은 모르는 것은 모르는 채로 자신이 할 일만 하면 된다. 그것은 예수를 믿어야지만 구원을 얻을 수 있다는 것이다. 여기에 맞게 거룩하게 살면 되고 이 말씀을 세상에 전하면 된다. 나머지는 하나님께 속한 일이다. 창조주께서 알아서 하신다. 사람이 알 수 없는 문제를 알고자 애쓸 것이 아니라 그 시간에 겸손한 자세로 말씀에 순종하면 된다. 모든 문제가 그렇다. 구원에 관한 문제도 그렇다. 그리고 그 결론은 이렇다.

"깊도다 하나님의 지혜와 지식의 풍성함이여, 그의 판단은 헤아리지 못할 것이며 그의 길은 찾지 못할 것이로다"(롬 11:33)

사람이 이해할 수 없고 설명할 수 없는 일들이 있다. 그런 일들은 하나님께 맡기면 된다. 하나님께서 다 알아서 하신다. 사람의 한계를 인정하고 알 수 없는 것은 주님께 맡기는 것이 참된 신앙이다. 하나님을 경외하는 겸손한 믿음이다. 구원 문제도 그렇다.

° (2) 한 번 구원은 영원한 구원

(문16) 한 번 구원을 받으면 영원히 구원을 받는가?

(답16) 아니다. 하나님의 은혜로 구원을 받은 사람이 후에 자신의 잘못으로 구원 받지 못할 수도 있다. 받은 구원을 잃어버리는 것이다. 세례 받은 사람이 지옥에 갈 수도 있다. 세례 받은 사람이 믿음을 잃어버리거나 계속 불순종하면 지옥에 간다.

'한 번 해병은 영원한 해병'이라는 말이 있다. 해병대는 제대를 해도 해병대라는 뜻으로 해병대의 끈끈한 전우애를 강조하는 말이다. 교회 안에서 '한 번 구원은 영원한 구원'이라는 주장을 하는 이들이 있다. 하나님이 구원하시기로 예정한 사람은 반드시 구원하신다는 뜻이다. 하나님이 구원을 예정한 사람은 그가 아무리 제 멋대로 살고 하나님을 벗어나려고 해도 하나님이 반드시 구원하신다는 식의 주장이다. 이는 예정론을 넘어서 결정론에 가까운 주장이다. 하나님이 구원을 결정하신 경우 그 결정은 무슨 일이 있어도 이루어진다는 것이다. 하나님이 그렇게 하시기 때문이라고 한다.

이는 좋게 보면 하나님의 구원의 능력을 강조하는 말이다. 하나님의 구원의 의지와 능력이 너무나 강력하기 때문에 받은 구원을 잃어버릴 수가 없다는 것이다. 하나님께서 모든 수단과 방법을 사용하셔서 반드시 구원하신다는 것이다. 그러나 이는 성경적인 결론이 아니다. 성경은 오히려 그 반대를 가르친다. 악인이 얼마든지 의인이 될 수 있고 의인이 얼마든지 악인이 될 수 있다는 것이다.

(문17) 성경에 '영원한 구원'이라는 말씀이 있는가?

(답17) 있다. 그러나 이 말씀들이 '한 번 구원은 영원한 구원, 절대 구원을 잃어버릴 수는 없다'라는 뜻은 아니다.

"내가 저희에게 영생을 주노니 영원히 멸망치 아니할 터이요 또 저희를 내 손에서 빼앗을 자가 없느니라"(요 10:28)

"그가 아들이시면서도 받으신 고난으로 순종함을 배워서 온전하게 되셨은즉 자기에게 순종하는 모든 자에게 영원한 구원의 근원이 되시고"(히 5:8-9)

한 번 구원은 영원한 구원이며 사람이 구원을 잃어버릴 수는 없다고 주장하는 사람들은 주로 요한복음 10:28과 히브리서 5:8-9를 인용한다. 이 두 말씀이 '한 번 구원은 영원한 구원'을 가르친다는 것이다. 그들은 하나님이 한 번 주신 구원을 다시 빼앗아 가시는 분이 될 수는 없다고 한다. 하나님이 주시는 구원은 완벽하여 부족함이 없으며 그 구원은 사람을 영원히, 그리고 완전히 구원할 수 있는 능력과 효력을 갖추고 있다고 한다.

그들이 착각하는 것이 있다. 하나님이 구원을 빼앗아 가시는 것이 아니다. 사람이 스스로 버리는 것이다. 가장 귀한 것을 가장 천한 것으로 여기는 것이다. 하나님의 사랑과 은혜를 마치 싸구려 물건 취급하는 것이다. 부모가 목숨을 걸고 번 돈으로 어렵게 사준 비싼 옷을 한두 번 입고 찢어버리는 것과 같다. 그들은 자신들의 악함으로 인해 구원의 은혜를 버리는 것이다. 이것이 그들의 죄고 그들이 멸망하는 이유다.

앞에서 인용한 요한복음 10:28과 히브리서 5:8-9는 '한 번 구원은 영원한 구원이어서 사람이 구원을 잃어버릴 수는 없다'는 주장을 뒷받침하는 말씀이 아니다. 이미 부활의 몸을 입은 사람들에 대한 말씀이다. 이 세상에 사는 성도들에 대한 말씀이 아니다. 영생을 얻기 전 사람들에 대한 말씀이 아니라 영생을 얻은 사람들에 대한 말씀이다. 부활의 몸을 입고 영원한 생명을 얻은 사람들이 하나님 나라에서 영원히 산다는 뜻이다.

(문18) 성경에 구원이 취소될 수 있다는 말씀들이 있는가?

(답18) 있다. 그것도 아주 많다.

"또 의인이 그의 공의에서 돌이켜 악을 행할 때에는 이미 행한 그의 공의는 기억할 바 아니라 내가 그 앞에 거치는 것을 두면 그가

죽을지니 이는 네가 그를 깨우치지 않음이니라 그는 그의 죄 중에
서 죽으려니와 그의 피 값은 내가 네 손에서 찾으리라"(겔 3:20)

"만일 의인이 돌이켜 그 공의에서 떠나 죄악을 범하면 그가 그 가
운데에서 죽을 것이고 만일 악인이 돌이켜 그 악에서 떠나 정의와
공의대로 행하면 그가 그로 말미암아 살리라"(겔 33:18-19)

"나더러 주여 주여 하는 자마다 다 천국에 들어갈 것이 아니요 다
만 하늘에 계신 내 아버지의 뜻대로 행하는 자라야 들어가리라"
(마 7:21)

"한 번 빛을 받고 하늘의 은사를 맛보고 성령에 참여한 바 되고 하
나님의 선한 말씀과 내세의 능력을 맛보고도 타락한 자들은 다시
새롭게 하여 회개하게 할 수 없나니 이는 그들이 하나님의 아들을
다시 십자가에 못 박아 드러내 놓고 욕되게 함이라"(히 6:4-6)

"우리가 진리를 아는 지식을 받은 후 짐짓 죄를 범한즉 다시 속죄하
는 제사가 없고 오직 무서운 마음으로 심판을 기다리는 것과 대적
하는 자를 태울 맹렬한 불만 있으리라"(히 10:26-27)

"만일 그들이 우리 주 되신 구주 예수 그리스도를 앎으로 세상
의 더러움을 피한 후에 다시 그 중에 얽매이고 지면 그 나중 형
편이 처음보다 더 심하리니 의의 도를 안 후에 받은 거룩한 명령
을 저버리는 것보다 알지 못하는 것이 도리어 그들에게 나으니라"
(벧후 2:20-21)

"그러나 너를 책망할 것이 있나니 너의 처음 사랑을 버렸느니라 그
러므로 어디서 떨어졌는지를 생각하고 회개하여 처음 행위를 가지

라 만일 그리하지 아니하고 회개하지 아니하면 내가 네게 가서 네

촛대를 그 자리에서 옮기리라"(계 2:4-5)

솔로몬이 성전을 다 지은 후 하나님께서 솔로몬에게 나타나셨다. 그리고 솔로몬의 수고를 칭찬하시면서 그에게 복을 약속하신다. 그러나 무조건적인 복을 약속하신 것이 아니다. 하나님께 순종하고 그 법도와 율례를 지키면 복을 주시고 아니면 벌을 주시겠다고 경고하신다. (왕상 9:4-7) 솔로몬이 우상을 섬기면 예루살렘 성전을 버리겠다고 말씀하신다. 하나님은 이스라엘 백성을 이집트에서 구원하시는 은혜를 베푸신다. 그러나 그들이 불순종하면 모든 재앙을 그들에게 내리신다. (왕상 9:9) 이것이 거룩하신 하나님이 사람을 다스리시는 방법이다. (대하 7:17-22 참고)

위에서 인용한 모든 말씀들이 '한 번 구원은 영원한 구원'이라는 주장이 하나님의 뜻이 아님을 밝혀준다. 사람은 얼마든지 구원을 잃어버릴 수 있다. 자신의 욕망과 욕정에 넘어질 수 있다. 세상 문화와 가치에 빠질 수 있다. 마귀의 유혹에 넘어질 수 있다. 교만과 불순종으로 인해 하나님을 떠날 수 있다. 히브리서 6:4-6은 이를 가리켜 그리스도를 다시 십자가에 못 박는 일이라고 한다. 세례를 받은 후 타락한 자들은 그리스도를 다시 십자가에 못 박는 자들이다. 그들에게는 구원의 기회가 없다. 심판의 맹렬한 불만 있을 뿐이다.(히 10:26-27) 주님은 그들을 내다 버리신다.(계 2:4-5)

하나님께서 예루살렘 성전을 버리신다는 말씀이 성경에 있다. 이는

사람이 구원을 잃어버릴 수 있다는 것과 같은 맥락의 말씀이다. 하나님은 이스라엘 백성이 불순종할 때 예루살렘 성전마저 버리신다.

"그러나 너희가 만일 돌아서서 내가 너희 앞에 둔 내 율례와 명령을 버리고 가서 다른 신들을 섬겨 그들을 경배하면 내가 너희에게 준 땅에서 그 뿌리를 뽑아내고 내 이름을 위하여 거룩하게 한 이 성전을 내 앞에서 버려 모든 민족 중에 속담거리와 이야깃거리가 되게 하리니"(대하 7:19-20)

"이러므로 너희로 말미암아 시온은 갈아엎은 밭이 되고 예루살렘은 무더기가 되고 성전의 산은 수풀의 높은 곳이 되리라"(미 3:12, 렘 26:18 참고)

"내가 너희에게 나의 종 선지자들을 꾸준히 보내 그들의 말을 순종하라고 하였으나 너희는 순종하지 아니하였느니라 내가 이 성전을 실로 같이 되게 하고 이 성을 세계 모든 민족의 저줏거리가 되게 하리라 하셨느니라"(렘 26:5-6)

"너는 이스라엘 족속에게 이르기를 주 여호와의 말씀에 내 성소는 너희 세력의 영광이요 너희 눈의 기쁨이요 너희 마음에 아낌이 되거니와 내가 더럽힐 것이며 너희의 버려 둔 자녀를 칼에 엎드러지게 할지라"(겔 24:21)

예수님도 예루살렘 성전의 멸망을 예언하셨다.

세상 사는 하늘 백성

"어떤 사람들이 성전을 가리켜 그 아름다운 돌과 헌물로 꾸민 것을 말하매 예수께서 이르시되 너희 보는 이것들이 날이 이르면 돌 하나도 돌 위에 남지 않고 다 무너뜨려지리라"(눅 21:5-6)

(문19) 하나님께서 사람을 버리시는 일이 있는가? 구원의 기회를 빼앗거나 아예 박탈해 버리시는 벌이 있는가?

(답19) 있다. 그것을 '유기(遺棄)의 벌'이라고 한다. 내다버리시는 벌이라는 뜻이다. 구원의 기회를 완전히 박탈하신다는 말이다. 그래서 이를 가장 무서운 벌이라고 할 수 있다. 그에게는 더 이상 구원의 기회가 없다.

여호와를 경외하는 것이 지식의 근본이다.(잠 1:7) 하나님을 두려워해야 한다는 뜻이다. 하나님 앞에서 항상 겸손해야 한다. 사람은 '한 번 구원은 영원한 구원'이라고 하면서 함부로 살아서는 안 된다. 세례 받은 사람이 '나는 이제 구원을 받았으니 대충 살아도 함부로 살아도 하나님께서 결국 나를 구원해 주실 거야' 하면서 살아서는 안 된다. 진실은 그 반대다. '하나님의 은혜로 구원 받은 나는 하나님께 순종하며 살아야 해. 불순종으로 인해 하나님께서 나를 버리시는 벌을 받아서는 안 돼' 하면서 살아야 한다. 유기의 벌이 있다. 불순종이 습관이 되어 버린 사람이 받는 벌이다. 하나님의 귀한 은혜를 쓰레기 취급한 인간이 받는 벌

이다. 하나님을 경외하지 않고 무시한 사람이 받는 벌이다.

> "내 아들들아 그리하지 말라 내게 들리는 소문이 좋지 아니하니라
> 너희가 여호와의 백성으로 범죄하게 하는도다 사람이 사람에게 범
> 죄하면 하나님이 심판하시려니와 만일 사람이 여호와께 범죄하면
> 누가 그를 위하여 간구하겠느냐 하되 그들이 자기 아버지의 말을
> 듣지 아니하였으니 이는 여호와께서 그들을 죽이기로 뜻하셨음이
> 더라"(삼상 2:24-25)

엘리의 두 아들 홉니와 비느하스는 악한 제사장이었다. 그들은 성
전 제물을 함부로 취하였으며 회막 문에서 수종 드는 여인들과 동침했
다.(삼상 2:12-17, 22) 엘리가 두 아들을 훈계하고 꾸짖었으나 그들은 듣
지 않았다. 그들의 죄가 너무 커서 하나님께서 그들을 죽이기로 결심하
셨기 때문이다. 이를 유기의 벌이라고 한다. 하나님은 '그러므로 내가
엘리의 집에 대하여 맹세하기를 엘리 집의 죄악은 제물로나 예물로나
영원히 속죄함을 받지 못하리라'고 말씀하신다.(삼상 3:14)

솔로몬은 한 때 하나님의 큰 칭찬을 받았다. 솔로몬이 기브온에서
하나님께 지혜를 구했기 때문이다.(왕상 3:5-14) 그 후 솔로몬은 성전을
지어 하나님을 더욱 기쁘시게 했다.(왕상 9:3-5) 그러나 솔로몬은 부와
권력에 취하여 하나님을 멀리하기 시작했다. 이방 아내들을 기쁘게 하
기 위해 여러 우상들을 섬겼다.(왕상 11:3-8) 하나님께서 솔로몬에게 두
번 나타나셔서 솔로몬의 우상 숭배를 경고하셨다.(왕상 11:9) 기브온과

세상 사는 하늘 백성

예루살렘에서처럼 꿈에 나타나신 것이다. 그렇지만 솔로몬은 하나님의 경고를 무시했다. 불순종한 것이다. 하나님은 솔로몬에게 분노하시고 솔로몬의 왕국을 분열시키는 벌을 내리셨다.(왕상 11:9-13)

하나님은 솔로몬에게 2번 경고하신다. 20번, 200번, 2,000번 경고하신 게 아니다. 솔로몬이 회개할 때까지 끈질기게 경고하신 게 아니다. 밤마다 솔로몬의 꿈에 나타나 솔로몬을 괴롭히면서 솔로몬의 회개를 애걸하신 게 아니다. 두 번 경고하신 후 솔로몬이 계속 불순종하자 더 이상 솔로몬의 꿈에 나타나지 않으셨다. 솔로몬을 버리신 것이다. 이 사실을 잘 아는 역대기 기자는 아예 솔로몬의 죄를 생략해 버렸다. 역대하에 솔로몬의 우상 숭배에 대한 기사는 없다.

느헤미야는 솔로몬이 분명히 죄를 지었다고 말한다. 느헤미야 13:26에 '또 이르기를 옛적에 이스라엘 왕 솔로몬이 이 일로 범죄하지 아니하였느냐 그는 많은 나라 중에 비길 왕이 없이 하나님의 사랑을 입은 자라 하나님이 그를 왕으로 삼아 온 이스라엘을 다스리게 하셨으나 이방 여인이 그를 범죄하게 하였나니'라는 말씀이 있다.

"이 백성의 마음을 둔하게 하며 그들의 귀가 막히고 그들의 눈이 감기게 하라 염려하건대 그들이 눈으로 보고 귀로 듣고 마음으로 깨닫고 다시 돌아와 고침을 받을까 하노라"(사 6:10)

이사야 6:10은 유기의 벌에 대한 유명한 말씀이다. 마태복음 13:15, 요한복음 12:40, 사도행전 28:27이 이 말씀을 인용했다. 구약의 말씀을 신약이 3번이나 인용한 것은 아주 드문 일이다. 이것은 유기의 벌을 심각하게 생각해야 하는 이유가 된다.

> "또 내가 그들에게 선하지 못한 율례와 능히 지키지 못할 규례를 주었고 그들이 장자를 다 화제로 드리는 그 예물로 내가 그들을 더럽혔음은 그들을 멸망하게 하여 나를 여호와인 줄 알게 하려 하였음이라"(겔 20:25-26)

에스겔 20:25-26도 유기의 벌에 대한 말씀이다.

> "압살롬과 온 이스라엘 사람들이 이르되 아렉 사람 후새의 계략은 아히도벨의 계략보다 낫다 하니 이는 여호와께서 압살롬에게 화를 내리려 하사 아히도벨의 좋은 계략을 물리치라고 명령하셨음이더라"(삼하 17:14)

사무엘하 17:14도 그렇다. 압살롬이 다윗에게 반란을 일으킨 후 예루살렘을 점령했다. 그 후 후속 조치를 물었을 때 아히도벨은 당장 다윗을 추격해 다윗만 죽이겠다는 말을 했다. 그러나 아렉 사람은 후새는 다윗을 다윗을 살리기 위해 아히도벨과 다른 의견을 제안했다. 그것은 많은 군대를 모아 다윗의 군대와 전면전을 벌이는 것이었다. 이것은 다윗에게 시간을 벌어주기 위한 후새의 계략이었다. 그러자 압살롬과 사람들은 후새의 안이 아히도벨의 안보다 더 좋다고 여겼다. 사무엘하

세상 사는 하늘 백성

17:14는 그렇게 된 이유가 하나님께서 압살롬을 망하게 하려고 작정하셨기 때문이라고 설명한다. 일종의 유기의 벌이다.

> "선지자가 아직 그에게 말할 때에 왕이 그에게 이르되 우리가 너를 왕의 모사로 삼았느냐 그치라 어찌하여 맞으려 하느냐 하니 선지자가 그치며 이르되 왕이 이 일을 행하고 나의 경고를 듣지 아니하니 하나님이 왕을 멸하시기로 작정하신 줄 아노라 하였더라"
> (대하 25:16)

유다 왕 아마샤가 에돔과 싸워 이긴 후 그들의 우상을 가져와 섬기기 시작했다. 에돔의 우상들에게 절을 하고 제물을 바쳤다. 하나님께서 아마샤에게 크게 노하셔서 한 예언자를 보내 경고하셨다. 그러나 아마샤는 예언자의 입을 막으며 죽지 않으려면 입을 닥치라고 위협했다. (대하 25:16) 그때 예언자는 말을 잠깐 끊은 후 '왕이 내 경고를 듣지 아니하니 하나님께서 왕을 멸망시키기로 작성하신 것 같습니다'라고 말한다.(대하 25:16) 예언을 듣고도 불순종하는 것을 보니 하나님께서 왕을 버리신 것이 분명한 것 같다는 뜻이다. 아마샤 앞에 선 예언자가 한 말이 유기의 벌이다.

> "이르시되 하나님 나라의 비밀을 너희에게는 주었으나 외인에게는 모든 것을 비유로 하나니 이는 그들로 보기는 보아도 알지 못하며 듣기는 들어도 깨닫지 못하게 하여 돌이켜 죄 사함을 얻지 못하게

하려 함이라 하시고"(막 4:11-12)

예수님은 제자들에게 비유로 말씀하시는 이유를 설명하시면서 '들어도 깨닫지 못하게 하여 죄 사함을 받지 못하게 하기 위해서'라고 말씀하신다. 이는 이사야 6:9-10을 인용하신 것으로 유기의 벌을 말씀하신 것이다.

"이러므로 하나님이 미혹의 역사를 그들에게 보내사 거짓 것을 믿게 하심은 진리를 믿지 않고 불의를 좋아하는 모든 자들로 하여금 심판을 받게 하려 하심이라"(살후 2:11-12)

데살로니가후서 2:11-12 역시 유기의 벌을 가르친다. 불의에 속아 진리를 받지 않는 자들에게 하나님은 거짓을 믿도록 내버려두신다. 죄 짓는 것을 즐기는 자들이 심판을 받도록 하시는 것이다. 한 번 구원은 영원한 구원이 아니라 그 반대다. 구원을 받은 후 그 구원을 쓰레기 취급하는 자들은 유기의 벌을 받는다. 다시는 구원의 기회가 없어지는 것이다.

"그러므로 하나님께서 그들을 마음의 정욕대로 더러움에 내버려 두사 그들의 몸을 서로 욕되게 하게 하셨으니"(롬 1:24)
"이 때문에 하나님께서 그들을 부끄러운 욕심에 내버려 두셨으니 곧 그들의 여자들도 순리대로 쓸 것을 바꾸어 역리로 쓰며"(롬 1:26)

"또한 그들이 마음에 하나님 두기를 싫어하매 하나님께서 그들을
그 상실한 마음대로 내버려 두사 합당하지 못한 일을 하게 하셨으
니"(롬 1:28)

바울은 로마서 1장에서 사람들의 죄를 말하면서 유기의 벌을 언급
한다. 하나님께서 우상을 섬기고 동성애에 빠지고 하나님을 멸시하는
사람들을 버려 버리신다는 것이다. 세상에 우상과 동성애가 넘쳐나는
이유는 하나님이 그런 일을 인정하고 허락하셨기 때문이 아니다. 세상
에 하나님을 멸시하는 분위기가 만연하는 이유는 그래도 되기 때문이
아니다. 하나님께서 그런 자들을 버려 버리셨기 때문이다. 그들이 하고
싶은 대로 하도록 내버려두시기 때문이다. 그들을 멸망시키기로 결정하
셨기 때문이다. 세상 사람들만 유기의 벌을 받는 것이 아니다. 믿는 자
도 유기의 벌을 받는다. 한 번 구원 받은 자도 얼마든지 유기의 벌을 받
을 수 있다.

"불의의 모든 속임으로 멸망하는 자들에게 있으리니 이는 그들이
진리의 사랑을 받지 아니하여 구원함을 받지 못함이라 이러므로 하
나님이 미혹의 역사를 그들에게 보내사 거짓 것을 믿게 하심은 진
리를 믿지 않고 불의를 좋아하는 모든 자들로 하여금 심판을 받게
하려 하심이라"(살후 2:10-12)

하나님은 진리를 믿지 않고 불의를 좋아하는 모든 사람을 심판하

신다. 벌을 받게 하신다. 아예 믿지 않은 사람들만 그런 것이 아니다. 한 번 구원을 받았던 사람도 마찬가지다. 그들은 더 큰 벌을 받는다. 구원의 진리를 알고 난 후에 다시 타락했기 때문이다. 가룟 유다의 비참한 죽음이 그렇다.(마 27:3-8) 아나니아와 삽비라의 비참한 죽음도 마찬가지다.(행 5:1-10) 하나님은 가룟 유다와 아나니아와 삽비라가 회개할 때까지 수십, 수백 번 기회를 주시는 게 아니다. 하나님은 사람을 사랑하시고 사람이 구원 받기를 원하신다. 그러나 사람의 구원을 사람에게 구걸하시지는 않는다. 그래서 유기의 벌이 있다. 한 번 구원은 영원한 구원이 아니다.

그래서 성경에 '한 번 하늘의 은사를 맛보고 성령을 경험한 사람이 그리스도를 떠나면 그들을 돌이킬 수 있는 방법이 없다'는 말씀이 있다.(히 6:4-6) 그들은 그리스도를 다시 십자가에 못 박은 죄인들이다.(히 6:6) 진리를 알게 된 사람이 계속 죄를 짓는다면 그들에게는 무서운 심판의 불만 있을 뿐이라는 말씀이 있다.(히 10:26-27) 예수를 믿어 구원을 받은 후 다시 세상 죄에 끌려 다닐 바에는 차라리 처음부터 예수를 믿지 않는 게 더 낫다는 말씀이 있다.(벧후 2:20-21)

'한 번 구원은 영원한 구원'이라는 사탄의 계략을 이겨야 한다. 완전한 믿음의 사람, 절대 타락하지 않는 사람, 모든 유혹을 무조건 이기는 사람, 예수님만큼 성령으로 충만한 사람, 아무 죄가 없는 사람은 없다. 사람은 누구나 다시 타락할 수 있다. 죄의 본성이 있고 교만이 있고 세상의 유혹이 있고 마귀의 유혹이 있기 때문이다. 그러므로 죽기 전까지 믿음을 지켜야 하고 겸손해야 한다. 경건 훈련에 힘써야 하고 마음과 생각과 입술로 죄짓지 말아야 한다. 죄 지을 때마다 회개해야 한다. 거룩한 생활을 해야 하고 하나님과 이웃을 사랑해야 한다. 오직 겸손한 마음으로 주님 안에 거해야 한다. 그래야 사탄의 비밀스러운 유혹을 이길 수 있다.

세례는 일종의 약속이다. 그리스도에 대한 믿음을 고백하면서 또 믿음을 약속하는 것이다. 세례는 앞으로도 계속 하나님의 자녀로서 살겠다는 약속이다. 그러면서 영원한 생명에 대한 하나님의 약속을 받는다. 세례를 받을 때 영원한 생명을 성취한 것은 아니다. 그런데 세례 후에 하나님의 자녀답게 살지 못하면 자신이 하나님께 한 약속을 깨뜨린 것이다. 믿음의 약속을 깨뜨린 것이다. 그러면서 자연히 영원한 생명에 대한 하나님의 약속도 깨어진다. 결국 구원의 취소는 인간의 잘못이다. 인간이 하나님께 한 약속을 깨뜨린 결과 구원이 취소되는 것이다. 세례 후 멸망은 인간 스스로가 자초한 것이다.

바울은 에베소 교회 장로들과 마지막 인사를 하면서 '그러므로 오늘 여러분에게 증언하거니와 모든 사람의 피에 대하여 내가 깨끗하니'라고 말한다.(행 20:26) 『쉬운 성경』은 이 말씀을 '그러므로 오늘 여러분에게 엄숙히 선언합니다. 여러분 가운데 설령 누군가 구원받지 못하는 사람이 있다고 하더라도 내게는 책임이 없습니다'라고 번역했다. 이는 앞으로 에베소 교회 장로들 중 어떤 사람이 잘못 되어도 바울에게 그 책임이 없다는 뜻이다. 바울은 에베소 교회 장로들 중 구원의 은혜를 저버리는 사람이 있을 것을 염려했다.

"가령 내가 의인에게 말하기를 너는 살리라 하였다 하자 그가 그 공
의를 스스로 믿고 죄악을 행하면 그 모든 의로운 행위가 하나도 기
억되지 아니하리니 그가 그 지은 죄악으로 말미암아 곧 그 안에서
죽으리라"(겔 33:13)

에스겔 33:13이 '한 번 구원은 영원한 구원'이라는 주제에 대한 결
론이다.

° (3) 천국 부자는 세상 부자

(문20) 성경은 세상의 부를 약속하는가? 믿는 자는 재물을 소망할
수 있는가?

(답20) 구약에 그런 말씀들이 있다. 그러나 신약에는 없다.

구약에 하나님의 자녀가 세상 부자가 되는 일에 긍정적인 말씀들
이 있다. 일단 믿음의 조상들이 모두 부자였다. 아브라함이 부자였고
(창 24:35), 이삭이 부자였고(창 26:13), 야곱도 부자였다.(창 30:43) 요셉
은 부와 권력을 가졌다. 다윗도 부자였다. 그리고 부를 인정하고 칭송하
는 말씀들이 있다. 신명기 8:18에 '네 하나님 여호와를 기억하라 그가
네게 재물 얻을 능력을 주셨음이라'는 말씀이 있다.

> "네 재물과 네 소산물의 처음 익은 열매로 여호와를 공경하라 그
> 리하면 네 창고가 가득히 차고 네 포도즙 틀에 새 포도즙이 넘치리
> 라"(잠 3:9-10)
> "그(지혜)의 오른손에는 장수가 있고 그의 왼손에는 부귀가 있나
> 니"(잠 3:16)
> "부귀가 내(지혜)게 있고 장구한 재물과 공의도 그러하니라"(잠 8:18)
> "이는 나(지혜)를 사랑하는 자가 재물을 얻어서 그 곳간에 채우게

하려 함이니라"(잠 8:21)

"여호와께서 주시는 복은 사람을 부하게 하고 근심을 겸하여 주지
아니하시느니라"(잠 10:22)

주로 잠언에 그런 말씀들이 있다. 말라기 3:10도 부를 인정하는 말
씀으로 인용된다. '만군의 여호와가 이르노라 너희의 온전한 십일조를
창고에 들여 나의 집에 양식이 있게 하고 그것으로 나를 시험하여 내가
하늘 문을 열고 너희에게 복을 쌓을 곳이 없도록 붓지 아니하나 보라'
는 말씀이다.

사람들은 야베스의 기도를 인용하기도 한다.

"야베스가 이스라엘 하나님께 아뢰어 이르되 주께서 내게 복을 주
시려거든 나의 지역을 넓히시고 주의 손으로 나를 도우사 나로 환
난을 벗어나 내게 근심이 없게 하옵소서 하였더니 하나님이 그가
구하는 것을 허락하셨더라"(대상 4:10)

(문21) 성경은 세상의 부를 경계하는가? 믿는 자는 재물을 소망할
수 없는가?
(답21) 신약에 그런 말씀들이 있다. 그러나 구약에는 없다.

세상 사는 하늘 백성

성경에 하나님의 자녀가 세상 부자가 되는 일에 부정적인 말씀들도 많다. 재물을 조심해서 사용해야 한다는 정도의 권면이 아니다. 아예 악으로 규정하면서 반드시 피해야 할 것으로 경고한다. 신약에 그런 말씀들이 있다.

"한 사람이 두 주인을 섬기지 못할 것이니 혹 이를 미워하고 저를 사랑하거나 혹 이를 중히 여기고 저를 경히 여김이라 너희가 하나님과 재물을 겸하여 섬기지 못하느니라"(마 6:24)

"너희를 위하여 보물을 땅에 쌓아 두지 말라 거기는 좀과 동록이 해하며 도둑이 구멍을 뚫고 도둑질하느니라 오직 너희를 위하여 보물을 하늘에 쌓아 두라 거기는 좀이나 동록이 해하지 못하며 도둑이 구멍을 뚫지도 못하고 도둑질도 못하느니라"(마 6:19-20)

"가시떨기에 뿌려졌다는 것은 말씀을 들으나 세상의 염려와 재물의 유혹에 말씀이 막혀 결실하지 못하는 자요"(마 13:22)

"예수께서 제자들에게 이르시되 내가 진실로 너희에게 이르노니 부자는 천국에 들어가기가 어려우니라 다시 너희에게 말하노니 낙타가 바늘귀로 들어가는 것이 부자가 하나님의 나라에 들어가는 것보다 쉬우니라 하시니"(마 19:23-24)

"돈을 사랑함이 일만 악의 뿌리가 되나니 이것을 탐내는 자들은 미혹을 받아 믿음에서 떠나 많은 근심으로써 자기를 찔렀도다"(딤전 6:10)

신약에는 구약처럼 재물과 재산을 인정하는 말씀들이 없다. 일부 청부론(깨끗한 부자론)을 주장하는 이들과 삼박자 구원을 주장하는 이들이 신약에도 부를 인정하는 말씀들이 있다고 하지만 지나친 해석일 뿐이다. 하나님의 뜻을 바르게 전한 것이 아니다.

마태복음 6:33의 '그런즉 너희는 먼저 그의 나라와 그의 의를 구하라 그리하면 이 모든 것을 너희에게 더하시리라'는 말씀을 청부론의 근거로 삼는 이가 있다. '크리스천의 물질생활의 목표는 청빈이 아니라 청부다. 하나님의 뜻과 말씀대로 살면 부유한 삶을 살 수 있다. 하나님이 은혜와 상급으로 주시는 부가 있다. 그 부는 부끄럽고 더러운 부가 아니다. 깨끗한 부, 곧 청부이다'라고 하면서 이 말씀을 인용한다. 믿는 자가 계속 하나님 나라와 그 의를 구하고 살면, 하나님께서 모든 것을 더하시고 더하셔서 결국 깨끗한 부자가 된다는 것이다.

그러나 마태복음 6:33은 그 앞에 나오는 마태복음 6:24의 '하나님과 재물을 함께 섬길 수 없다'라는 말씀과 연결해서 이해해야 한다. 그래서 마태복음 6:25에 '그러므로'(dia touto, therefore)라는 접속사가 있다. 그렇게 볼 때 마태복음 6:33은 '재물에 대한 탐욕을 버리고 살아라. 그러기 위해서 의식주나 일용할 양식 때문에 염려하지 말라. 먼저 하나님의 나라를 구하며 살아라. 그러면 탐욕도 버릴 수 있고 하나님께서 의식주 문제도 해결해 주신다'라는 뜻이다. 그리고 '이 모든 것을 더 하시리라'는 말씀도 '의식주 문제를 해결해 주신다, 일용할 양식을 주신다'라는 뜻이다. 결코 부자가 될 것이라고 약속하신 것이 아니다.

마태복음 25:14-30의 달란트 비유를 설명하면서 청부론을 주장하는 이도 있다. '하나님의 것을 내가 맡은 것이고, 이것이 많으면 많을수록 좋은데 단 하나님의 뜻을 따라 쓴다는 것이다. 이것을 청부 사상이라고 한다. 이렇게 성경의 사상은 철두철미하게 청빈 사상이 아닌 청부 사상이다. 깨끗한 재물을 마음 놓고 버시라. 그리고 할 수만 있다면 많이 헌금하시라. 쓰는 것은 걱정하지 마시라. 우리 교회가 멋있게 쓰겠다'라고 주장한다.

달란트 비유는 돈을 많이 맡아서 하나님의 뜻을 따라 쓰라는 것이 아니다. '하나님께서 각자에게 맡기신 사명에 충성을 다하라, 무엇보다 그 사명을 게으름과 무지로 묻어두지 말라'는 뜻이다.

요한3서 1:2를 인용하면서 삼박자 구원을 주장한 이가 있었다. '사랑하는 자여 네 영혼이 잘됨 같이 네가 범사에 잘되고 강건하기를 내가 간구하노라'는 말씀이다. 그는 이 말씀을 '예수를 믿으면 영혼이 잘 되고 즉 구원을 받고, 범사에 잘 되고 즉 성공하고 돈을 잘 벌고, 강건해진다 즉 건강의 복을 받는다'라고 설명했다. 그러면서 '예수 믿으면 구원의 복, 물질의 복, 건강의 복, 세 가지 복을 받는다'라는 말로 요약했다. 그리고 이것을 삼박자 구원이라고 불렀다.

1970년대 한국 사회에 경제 성장 구호와 새마을 운동 구호가 한창이어서 그랬는지, 이 삼박자 구원론이 큰 호응을 얻었다. 예수 믿으면 구원의 복, 물질의 복, 건강의 복을 받는다는 말에 사람들이 열광한 것이다. 삼박자 구원론을 쉽게 말하면 '하늘 부자도 되고 세상 부자도 되자, 건강하게 장수하자'는 것인데 사람들은 그게 좋았던 것이다.

이 삼박자 구원론을 다르게 말하면 '생명의 빵도 얻고 육신의 빵도 얻자, 이 세상에서 잘 먹고 잘 살고 마지막에 영원히 잘 살자'는 것이다. 본인의 생각일 뿐 하나님의 뜻이 아니다. 이 거짓 구원론이 1980-90년 대 한국 교회에 큰 영향을 끼쳤는데 이것이 오늘날 한국 교회가 무기력한 큰 이유가 되었다. 거짓 가르침에 물들어 신앙의 순결함을 잃어버렸기 때문이다. 돈을 사랑하는 그리스도의 신부는 무기력할 수밖에 없다.

요한3서 1:2가 성경 말씀이기는 하다. 그러나 믿음의 정의를 이루고 주류신학이 될 만큼 중요한 말씀은 아니다. 그 말씀은 그저 친한 사이에 하는 안부인사다. 흔히 하는 축복일 뿐이다. 이런 말씀에 기초해서 구원론을 완성하고 믿음을 정의하는 것은 일종의 침소봉대다. 성경에는 더욱 중요한 말씀들이 많다.

예를 들면 '무엇을 먹을까, 입을까, 마실까 걱정하지 마라. 너희는 먼저 아버지의 나라와 아버지의 의를 구하라'라는 말씀이다.(마 6:31-33) '누구든지 나를 따르려면 자기를 부인하고 자기 십자가를 지고 나를 따르라'라는 말씀이다.(마 16:24) 이런 말씀에 기초해서 '믿음은 생활을 염려하기 전에 먼저 하나님 나라와 그 의를 구하는 것'이라고 정의할 수 있고, '믿음은 자기를 부인하고 자기 십자가를 지고 주님 뒤를 따르는 것'이라고 정의할 수 있다.

(문22) 왜 구약과 신약은 부와 재물에 관해 다른 입장을 보이는가?

(답22) 복의 개념이 다르기 때문이다. 예수 그리스도가 오시기 전의 복과 오신 후의 복이 다르다. 이 둘의 차이를 잘 알아야 한다.

세상 사는 하늘 백성

성경의 시간은 예수님이 오시기 전과 예수님이 오신 후로 나뉜다. 예수님이 오시기 전은 '옛적'이고 오신 후는 '종말'이다. 이를 구약과 신약으로 설명할 수도 있다.

> "옛적에 선지자들을 통하여 여러 부분과 여러 모양으로 우리 조상들에게 말씀하신 하나님이 이 모든 날 마지막에는 아들을 통하여 우리에게 말씀하셨으니 이 아들을 만유의 상속자로 세우시고 또 그로 말미암아 모든 세계를 지으셨느니라"(히 1:1-2)
> "그는 창세 전부터 미리 알린 바 되신 이나 이 말세에 너희를 위하여 나타내신 바 되었으니"(벧전 1:20)
> "아이들아 지금은 마지막 때라 적그리스도가 오리라는 말을 너희가 들은 것과 같이 지금도 많은 적그리스도가 일어났으니 그러므로 우리가 마지막 때인 줄 아노라"(요일 2:18)

히브리서 1:1-2는 예수께서 이 세상에 오신 것과 함께 마지막 때가 시작되었다는 뜻이다. 인용한 말씀에서 하나님의 아들이 오시기 전은 '옛적'(*palai*, 팔라이)이다. 오신 후는 '모든 날의 마지막(*eschatos ton hemeron*, 에스카토스 톤 헤메론)'으로 '마지막 때'다. 마지막을 의미하는 헬라어 '에스카토스'(*eschatos*)에서 영어 '에스카톨로지'(eschatology, 종말론)가 유래했다. 그러므로 성경이 말하는 마지막 때는 예수 그리스도의 초림과 재림 사이를 말한다. 이 사실을 성경 곳곳에서 확인할 수 있다. 베드로전서 1:20은 하나님께서 종말에 그리스도를 보내주셨다는 뜻이다. 이 역시 그리스도가 이 세상에 오신 때가 바로 마지막 때라는 말이다. 요한1서 2:18에서 1세기 기독교인들이 자신들이 마지막 때에 살고 있음을 확신한 것을 알 수 있다.

예수님이 이 세상에 오시기 전은 옛적이다. 이 옛적은 곧 구약시대다. 이 구약시대에는 부활과 영원한 생명에 대한 약속을 할 수 없었다. 예수님이 이 세상에 오시기 전이었기 때문이다. 부활과 영생을 약속하려면 먼저 예수님의 십자가 죽음이 있어야 한다. 그런데 그 예수님의 십자가 죽음이 불가능한 것이다. 그래서 구약시대에는 부활과 영생을 약속할 수 없었다. 그래서 구약시대의 복은 이 세상의 것에 한정될 수밖에 없었다. 그래서 구약의 복은 장수, 재물, 자식 등이 될 수밖에 없었다. 그래서 구약은 재물에 대해 비교적 긍정적이었던 것이다.

예수님이 이 세상에 오신 후는 종말이다. 이 종말은 곧 신약시대다. 이 신약시대에는 부활과 영생을 충분히 약속할 수 있었다. 예수님이 이 세상에 오셨기 때문이다. 그래서 십자가 죽음이 가능했다. 그리고 부활이 있었다. 그 결과 신약시대에는 부활과 영생을 충분히 약속할 수 있었다. 그래서 신약의 복은 장수, 재물, 자식이 아니라 부활과 영생이 되었다. 그러면서 신약은 재물에 대해 부정적이 된 것이다.

구약의 복은 출애굽기 23:25-26이 요약한다. 재물과 건강과 자식과 장수가 모두 들어 있다.

"네 하나님 여호와를 섬기라 그리하면 여호와가 너희의 양식과 물에 복을 내리고 너희 중에서 병을 제하리니 네 나라에 낙태하는 자

가 없고 임신하지 못하는 자가 없을 것이라 내가 너의 날 수를 채우

리라"(출 23:25-26)

신약의 복은 베드로전서 1:4가 요약한다. 이 말씀은 산상수훈의 팔

복에 대한 말씀의 본질을 요약한다.(마 5:1-10)

"썩지 않고 더럽지 않고 쇠하지 아니하는 유업을 잇게 하시나니 곧

너희를 위하여 하늘에 간직하신 것이라"(벧전 1:4)

예수님이 이 세상에 오시기 전과 후는 다를 수밖에 없다. 옛적과 종

말을 위한 말씀은 다를 수밖에 없다. 구약시대의 하나님의 뜻과 신약시

대의 하나님의 뜻은 다소 다르다. 그리스도가 오시기 전에는 구원에 대

한 하나님의 계획이 완전히 드러날 수 없었기 때문이다. 성경에 이에 대

한 말씀들이 있다.

"율법은 모세로 말미암아 주어진 것이요 은혜와 진리는 예수 그리

스도로 말미암아 온 것이라"(요 1:17)

"전에 있던 계명은 연약하고 무익하므로 폐하고 (율법은 아무 것도 온

전하게 못할지라) 이에 더 좋은 소망이 생기니 이것으로 우리가 하나

님께 가까이 가느니라"(히 7:18-19)

"새 언약이라 말씀하셨으매 첫 것은 낡아지게 하신 것이니 낡아지

고 쇠하는 것은 없어져 가는 것이니라"(히 8:13)

"율법은 장차 올 좋은 일의 그림자일 뿐이요 참 형상이 아니므로"(히 10:1)

전도서도 좋은 예가 될 수 있다. 전도서는 인생과 죽음에 대한 귀한 메시지를 담고 있다. 그러나 영원한 생명을 약속하지 못한다. 그리스도가 오시기 전에 주어진 하나님 말씀이기 때문이다. 그래서 인생과 죽음에 대해 다소 애매한 교훈을 준다. 그것이 구약의 한계다.

(문23) 천국 부자가 곧 세상 부자인가?

(답23) 아니다. 천국 부자와 세상 부자는 전혀 상관이 없다. 세상 부자는 재물로 되지만 천국 부자는 하나님 사랑과 이웃 사랑으로 된다. 이 둘은 본질적으로 아무 상관이 없고 실질적으로 서로 대치된다. 하늘 부자는 세상 부자에 아예 무관심하고 세상 부자는 하늘 부자가 되기 아주 어렵다. 믿는 자는 반드시 낙타와 바늘귀 비유를 기억해야 한다.

"너희 소유를 팔아 구제하여 낡아지지 아니하는 배낭을 만들라 곧 하늘에 둔 바 다함이 없는 보물이니 거기는 도둑도 가까이 하는 일이 없고 좀도 먹는 일이 없느니라"(눅 12:33)

세상 사는 하늘 백성

복 있는 사람은 세상에 곳간을 짓는 사람은 아니라 하늘에 지갑을 만드는 사람이다. 세상 곳간을 채우는 사람이 아니라 하늘 지갑을 채우는 사람이다. 세상 곳간을 채운 재물은 사라지지만, 하늘 지갑을 채운 믿음은 영원히 남기 때문이다. 이 사실을 믿는 사람에게 복이 있다.

순결한 믿음으로 하늘 부자가 된다. 믿음의 핵심이 하나님을 전심으로 사랑하고 이웃을 내 몸처럼 사랑하는 것이기 때문이다. 순결한 믿음에는 하나님을 두려워하는 마음이 들어 있고, 모든 일에 하나님을 인정하는 겸손이 들어 있다. 이웃에 대한 친절과 원수를 용서하는 일이 들어 있다. 이런 일을 실천하면서 하늘 부자가 되는 것이다.

세상 부자는 재물로 된다. 동산을 많이 가지고 또 부동산을 많이 소유하면 세상 부자가 된다. 하늘 부자는 믿음으로 된다. 하나님을 전심으로 사랑하고 이웃을 내 몸처럼 사랑하면, 하늘 부자가 된다. 누가복음 19장에는 삭개오라는 인물이 있다. 세리 일을 하면서 돈을 많이 모은 사람이다. 삭개오는 돈을 모으는 과정에서 나쁜 일도 했다. 그가 예수님을 만난 후 이런 말을 한다. '삭개오가 서서 주께 여짜오되 주여 보시옵소서 내 소유의 절반을 가난한 자들에게 주겠사오며 만일 누구의 것을 속여 빼앗은 일이 있으면 네 갑절이나 갚겠나이다'라고 한다.(눅 19:8) 세상 부자가 하늘 부자가 되는 순간이다.

한때 한국 교회에 청부론, 청빈론 논쟁이 있었지만 문제의 핵심은 '청부냐? 청빈이냐?'가 아니다. 문제를 해결하는 열쇠는 다른 곳에 있다. 돈을 버는 사람이 거룩한 사람이냐 아니냐에 있다. 돈을 버는 목적이 거룩한 것이냐 아니냐에 있다. 돈을 버는 방법이 거룩한 것이냐 아니냐에 있다. 돈을 쓰는 내용이 거룩한 것이냐 아니냐에 있다. 돈 액수의 많고 적음은 문제가 아닌 것이다.

거룩한 사람이, 거룩한 목적을 위해, 거룩한 방법으로 벌고, 거룩한 일에 쓰는 돈은 문제가 없다. 그 액수의 많고 적음이 상관이 없다. 그가 많이 벌면 하나님께서 뜻이 있어 많이 맡기신 것이다. 그가 적게 벌면 하나님께서 뜻이 있어 적게 맡기신 것이다. 거룩한 사람이 거룩한 목적으로 거룩한 방법으로 번 것은, 거룩한 일에 사용한다. 그가 거룩하기 때문에, 많이 번 사람은 유혹에 빠지지 않도록 더욱 기도할 것이다. 적게 번 사람은 그것을 충분히 감사해할 것이다.

어느 설교에서 들은 이야기다. "중세기에 돌로 교회를 짓고 있다. 건축 현장 옆 채석장에서 인부들이 돌을 깎고 있는데, 지나가는 사람이 '무엇을 하고 있소?'라고 물었다. 첫 번째 인부는 '보면 모르오? 돌을 깎고 있소'라고 대답했다. 두 번째 인부는 '돈을 벌고 있소'라고 대답했다. 세 번째 인부는 '하나님의 집을 짓고 있소'라고 대답했다." 무슨 일을 하든지 세 번째 인부처럼 살아야 한다.

> "부자가 하나님 나라에 들어가는 것이 낙타가 바늘귀를 통하는 것
> 보다 쉬우리라"(마 19:24)
> "돈을 사랑하는 것이 일만 악의 뿌리가 되나니 이것을 사모하는 자
> 들이 미혹을 받아 믿음에서 떠나 많은 근심으로써 자기를 찔렀도
> 다"(딤전 6:10)

한편, 청부론은 무서운 유혹이 될 수 있다. 청부론이 위험한 이유는 기독교인으로 하여금 하나님과 재물을 함께 섬길 수 있다고 믿도록 하기 때문이다. 세상적 재물관을 성경적 재물관으로 믿도록 한다. 그래서 많은 기독교인들을 쉽게 타락시킬 수 있다. 청부론을 주장하는 사람들이 인용하지 않는 말씀이 있다. 앞에서 인용한 마태복음 19:24와 디모데전서 6:10과 같은 말씀들이다.

성도의 소망은 하늘나라에 있다. 하나님의 자녀는 세상 부자를 원하는 사람들이 아니라 하늘 부자를 원하는 사람들이다. 그것이 하나님의 뜻이다. 성도의 고향은 하늘나라이다. 거기서 영원한 보상이 있다. 거기서 하나님께서 성도를 맞으시면서 '잘 왔다, 착하고 충성된 종아!' 라고 말씀하신다. 레이 스테드먼의 책에 이런 이야기가 있다.(『내면의 기도』, 레이 스테드먼, 임종원 역, 미션월드, 2003, 33-35쪽)

"평생을 아프리카에서 보낸 노 선교사 부부가 뉴욕으로 돌아온다. 건강은 좋지 않고 연금도 없는 상황이다. 같은 배에, 아프리카 사냥에서 돌아오는 테오도르 루즈벨트 대통령이 탄다. 사람들이 대통령을 거창하게 환송하지만, 노 선교사 부부를 알아주는 사람은 아무도 없다. 남편 선교사가 뭔가 잘못되었다고 생각하기 시작했다. 뉴욕에 도착했을 때도 마찬가지다. 대통령은 화려한 환영을 받지만 노 선교사 부부는 싸구려 아파트에 머물면서 당장 내일 먹을 것을 걱정하는 처지다. 그 날 밤에 남편의 영혼이 무너진다. 그래서 부인에게 '나는 현실을 받아들일 수 없어. 하나님은 불공평하셔! 왜 우리의 필요를 채워 주시지 않는 거지?'라고 말한다. 평생 선한 일을 하며 살았는데 억울하다는 것이다. 부인이 그 말을 듣고, '왜 하나님에게 간구하지 않으셔요?'라고 되물었다. 그런데 침실로 들어간 남편이 금방 밝은 얼굴로 나오면서 이렇게 말한다. '왜 우리는 고향으로 돌아올 때 아무도 환영하지 않습니까? 했더니 하나님께서 내 어깨에 손을 얹고 '그러나 너는 아직 하늘 본향에 이르지 않았잖니!'라고 말씀하셨다는 것이다."

믿는 자의 진정한 소망은 하늘나라에 있다. 이 세상에서 잘 먹고 잘 살려고 애쓸 것이 아니라 하나님의 칭찬을 받을 수 있도록 살아야 한다. 성도의 진정한 고향은 하늘나라고 거기서 영원한 보상이 있다. 무슨 일을 하든지 하루하루를 거룩하게 살면서, 하나님께 '착하고 충성된 종'이라는 칭찬을 받도록 살아야 한다. 그 일에 세상 부자는 아무런 상관이 없다. 오히려 큰 방해가 될 뿐이다.

"나를 가난하게도 마옵시고 부하게도 마옵시고 오직 필요한 양식으로 나를 먹이시옵소서 혹 내가 배불러서 하나님을 모른다 여호와가 누구냐 할까 하오며 혹 내가 가난하여 도둑질하고 내 하나님의 이름을 욕되게 할까 두려워함이니이다"(잠 30:8-9)
"낮은 형제는 자기의 높음을 자랑하고 부한 자는 자기의 낮아짐을 자랑할지니 이는 그가 풀의 꽃과 같이 지나감이라 해가 돋고 뜨거운 바람이 불어 풀을 말리면 꽃이 떨어져 그 모양의 아름다움이 없어지나니 부한 자도 그 행하는 일에 이와 같이 쇠잔하리라"

(약 1:9-11)

잠언 30:8-9가 재물에 대한 결론이 될 수 있다. 그리고 야고보서 1:9-11도 그런 결론에 도움이 된다.

『쉬운 성경』은 이 말씀을 이렇게 번역했다.

"만일 가난하거든 하나님께서 자기를 영적인 부자로 만드신 것을 자랑스럽게 여기십시오. 만일 부하거든 하나님께서 자신에게 영적인 부족함을 보여 주신 것을 자랑하십시오. 그것은 부자도 들에 핀 꽃과 같이 결국 죽고 말 것이기 때문입니다. 해가 떠올라 점점 더 뜨거워지면, 풀은 마르고 꽃은 떨어집니다. 아무리 아름다운 꽃이라도 시들게 되어 있습니다. 부자도 마찬가지입니다. 자신의 재물을 돌보다가 결국 죽고 말 것입니다."(약 1:9-11)

° (4) 동성애 축복이 진정한 사랑

(문24) 동성애는 죄인가?

(답24) 그렇다. 음란죄에 속한다. 성경에 5대 음란죄가 있다. 강간, 화간(和姦), 수간(獸姦), 근친상간, 동성애다. 동성애는 5대 음란죄에 속하는 무서운 죄다.

"너는 여자와 동침함 같이 남자와 동침하지 말라 이는 가증한 일이니라"(레 18:22)

"누구든지 여인과 동침하듯 남자와 동침하면 둘 다 가증한 일을 행함인즉 반드시 죽일지니 자기의 피가 자기에게로 돌아가리라"(레 20:13)

동성애 문제를 이해하는데 있어 가장 중요한 말씀은 레위기 18장과 20장이다. 남녀의 성관계에 대한 말씀인데 크게는 강간(레 18장)과 화간(레 20장)에 대한 말씀이다. 그런 내용 중에 동성애와 수간과 근친상간에 대한 말씀이 나온다. 이 말씀의 뜻은 강간, 화간, 수간, 근친상간, 동성애가 모두 음란이라는 무거운 죄라는 것이다. 동성애는 강간, 화간, 수간, 근친상간과 동급의 죄다. 이것이 동성애에 대한 성경의 근본적인 입장이다. 그리고 이 근본적인 입장은 성경 전체를 통틀어 바뀐 적이 없다. 단 한 곳도 없다.

> "음행을 피하라 사람이 범하는 죄마다 몸 밖에 있거니와 음행하는
> 자는 자기 몸에 죄를 범하느니라 너희 몸은 너희가 하나님께로부터
> 받은 바 너희 가운데 계신 성령의 전인 줄을 알지 못하느냐 너희는
> 너희 자신의 것이 아니라"(고전 6:18-19)

성경은 음란의 죄를 아주 무거운 죄로 취급한다. 소돔과 고모라가 대표적인 경우다.(창 19:4-5) 유다서 1:7에 '소돔과 고모라와 그 이웃 도시들도 그들과 같은 행동으로 음란하며 다른 육체를 따라 가다가 영원한 불의 형벌을 받음으로 거울이 되었느니라'는 말씀이 있다. 하나님은 간음, 동성애, 수간, 근친상간에 대한 말씀 후에 '너희는 내가 너희 앞에서 쫓아내는 족속의 풍속을 따르지 말라 그들이 이 모든 일을 행하므로 내가 그들을 가증히 여기노라'고 하신다.(레 20:23) 하나님은 동성애를 포함한 모든 음란의 죄를 가증하게 여기신다. 가나안 족속이 멸망한 이유는 그들의 우상숭배(출 34:15-16)와 더불어 그들의 음란 때문이다.(레 18:24-25, 27, 레 20:23) 예수님은 마음에서 나오는 악을 말씀하실 때 음란을 3번이나 언급하신다.(막 7:21-23)

> "그와 같이 남자들도 순리대로 여자 쓰기를 버리고 서로 향하여 음
> 욕이 불 일듯 하매 남자가 남자와 더불어 부끄러운 일을 행하여 그
> 들의 그릇됨에 상당한 보응을 그들 자신이 받았느니라"(롬 1:27)

"불의한 자가 하나님의 나라를 유업으로 받지 못할 줄을 알지 못하느냐 미혹을 받지 말라 음행하는 자나 우상 숭배하는 자나 간음하는 자나 탐색하는 자나 남색하는 자나"(고전 6:9)

바울은 로마서 1장에서 동성애가 아주 무거운 죄라고 언급한다. 동성애를 죄의 결과라고 말한다. 사람들이 우상을 숭배하고 진리를 거짓으로 바꾼 결과 하나님께서 그들을 욕망의 노예로 살도록 버려 버리셨다.(롬 1:23-26) 그 결과 사람들이 자연스러운 성관계를 버리고 동성애에 빠지게 되었다고 한다.(롬 1:26-27) 동성애는 부끄러운 일이고 해서는 안 될 일을 하는 것이다.(롬 1:27-28) 고린도전서 6:9는 동성애자가 하나님 나라를 유업으로 받지 못한다고 선언한다. 이것이 동성애에 대한 성경의 일관된 입장이다. 하나님의 뜻이다.

기독교인으로서 동성애를 옹호하는 사람들이 있다. 그들은 온갖 이론을 다 지어낸다. '동성 사랑과 동성 성교를 구별해야 된다, 예수님이 가버나움에서 고쳐주신 백부장의 어린 종은 백부장의 동성애 종이었고 그런 종을 고쳐주셨다는 것은 예수님이 동성애를 인정하셨다는 증거다(마 8:5-13), 소돔과 고모라는 음란과 동성애가 아니라 사회 정의 때문에 멸망한 것이다(겔 16:49), 동성애자는 교회가 보살펴야 할 사회적 약자다' 등 할 수 있는 모든 이론을 지어낸다. 동성애를 인정하는 입장에서 성경 주석을 쓰기도 한다. 모두 틀린 말이고 모두 잘못된 해석이다. 성경은 동성애를 음란의 무서운 죄라고 한다. 이와 다른 입장의 성경 말씀은 단 한 곳도 없다.

세상 사는 하늘 백성

기독교인으로서 동성애를 옹호하고 그들을 사회적 약자로 변호하는 자들은 '강간하는 자들, 간음하는 자들, 수간하는 자들, 근친상간하는 자들'도 옹호하고 사회적 약자로 변호해야 한다. 그래야 성경의 5대 음란죄에 대한 그들의 주장이 균형을 이룰 수 있다. 그래야 성경의 5대 음란죄에 대한 그들의 신앙적, 신학적 일관성을 인정할 수 있다. 만약 그들이 동성애만 옹호하고 동성애자만 사회적 약자로 변호하면서, '강간하는 자들, 간음하는 자들, 수간하는 자들, 근친상간하는 자들'은 그렇게 하지 않는다면 왜 그렇게 하지 않는지 설명해야 한다.

잠언 6:32에 간음은 영혼을 망하게 하는 죄라는 말씀이 있다. '여인과 간음하는 자는 무지한 자라 이것을 행하는 자는 자기의 영혼을 망하게 하며'라는 말씀이다. 동성애도 마찬가지다. 간음과 동급의 죄로 영혼을 망하게 하는 일이다. 고린도전서 6:18-19는 음행을 가리켜 자기 몸에 죄를 짓는 것이라고 한다. 그러면서 성령의 전인 자신의 몸을 해친다는 것이다. 음란은 결코 가볍게 여길 죄가 아니다. 이를 사도행전 15장의 예루살렘 사도회의에서도 알 수 있다. 사도들은 이방인 기독교인들이 율법을 지키지 않아도 좋다고 결정하면서, 음란의 죄는 짓지 말라고 강제하였다. 음란은 무거운 죄가 분명하다.(행 15:20, 29)

> ※ **음란이 죄라는 말씀**: 출 20:14, 22:19, 레 18:1-30, 20:10-21, 신 22:13-30, 27:20-23, 겔 18:6, 11, 15, 22:10-11, 잠 5:3-8, 20, 6:29, 32-35, 7:1-27, 말 3:5, 마 5:27-28, 막 7:21-22, 롬 1:26-27, 13:13, 고전 5:1-5, 9-11, 6:9, 13, 18, 엡 5:3, 5, 골 3:5, 살전 4:3-5, 딤전 1:10,

예수님은 간음한 여인을 용서하신다.(요 8:1-11) 여인이 회개하지 않았는데도 용서하신다. 그런 것이 하나님의 은혜다. 하지만 다시는 죄짓지 말라고 명령하신다.(요 8:11) 계속 간음하는데 계속 용서하시는 것이 아니다. 만약 그 여인이 다시 간음하고 계속 간음한다면, 하나님은 그 여인을 버려 버리신다.(유기의 벌) 죄인을 끝없이 용서하시고, 죄인 그 자체를 사랑하시는 게 아니다. 사랑의 하나님은 동시에 정의의 하나님이시다. 거룩하신 하나님은 죄와 함께하실 수 없다. 회개하지 않는 죄인을 벌주시고 심판하신다. 동성애도 마찬가지다.

하나님은 음란의 죄를 짓고 있는 동성애자가 회개하기를 원하신다. 하나님이 동성애자를 사랑하신다면 동성애자가 회개하기를 원하시는 것이지 동성애에 빠져 있는 그 존재 자체를 인정하면서 사랑하시는 것이 아니다. 왜냐하면 동성애는 간음, 화간, 수간, 근친상간과 동급의 음란한 죄이기 때문이다.

동성애자를 차별하고 저주하고 멸시하고 혐오하자는 말이 아니다. 그럴 수는 없다. 동성애를 인정하고 부추길 수는 없다는 말이다. 그것은 결코 성경의 입장의 아니다. 하나님의 뜻이 아니다. 교회가 동성애자를 사랑으로 포용할 필요는 있다. 그러나 그 포용은 그들이 회개할 기회를 주기 위해 포용하는 것이지 동성애 자체를 인정하고 축복하기 위해서는 아니다. 교회가 강간하고 화간하고 수간하고 근친상간하는 사람을 인정하고 축복할 수 없는 것과 마찬가지다. 교회가 강간하고 화간하고 수간하고 근친상간하는 사람을 포용한다면, 그것은 그들이 회개할 기회를 가질 수 있도록 포용하는 것이다. 동성애도 마찬가지다.

(문25) 구약의 동물 제사나 정결 음식법은 신약에서 폐지되었다. 동성애도 그런 경우는 아닌가?

(답25) 아니다. 동성애가 음란죄라는 입장은 성경 전체를 통해 바뀐 적이 없다. 동성애는 구약시대에도 음란죄였고 신약시대에도 음란죄였다. 그러므로 지금도 음란죄다.

구약의 율법이 신약에서 폐기된 경우가 있다. 동물 제사나 정결음식법이 그렇다. 그렇지만 동성애가 그렇게 되었다는 말씀은 성경 어디에도 없다. 동성애는 구약시대에 음란의 죄였으며 신약시대에도 음란의 죄였으며 지금도 음란의 죄다. 그것이 성경의 일관된 입장이다.

> "그 땅에 또 남색하는 자가 있었고 여호와께서 이스라엘 자손 앞에서 쫓아내신 국민의 모든 가증한 일을 무리가 본받아 행하였더라"(왕상 14:24)
> "그와 같이 남자들도 순리대로 여자 쓰기를 버리고 서로 향하여 음욕이 불 일듯 하매 남자가 남자와 더불어 부끄러운 일을 행하여 그들의 그릇됨에 상당한 보응을 그들 자신이 받았느니라"(롬 1:27)

"불의한 자가 하나님의 나라를 유업으로 받지 못할 줄을 알지 못하느냐 미혹을 받지 말라 음행하는 자나 우상 숭배하는 자나 간음하는 자나 탐색하는 자나 남색하는 자나"(고전 6:9)

"음행하는 자와 남색하는 자와 인신매매를 하는 자와 거짓말하는 자와 거짓 맹세하는 자와 기타 바른 교훈을 거스르는 자를 위함이니"(딤전 1:10)

(문26) 하나님은 사람을 동성애자로 창조하시는가? 사람은 동성애자로 태어나는가?

(답26) 그럴 리 없다. 하나님은 사람을 동성애자로 창조하지 않으신다. 사람은 동성애자로 태어나지 않는다.

사람이 태어날 때 이미 강간할 자, 화간할 자, 수간할 자, 근친상간할 자로 태어날 리 없다. 마찬가지로 동성애자로 태어날 리 없다. 하나님께서 사람을 강간할 자, 화간할 자, 수간할 자, 근친상간할 자로 창조하실 리 없다. 마찬가지다. 하나님은 사람을 동성애자로 창조하지 않으신다. 하나님께서 사람을 태생 동성애자로 만드실 리 없다.

(문27) 기독교인으로서 동성애 축제를 축복할 수 있는가?

(답27) 없다. 동성애 축제를 축복하는 것은 큰 잘못이다. 하나님을 멸시하는 죄다.

동성애 축제에 가서 회개를 촉구하는 설교는 할 수 있다. 그러나 동성애 축제에 가서 축복하는 것은 큰 잘못이다. 축복은 하나님의 복을 빌어주는 것이다. 하나님의 복을 빌어준다는 것은 지금 하고 있는 일을 인정하고 칭찬하면서 하나님의 복을 빌어주는 것이다. 그런데 하나님이 음란의 죄라고 하시는 일을 인정하고 칭찬하면서 하나님의 복을 빌어줄 수는 없다. 그것은 오히려 하나님을 욕되게 하는 일이다. 하나님의 사랑을 전하는 것이 아니라 하나님의 뜻을 왜곡하는 일로서 하나님을 멸시하는 일이다.

강간하고 화간하고 수간하고 근친상간하는 사람들이 모여서 축제를 하면서, 앞으로 계속 강간하고 화간하고 수간하고 근친상간하겠다고 한다. 그런 사람들의 축제에 가서 하나님의 복을 빌어줄 수는 없다. 그들의 강간, 화간, 수간, 근친상간을 인정하면서 칭찬하고, 앞으로 계속 그렇게 하라고 권면할 수는 없는 것이다. 동성애 축제도 마찬가지다. 동성애 축제에 가서 축도하는 일은 하나님의 사랑을 전하는 것이 아니다. 그것은 마치 강간을 장려하고 화간을 부추기며 수간을 허용하고 근친상간을 묵인하고 칭찬하는 것과 같다. 성경이 동성애를 강간, 화간, 수간, 근친상간과 동급인 음란한 죄라고 규정하기 때문이다.

동성애자를 축복하는 것이 하나님의 사랑을 전하는 것이라는 사람들이 있다. 동성애 축제에서 축도하는 것이 이웃 사랑이라고 하는 자들이 있다. 연민의 축복 기도를 해야 한다는 사람들이 있다. 그들은 그렇게 하는 것이 기독교가 폭 넓은 사랑의 종교, 모두를 포용하는 아량 있는 종교임을 밝히는 길이라고 한다. 인간의 생각일 뿐이다. 하나만 아는 것일 뿐이다. 사랑의 하나님은 알지만 정의의 하나님은 모르는 것이다.

기도는 예수님의 이름으로 하나님께 비는 것이다. 동성애자를 위해 연민의 축복기도를 하고 그들의 축제에서 축도하는 것은, '예수님의 도움으로 그들이 계속 음란의 죄를 지을 수 있도록 하나님께 간구하는 것'이다. 그들이 회개하도록 예수님의 이름으로 기도할 수는 있다. 축복하는 기도와 회개를 촉구하는 기도는 다른 것이다. 예수 이름으로 동성애자가 음란의 죄를 회개할 수 있도록 회개를 촉구하는 기도는 할 수 있다. 그러나 그들을 축복하는 기도를 할 수는 없다.

예수님은 가룟 유다를 저주하지 않으셨다. 그러나 가룟 유다에 복을 주신 것은 아니다. 예수님은 자신을 못 박는 자들을 용서하셨다.(눅 23:34) 그러나 그들에게 복을 주신 것은 아니다. 스데반은 하나님께 자신을 죽이는 자들에게 그 죄를 돌리지 마시라고 기도했다.(행 7:60) 하나님의 용서를 구한 것이다. 그렇지만 그들을 축복한 것은 아니다. 죄인을 축복하는 것은 죄를 인정하고 계속 죄를 지으라고 하는 것이다. 그것이 축복의 의미다. 기독교는 그렇게 죄를 인정하고 계속 죄를 지으라고 권면하는 종교가 아니다. 죄의 회개를 촉구할 뿐이다.

(문28) 그럼 동성애자를 멸시하고 저주해야 하는가? 혐오하고 차별해야 하는가?

(답28) 아니다. 그들이 하나님의 말씀을 따라 살도록 기도해야 한다. 예수를 믿고 구원 받을 수 있도록 복음을 전해야 한다.

내 주변에 강간하고 화간하고 수간하고 근친상간하는 자들이 있다고 하자. 나는 그들을 피할 수는 있지만 그들을 공개적으로 멸시하고 저주할 수는 없다. 사람들 앞에서 그들을 가리켜 '이 강간범아, 간통하는 자야, 수간하는 자야, 근친상간하는 자야' 하고 멸시하거나 저주할 수는 없다. 그저 피할 수 있을 뿐이다. 내가 피해를 입지 않도록 조심할 수 있을 뿐이다. 그러나 그들을 위해 기도할 수는 있다. 그들의 잘못된 행위를 벗어나 정상적인 생활을 할 수 있도록 기도할 수는 있다.

동성애자도 마찬가지다. 그들을 공개적으로 멸시하고 저주할 수는 없다. 그럴 필요도 없고 그럴 이유도 없다. 또 현실적으로 불가능한 일이다. 그러나 내가 원해서 피할 수는 있다. 그것은 내가 강간범이 싫어서 피하는 것과 같다. 반대로 내가 원해서 그들과 교제할 수도 있다. 강간범이지만 그에게 어떤 좋은 점이 있거나 무슨 필요에 의해서 그와 교제하는 것이다. 본인이 원해서 교제하는 것이라면 말릴 이유도 없다. 자신의 행위에 책임을 지면 될 일이다.

가족 중에 동성애자가 있거나, 친척, 친구, 지인 중에 동성애자가 있다면 무조건 그를 피할 일은 아니다. 그를 멸시하고 저주할 일은 더더욱 아니다. 인간적으로도 그럴 수는 없다. 믿는 자라면 더더욱 그래서는 안 된다. 기존의 관계를 유지하면서 그를 위해 기도할 수 있다. 사람의 능력으로 어찌할 수 없는 일은 성령의 도우심을 구해야 한다. 그렇지만 그들의 동성애 행위를 장려하고 격려할 수는 없다. 그 행위에 동조할 수는 더더욱 없다. 성경에 의하면 그들의 동성애 행위는 결코 장려하거나 격려하거나 동조할 수 있는 일이 아니기 때문이다. 강간, 화간, 수간, 근친상간과 같은 음란의 죄일 뿐이다. 그러므로 그들의 회개를 위해 기도해야 한다. 그들이 음란의 죄를 벗어나기를 권면해야 한다.

° (5) 지옥은 없다

(문29) 영원히 꺼지지 않는 유황불과 지독한 목마름과 영원한 고통
이 있는 지옥이 있는가?

(답29) 있다. 그것이 성경의 계시다.

지옥이 없다는 사람들이 있다. 교회가 말하는 전통적인 지옥은 없
다는 것이다. 교회가 말하는 전통적인 지옥은 영원히 꺼지지 않는 유황
불이 있다. 지독한 목마름이 있다. 한 마디로 영원한 고통이 있는 곳이
다. 그런 지옥은 없다고 주장하는 것이다. 그들은 그 이유를 이렇게 설
명한다. 사랑의 하나님이 그런 지옥을 만드셔서 사람이 영원히 고통 받
도록 하실 리가 없다는 것이다. 그런 하나님은 사랑의 신이 아니라 잔인
하고 잔혹한 신이라는 것이다. 하나님이 잔인한 신일 수는 없기 때문에
지옥은 없다는 것이다.

사람의 생각일 뿐이다. 하나만 알고 둘은 모르는 소리일 뿐이다. 사
랑의 하나님은 동시에 정의의 하나님이시다. 모든 죄인이 회개하기를 원
하시는 사랑의 하나님이시지만, 끝까지 회개하지 않는 죄인은 반드시
벌하시는 정의의 하나님이시다. 거룩하신 하나님은 복도 주시고 저주도
하신다. 상도 주시고 벌도 주신다. 영원한 생명도 주시고 영원한 형벌도
주신다.

무엇보다도 성경에 그런 말이 전혀 없다. 그들은 성경에 없는 말을 하고 있을 뿐이다. 그런 것이 사탄의 비밀, 성경의 왜곡이다. 사람의 생각으로 하나님의 뜻을 왜곡하는 것이다. 하나님이 무섭게 경고하신 일이다.(신 4:2, 12:32, 계 22:18-19) 사탄이 가장 원하는 일이다. 성경은 지옥의 존재를 확실히 증언한다. 지옥이 없다는 식의 내용은 성경에 한 구절도 없다. 지옥이 없다는 것은 온전히 사람의 생각일 뿐이다.

"몸은 죽여도 영혼은 능히 죽이지 못하는 자들을 두려워하지 말고 오직 몸과 영혼을 능히 지옥에 멸하실 수 있는 이를 두려워하라" (마 10:28)

"만일 네 눈이 너를 범죄하게 하거든 빼버리라 한 눈으로 하나님의 나라에 들어가는 것이 두 눈을 가지고 지옥에 던져지는 것보다 나으니라 거기에서는 구더기도 죽지 않고 불도 꺼지지 아니하느니라 사람마다 불로써 소금 치듯 함을 받으리라"(막 9:47-49)

"아버지 아브라함이여 나를 긍휼히 여기사 나사로를 보내어 그 손가락 끝에 물을 찍어 내 혀를 서늘하게 하소서 내가 이 불꽃 가운데서 괴로워하나이다"(눅 16:24)

"그도 하나님의 진노의 포도주를 마시리니 그 진노의 잔에 섞인 것이 없이 부은 포도주라 거룩한 천사들 앞과 어린 양 앞에서 불과 유황으로 고난을 받으리니"(계 14:10)

"짐승이 잡히고 그 앞에서 표적을 행하던 거짓 선지자도 함께 잡혔으니 이는 짐승의 표를 받고 그의 우상에게 경배하던 자들을 표

적으로 미혹하던 자라 이 둘이 산 채로 유황불 붙는 못에 던져지고"(계 19:20)

"또 그들을 미혹하는 마귀가 불과 유황 못에 던져지니 거기는 그 짐승과 거짓 선지자도 있어 세세토록 밤낮 괴로움을 받으리라" (계 20:10)

"그러나 두려워하는 자들과 믿지 아니하는 자들과 흉악한 자들과 살인자들과 음행하는 자들과 점술가들과 우상 숭배자들과 거짓말 하는 모든 자들은 불과 유황으로 타는 못에 던져지리니 이것이 둘째 사망이라"(계 21:8)

요한계시록 21:8은 불과 유황으로 인한 벌과 둘째 사망을 언급한다. 불과 유황으로 인한 벌은 요한계시록 14:10, 19:20, 20:10에 언급되어 있다. 둘째 사망이란 예수를 믿지 않고 죽은 자들이 다시 살아나 심판을 받고, 영원한 형벌에 던져지는 것을 말한다. 그들은 결코 죽지 않는 몸으로 불과 유황 못에서 영원히 고통을 받는다. 둘째 사망은 요한계시록 2:11, 20:6, 14에서 언급되었다. 성경은 이렇게 교회가 말하는 전통적 지옥이 분명히 존재한다고 가르친다.

(문30) 의인의 영혼은 영원히 살지만 악인의 영혼은 소멸하는가? 무(無)로 돌아가는가?

(답30) 아니다. 악인의 영혼도 영원히 존재하면서 영원히 벌을 받는다.

영혼 소멸론을 주장하는 자들이 있다. 육체의 생명이 끝날 때 영혼도 함께 소멸한다는 것이다. 사후에는 남는 게 아무것도 없으며 아무것도 모른다는 입장이다. 지옥이 없다는 것과 같은 맥락의 주장이다. 벌을 받을 영혼이 없으니 당연히 지옥도 없다. 영혼 소멸론은 사람의 생각일 뿐이다. 성경에 그런 말씀은 없다.

구약은 영원한 심판에 대한 말씀이 다소 약하다. 구약시대에는 죽은 자들이 스올(지하세계)에 내려가는 정도로 생각했다. 그렇지만 구약에도 의인과 악인의 심판에 대한 말씀이 확실히 있다.

"내가 심판하러 너희에게 임할 것이라 점치는 자에게와 간음하는 자에게와 거짓 맹세하는 자에게와 품꾼의 삯에 대하여 억울하게 하며 과부와 고아를 압제하며 나그네를 억울하게 하며 나를 경외하지 아니하는 자들에게 속히 증언하리라 만군의 여호와가 말하였느니라"(말 3:5)

"그 때에 너희가 돌아와서 의인과 악인을 분별하고 하나님을 섬기는 자와 섬기지 아니하는 자를 분별하리라"(말 3:18)

"만군의 여호와가 이르노라 보라 용광로 불 같은 날이 이르리니 교만한 자와 악을 행하는 자는 다 지푸라기 같을 것이라 그 이르는 날에 그들을 살라 그 뿌리와 가지를 남기지 아니할 것이로되"

(말 4:1)

성경에 악한 자의 영혼도 멸망하지 않는다는 확실한 말씀이 두 곳 있다. 요한복음 5:29와 사도행전 24:15이다.

> "선한 일을 행한 자는 생명의 부활로, 악한 일을 행한 자는 심판의
> 부활로 나오리라"(요 5:29)
> "그들이 기다리는 바 하나님께 향한 소망을 나도 가졌으니 곧 의인
> 과 악인의 부활이 있으리라 함이니이다"(행 24:15)

　예수님이 재림하시는 날 의인과 악인 모두 부활한다. 온 세상 사람이 그렇게 부활한 몸으로 심판을 받아 의인은 영원한 생명을 얻고 악인은 영원한 형벌을 받는다. 의인의 영혼만 존재해서 영생을 얻고 악인의 영혼은 사라져 무(無)로 돌아가는 게 아니다. 영혼 소멸 또는 영혼 멸절은 성경에 전혀 없는 이야기다. 악인이 영원히 고통을 받는 지옥을 인정하고 싶지 않은 사람들이 만들어 낸 사람의 생각일 뿐이다. 그들은 하나님을 위해서 그런 생각을 만들어 내었다고 여긴다. 사랑의 하나님이 영원한 고통의 지옥을 만드실 리 없다는 것이다. 그러나 그런 생각은 하나님을 위하는 것이 아니다. 오히려 하나님을 멸시하는 것이다. 성경에 없는 말을 하는 것이기 때문이다. 사람의 생각을 하나님의 뜻으로 만드는 것이기 때문이다. 그런 생각은 하나님을 욕되게 하는 것일 뿐이다.

> "주께서 호령과 천사장의 소리와 하나님의 나팔 소리로 친히 하늘
> 로부터 강림하시리니 그리스도 안에서 죽은 자들이 먼저 일어나고
> 그 후에 우리 살아 남은 자들도 그들과 함께 구름 속으로 끌어 올

려 공중에서 주를 영접하게 하시리니 그리하여 우리가 항상 주와 함께 있으리라"(살전 4:16-17)

예수님이 재림하실 때 죽은 자들이 먼저 부활한다. 부활의 몸을 입는 것이다. 이때 의인만 부활하고 악인은 사라지는 게 아니다. 성경에 그런 말씀은 전혀 없다. 의인과 악인 모두 부활해서 심판을 받는다. 그 다음에 살아 있는 자들은 부활의 몸으로 변화한다. 혹자는 이것을 휴거로 오해하지만 휴거가 아니라 부활의 몸으로 변화하는 것이다. 이때도 의인만 부활의 몸으로 변화하고 악인은 사라지는 게 아니다. 살아 있는 의인과 악인 모두 부활의 몸으로 변화해서 심판을 받는다. 악인은 사라지는 게 아닌 것이다.

"그러나 두려워하는 자들과 믿지 아니하는 자들과 흉악한 자들과 살인자들과 음행하는 자들과 점술가들과 우상 숭배자들과 거짓말 하는 모든 자들은 불과 유황으로 타는 못에 던져지리니 이것이 둘째 사망이라"(계 21:8)

악인들은 사라지는 게 아니라 부활의 몸으로 심판을 받은 후 영원히 고통을 받는다. 이것을 요한계시록 2:11, 20:6, 24, 21:8은 둘째 사망이라고 한다. 영원한 죽음, 영원한 고통이라는 뜻이다. 히틀러는 1945년 4월 30일에 첫째 사망을 경험했다. 그의 영혼은 지금 사라진 게 아니다. 지옥에 갇혀 있다. 주님이 재림하시는 날 히틀러는 부활해서 부활의 몸을 입을 것이다. 그리고 주님의 심판을 받아 부활의 몸으로 영원히 고통을 받을 것이다. 이것이 히틀러의 둘째 사망이다.

본회퍼 목사는 1945년 4월 9일에 첫째 사망을 경험했다. 그의 영혼은 사라지지 않고 지금 하나님 나라에 있다. 이것이 본회퍼 목사가 경험한 첫째 부활이다.(계 20:5, 6) 주님이 재림하시는 날 본회퍼 목사는 부활해서 부활의 몸을 입을 것이다. 그리고 주님의 생명의 면류관을 받아 영원히 영광스럽게 살 것이다. 이것이 본회퍼 목사가 경험할 둘째 부활이다.

"인자가 그 천사들을 보내리니 그들이 그 나라에서 모든 넘어지게 하는 것과 또 불법을 행하는 자들을 거두어 내어 풀무 불에 던져 넣으리니 거기서 울며 이를 갈게 되리라 그 때에 의인들은 자기 아버지 나라에서 해와 같이 빛나리라 귀 있는 자는 들으라"

(마 13:41-43)

° (6) 영원한 상급은 없다

(문31) 영원한 생명 외에 영원한 상급이 따로 있는가?

(답31) 그렇다. 영원한 생명 말고 영원한 상급이 따로 있다.

"선지자의 이름으로 선지자를 영접하는 자는 선지자의 상을 받을 것이요 의인의 이름으로 의인을 영접하는 자는 의인의 상을 받을 것이요 또 누구든지 제자의 이름으로 이 작은 자 중 하나에게 냉수 한 그릇이라도 주는 자는 내가 진실로 너희에게 이르노니 그 사람이 결단코 상을 잃지 아니하리라 하시니라"(마 10:41-42)

"누구든지 너희가 그리스도에게 속한 자라 하여 물 한 그릇이라도 주면 내가 진실로 너희에게 이르노니 그가 결코 상을 잃지 않으리라"(막 9:41)

"이는 우리가 다 반드시 그리스도의 심판대 앞에 나타나게 되어 각각 선악간에 그 몸으로 행한 것을 따라 받으려 함이라"(고후 5:10)

"보라 내가 속히 오리니 내가 줄 상이 내게 있어 각 사람에게 그가 행한 대로 갚아 주리라"(계 22:12)

마태복음 10:41-42가 말하는 선지자의 상과 의인의 상은 결코 구원과 영원한 생명이 아니다. 왜냐하면 구원과 영원한 생명은 영접으로 얻는 것이 아니기 때문이다. 구원과 영원한 생명은 오직 예수 그리스도에 대한 믿음으로만 얻을 수 있다. 그러므로 마태복음 10:41-42가 말하는 선지자의 상과 의인의 상은 영원한 상급이다. 구원과 영원한 생명이 아닌 것이다. 마가복음 9:41이 말하는 상도 마찬가지다. 구원과 영원한 생명은 물 한 그릇으로 얻는 게 아니다. 오직 예수 그리스도에 대한 믿음으로만 얻을 수 있다. 그러므로 마가복음 9:41이 말하는 결코 잃어버리지 않는 상은 영원한 생명이 아니라 영원한 상급을 말하는 것이다.

예수님이 사용하신 단어도 분명히 상급이다. 헬라어 '미스쏘스'(*misthos*)는 분명히 상급(pay, reward)이라는 단어다. 구원이나 영생이 아니다. 천국에 상이 있고 사람마다 다른 상을 받는 것이다. 고린도전서 3:14의 금, 은, 보석으로 집을 지은 자가 받는 보수도 같은 단어다. 상급이라는 뜻이다.

기독교인 중에 하나님의 상급에 전혀 관심이 없다는 사람들이 있다. 영원한 상급 이야기를 하면 촌스럽고 열등한 믿음으로 본다. 대가를 바라지 않는 믿음이 진짜 믿음, 멋있는 믿음, 가치 있는 믿음이라고 한다. 혹자는 이를 칸트 철학의 영향이라고 한다. 아예 상급이 없다는 사람들도 있다. 천국에 가면 누구나 다 똑같은 하나님의 백성이 된다는 것이다. 똑 같이 흰 옷을 입고 영원히 똑같이 산다고 한다.

그들은 하나님이 절대적으로 평등하시다고 생각한다. 그래서 평생 교회를 열심히 섬긴 사람이나 죽기 전 병상에서 예수 믿은 사람이나, 천국에 가면 다 똑같다고 말한다. 영원한 생명만 있을 뿐 영원한 상급은 없다는 것이다. 그들은 위험 지역 선교사로 나가 복음을 전하다 순교한 사람이나, 주일 예배만 드리며 쉽게 예수 믿은 사람이나, 천국에 가면 다 똑같다고 생각한다. 영생만 있을 뿐 상급은 없다는 것이다.

이런 사람들은 두 가지 오류를 범하고 있다. 하나는 성경이 있다는 것을 자신들이 없다고 하는 것이다. 다른 하나는 하나님이 가치 있게 주시는 영광의 상급을 사람이 가치 없다고 싸구려 취급하는 것이다. 하나님은 공평하신(equity) 하나님이시지 평등하신(equality) 하나님이 아니다.

누가복음 14:12-14에 '잔치를 베풀 때 친구, 형제, 친척, 부유한 이웃을 초대하지 마라. 이들은 너를 도로 초대해 보답한다. 잔치를 베풀 때 가난한 사람, 걷지 못하는 사람, 다리를 절고 보지 못하는 사람을 초대하라. 이들은 너희에게 되갚을 능력이 없다. 그렇게 할 때 너희에게 복이 있다. 의인들이 부활할 때 갚음을 받을 것이다'라는 말씀이 있다.

이 말씀 역시 영생에 대한 말씀이 아니다. 상에 대한 말씀이다. '잔치를 베풀 때 친구, 형제, 친척, 부유한 이웃을 초대하면 지옥에 간다. 가난하고 걷지 못하는 사람, 다리를 절고 보지 못하는 사람을 초대해야 천국에 간다'는 말씀이 아니다. 대접을 하고 보답을 받으면 하나님의 상이 없다는 뜻이다.

천국은 가난한 자들을 초대한다고 해서 가는 곳이 아니다. 천국은 오직 예수님에 대한 믿음으로만 가는 곳이다. 구원은 구제로 얻는 것이 아니다. 오직 믿음으로만 얻는 것이다. 그러므로 누가복음 14:12-14는 상급에 대한 가르침으로 이해해야 한다.

"또 내가 보니 죽은 자들이 큰 자나 작은 자나 그 보좌 앞에 서 있는데 책들이 펴 있고 또 다른 책이 펴졌으니 곧 생명책이라 죽은 자들이 자기 행위를 따라 책들에 기록된 대로 심판을 받으니"

(계 20:12)

요한계시록 20:12에 의하면 사람의 상급을 결정하는 책들이 있다. 요한계시록 20:12의 처음의 '책들'(복수형)은 각 사람의 삶이 적힌 책들을 말하고, 그 다음의 '책'(단수형)은 하나님의 생명책을 말한다. 생명책 외에 사람의 행위와 말을 적은 책들이 있는 것이다. 사람은 자신의 행위와 말이 기록된 책들에 의해 공정하게 상급을 받는다. 각 사람마다 이런 책들을 가진다는 말은 하나님의 심판이 매우 공정하게 이루어진다는 사실을 뜻한다. 다르게 표현하면 하나님의 상급이 그렇다는 말이다.

(문32) 상급을 바라지 않는 게 더 고상하고 깊이 있는 믿음인가?

(답32) 아니다. 오히려 하나님을 멸시하는 믿음이다.

천국의 상급에 대한 말씀이 더 있다. 히브리서 10:35에 '그러므로 너희 담대함을 버리지 말라 이것이 큰 상을 얻게 하느니라'는 말씀이 있다. 히브리서 11:26에는 '(모세는) 그리스도를 위하여 받는 수모를 애

굽의 모든 보화보다 더 큰 재물로 여겼으니 이는 상 주심을 바라봄이
라'는 말씀이 있다.

> "믿음이 없이는 하나님을 기쁘시게 하지 못하나니 하나님께 나아
> 가는 자는 반드시 그가 계신 것과 또한 그가 자기를 찾는 자들에게
> 상 주시는 이심을 믿어야 할지니라"(히 11:6)

히브리서 11:6은 아예 하나님을 가리켜 '상 주시는 분'이라고 한다.
하나님은 그를 찾는 자에게 상 주시는 분임을 믿으라고 한다. 다 상급
(미스쏘스)에서 온 말들이다. 천국에 '반드시' 상급이 있다고 예수님이
'진정으로' 말씀하셨다. 성경은 하나님이 '상 주시는 분'이라는 것을 '진
정으로' 믿어야 한다고 한다.

그러므로 '저는 하나님의 상급을 바라지 않아요, 상급 운운하는 건
유치한 믿음이에요. 저는 하나님의 사랑만으로 족해요' 라고 말하지 않
아야 한다. 하나님이 상급을 주시겠다는데 그것을 거부하는 것은 하나
님의 사랑을 무시하는 것이다. 그것은 왕의 결혼잔치에 초대 받았으나
그 초대를 무시하는 것과 같다.(마 22:1-14) 귀한 걸 귀한 줄 모르고 거절
하는 것이다. 멋진 믿음이 아니라 하나님의 뜻을 자기 생각대로 판단하
는 교만이다.

도덕과 윤리에 대한 칸트의 철학이 그렇다. 칸트는 대가를 바라고
선한 일을 하는 것은 낮은 윤리이며, 아무런 대가를 바라지 않고 선을
행하는 것이 더 고상한 윤리라고 말했다. 그런 철학이 교회 안에 들어

세상 사는 하늘 백성

와, 천국에 가기 위해 예수를 믿거나, 상급을 얻기 위해 열심히 믿는 것은 낮은 차원의 신앙이라는 생각이 생겨난 것이다.

그러므로 영원한 상급을 소망하지 않고 믿는 것은 성경 말씀보다 칸트 철학을 더 신봉하는 셈이다. 철학자 칸트를 하나님보다 더 높게 여기는 것이다. 그러므로 영원한 상급을 거절하며 믿겠다는 생각을 하지 말아야 한다. 천국에서 남들보다 영원히 더 잘 먹고 더 잘 입고 살겠다는 말이 아니다. 영원한 상급의 내용이 무엇인지는 모른다. 성경이 구체적으로 언급하지 않기 때문이다. 그러나 하나님이 약속하신 것이다. 그것이 무엇이든지 간에 하나님의 약속을 믿고 사모하는 것이 올바른 신앙의 태도다. 믿는 자는 영원한 생명과 더불어 영원한 상급도 사모하며 살아야 하는 것이다.

"만일 누구든지 금이나 은이나 보석이나 나무나 풀이나 짚으로 이터 위에 세우면 각 사람의 공적이 나타날 터인데 그 날이 공적을 밝히리니 이는 불로 나타내고 그 불이 각 사람의 공적이 어떠한 것을 시험할 것임이라 만일 누구든지 그 위에 세운 공적이 그대로 있으면 상을 받고 누구든지 그 공적이 불타면 해를 받으리니 그러나 자신은 구원을 받되 불 가운데서 받은 것 같으리라"(고전 3:12-15)

바울은 고린도전서 3:12에서 성도는 그리스도라는 기초 위에 영원한 집을 짓는 사람들이라고 한다. 사실 예수님도 마지막 날 저녁 제자들에게, '내가 너희를 위하여 거처를 예비하러 가노니'라고 말씀하셨다.(요 14:2) 천국에 제자들의 집이 있다는 말씀이다. 부활의 나라에 영원한 집이 있다는 것이 성경의 가르침이다.

그런데 바울은 그 집을 짓는 재료가 다르다고 한다. 그러면서 금, 은, 보석과, 나무, 풀, 짚을 예로 든다. 여기서 금, 은, 보석은 비싸고 오래 보존되는 재료를 말한다. 나무, 풀, 짚은 값싸고 쉽게 불타는 재료를 말한다. 이를 좀 다르게 표현하면 비싸고 튼튼한 집을 사람이 있고, 싸고 약한 집을 짓는 사람들이 있다는 말이다. 바울은 이런 비유를 통해 그리스도라는 기초 위에 좋은 집을 짓는 사람이 되라고 권면한다.

그 이유는 마지막 날 각자가 지은 집이 예수님의 '검증의 불'을 통과해야 되기 때문이다. 이 불은 구원을 결정하기 위한 '심판의 불'은 아니다. 금 은 보석이든 나무 풀 짚이든, 그리스도라는 기초 위에 집을 지은 사람은 구원을 받는다. 그러나 각자의 믿음과 순종, 하나님 사랑과 이웃 사랑, 사명과 헌신의 정도에 따라 받는 상급이 다르다. 바울은 상급의 차이를 말한다. 이것이 고린도전서 3:12-15의 뜻이다.

재림하신 예수님은 구원 받을 자와 아닌 자를 심판하신다. 그리고 상급이 풍성한 자와 아닌 자를 검증하신다. 금, 은, 보석과 같이 값지고 불타지 않는 재료로 집을 지은 자와, 나무, 풀, 짚과 같이 값싸고 불에 타는 재료로 집을 지은 자를 구별하신다. 그래서 바울은 그 검증의 불을 견디는 재료로 집을 지으라는 것이다. 믿음과 순종, 하나님 사랑과 이웃 사랑, 사명과 헌신이 굳세고 순결해야 한다는 말이다.

금, 은, 보석으로 집을 지은 사람은 착하고 충성된 종이라는 칭찬을 듣는다. 그리고 풍성한 상급을 받는다. 나무, 풀, 짚으로 집을 지은 사람은 그런 칭찬과 상급이 없다. 그래서 전자를 자랑스러운 구원이라 할 수 있다. 후자는 부끄러운 구원이라 할 수 있다.

고린도전서 3:14-15는 잘 지은 집과 그렇지 못한 집이 있다는 뜻이다. 이는 우리의 믿음과 순종, 하나님 사랑과 이웃 사랑, 사명과 헌신에 따라 상급이 다르다는 뜻이다. 믿는 자는 다 똑 같은 상급을 받는다는 균등 상급론이 있고 각자 다른 상급을 받는다는 차등 상급론이 있다. 양쪽 모두 성경을 인용하고 나름대로 그래야만 하는 신학적 이유를 설명하지만 차등 상급론이 성경적이다.

그러나 나무, 풀, 짚 같은 재료로 집을 지었다고 해서 구원을 받지 못하는 것은 아니다. 구원은 그리스도에 대한 믿음으로 얻는 것이기 때문이다. 그래서 죽음을 앞둔 병상에서 예수 믿는 사람도 구원을 받는다. 평생 한 번도 교회 문턱을 넘어본 적이 없는 사람도 영생을 얻을 수 있다.

그러나 부끄러운 구원을 '그것으로 충분하다, 구원만 받으면 된다'고 말해서는 안 된다. 3:15는 그런 사람을 가리켜 손해 보는 사람이라고 한다. 부끄러운 구원이 사실은 영원한 손해인 것이다. 구원은 받았으나 상급이 없는 사람이 있다. 나무, 풀, 짚으로 영원한 집을 지은 사람이다. 자랑스러운 구원의 사람이 되어야 한다.

> "그런즉 심는 이나 물 주는 이는 아무 것도 아니로되 오직 자라게
> 하시는 이는 하나님뿐이니라 심는 이와 물 주는 이는 한 가지이나
> 각각 자기가 일한 대로 자기의 상을 받으리라"(고전 3:7-8)

하나님은 믿는 자들에게 상을 주신다. 그러므로 '나는 구원만 받으면 된다, 상급은 필요 없다'는 말을 조심해야 한다. 그것은 겸손이 아니다. 귀한 걸 귀한 줄 모르는 무지고, 하나님의 뜻을 멋대로 판단하는 교만이다. 생명의 면류관과 함께 영원한 상급을 소망하는 믿음을 가져야한다. 그것이 진정 마음의 눈이 밝은 사람이다. 그리스도의 빛으로 가득 찬 사람이다. 마음의 눈을 밝혀 빛 되신 예수님을 마음에 모셔야 한다. 그래서 마지막 날 생명의 면류관과 함께 하나님의 큰 상급을 받아야 한다. 그런 사람이 지극히 거룩한 믿음의 사람이다.

(문33) 십일조는 어떤 헌금인가? 복의 통로이며 구원의 척도인가?
아니면 고대의 성전세로 신약에서 폐기되었는가?
(답33) 십일조는 공동체를 위한 헌금으로 영원한 상급을 약속한다.
십일조는 신약에서 폐기된 적이 없다.

한때 한국교회의 일각에서 십일조 논쟁이 있었다. 한쪽에서는 십일조를 복의 통로, 구원의 척도라고 강조했다. 십일조를 참된 신앙의 척도라고 하면서 십일조를 해야 복을 받는다고 했다. 십일조가 구원 받은 증거, 구원 받을 수 있는 증거라고 했다. 그들은 말라기 3:10의 '만군의 여호와가 이르노라 너희의 온전한 십일조를 창고에 들여 나의 집에 양식이 있게 하고 그것으로 나를 시험하여 내가 하늘 문을 열고 너희에게

복을 쌓을 곳이 없도록 붓지 아니하나 보라'는 말씀을 자주 인용했다. 온전한 십일조를 내면 차고 넘치는 복을 받는다는 것이다. 그래서 한때 십의 이조, 십의 삼조를 내는 사람도 있었다. 차고 넘치는 복을 2배, 3배로 받겠다는 생각이었는지 모르겠다.

다른 한쪽에서는 십일조를 이미 폐기된 고대의 성전세 취급했다. 십일조는 고대 성전세에 불과한 것으로 신약에 들어와 이미 폐기되었다는 것이다. 그래서 십일조를 강조하는 목사는 삯꾼 취급했다. 십일조 문제가 참된 목사와 삯꾼 목사를 구별하는 척도라고 하면서 삯꾼에 속지 말라고 했다. 그들은 마태복음 23:23의 '화 있을진저 외식하는 서기관들과 바리새인들이여 너희가 박하와 회향과 근채의 십일조는 드리되 율법의 더 중한 바 정의와 긍휼과 믿음은 버렸도다 그러나 이것도 행하고 저것도 버리지 말아야 할지니라'는 말씀을 자주 인용했다.

그들은 신약에 십일조를 강조하는 말씀이 한 곳도 없음을 강조한다. 사실 신약의 십일조 언급은 앞에서 인용한 마태복음 23:23과 병행 구절인 누가복음 11:42, 그리고 '바리새인과 세리의 기도 비유'에 나오는 '나는 이레에 두 번씩 금식하고 또 소득의 십일조를 드리나이다 하고'라는 말씀이 전부다.(눅 18:12) 그들은 사도행전 이후 바울서신과 목회서신에 십일조라는 용어가 한 곳도 나오지 않음을 강조한다. 그러면서 열심히 십일조 하는 사람을 삯꾼에게 속은 어리석은 자로 취급했다.

십일조 문제는 대략 다음과 같은 요점을 가진다.

(1) 십일조의 기본 정신은 공동체를 위한 예물이다. 십일조는 하나님의 성물로 거룩한 백성을 위한 예물이다.(레 27:30, 32) 그것이 십일조의 정신이다. 그래서 십일조의 혜택을 받을 수 있는 사람에 제사장, 레위인, 자녀, 노비, 자신들, 나그네, 고아, 과부 등이 포함되었다.(민 18:21-32, 신 12:6-12, 14:23-24, 14:28-29) 십일조의 혜택이 거의 모든 백성에게 돌아갔던 것이다.

(2) 이것이 후에는 성전을 유지하는 일에 집중되었다.(대하 31:4-12, 느 10:37-39, 12:44-47, 13:10-14, 말 3:10) 사실 십일조는 처음부터 성전과 관련이 있었다. 아브라함은 하나님의 제사장인 멜기세덱에게 십일조를 주었고(창 14:18-20), 야곱은 하나님께 하나님의 집과 십일조를 약속했다.(창 28:22)

(3) 십일조는 성경에서 폐기된 적이 없다. 정결 음식법은 신약에 들어와 폐기되었고(막 7:19, 행 10:13-15, 히 13:9), 동물 제사법은 예루살렘 성전 파괴와 함께 자연스럽게 소멸되었다. 그러나 십일조가 폐기되었다는 말씀은 없다. 마태복음 23:23은 정의와 긍휼과 믿음이 십일조보다 더 중요하다는 뜻이다. 십일조가 폐기되었다는 말씀이 아니다.

(4) 십일조는 신약에서 전혀 강조되지 않는다. 신약에 십일조를 강조하는 말씀이 한 곳도 없다. 사도행전과 바울서신과 목회서신에는 아예 십일조라는 단어 자체가 없다. 그렇지만 그 이유는 십일조가 폐기되었기 때문은 아니다. 십일조가 복음의 핵심이 아니었기 때문이다. 십일조는 죄 사함과 구원에 관한 문제가 아니다. 그래서

세상 사는 하늘 백성

복음을 전할 때 십일조를 언급할 필요가 없었던 것이다. 십일조가 구원의 핵심이었다면 헌금 이야기가 다소 부담이 되었더라도 초대 교회가 반드시 언급했을 것이다. 세례나 성만찬처럼 언급했어야만 한다.

십일조 문제는 대략 다음과 같은 결론을 가진다.

(1) 십일조는 영원한 생명이 아니라 영원한 상급을 결정하는 문제다. 십일조는 풍성한 상급을 약속하는 헌금인 것이다. 십일조는 구원의 척도가 아니다. 십일조를 해야 영원한 생명을 얻고 하지 않으면 영원한 벌을 받는 것이 아니다.

(2) 십일조는 근본적으로 교회를 세우고 유지하는데 필요한 헌금이다. 그것이 십일조의 기본정신이다. 그러므로 십일조는 천국 부자가 되는 일 중에 하나다. 십일조가 교회를 세우고 교회를 사랑하는 일이기 때문이다.

(3) 십일조는 물질의 복을 약속하는 헌금이 아니다. 십일조뿐만 아니라 모든 헌금이 그렇다. 기독교 신앙 전체가 그렇다. 믿음은 복을 주지만 그 복은 신령한 복을 의미한다. 물질의 복이 아니다. 천국 부자는 세상 부자와 아무 상관이 없다. 사실 천국 부자는 스스로 세상 부자를 회피한다. 세상 부자는 천국 부자가 되는 일에 아주 위험하기 때문이다. 그것이 낙타와 바늘귀 비유의 핵심이다.

"또 예루살렘에 사는 백성을 명령하여 제사장들과 레위 사람들 몫의 음식을 주어 그들에게 여호와의 율법을 힘쓰게 하라 하니라 왕의 명령이 내리자 곧 이스라엘 자손이 곡식과 포도주와 기름과 꿀과 밭의 모든 소산의 첫 열매들을 풍성히 드렸고 또 모든 것의 십일조를 많이 가져왔으며"(대하 31:4-5)

히스기야의 개혁에서 십일조의 정신을 잘 볼 수 있다.(대하 31:4-5) 히스기야는 십일조를 거두어 제사장들과 레위인들에게 주게 했다. 십일조는 제사장들과 레위인들로 하여금 여호와의 율법에만 힘쓰게 하기 위한 헌금이었던 것이다. 즉 성전을 세우기 위한 헌금이었다. 느헤미야 역시 성전을 위해 같은 일을 했다.(느 10:37-39, 12:44-47, 13:10-14)

"왕의 명령이 내리자 곧 이스라엘 자손이 곡식과 포도주와 기름과 꿀과 밭의 모든 소산의 첫 열매들을 풍성히 드렸고 또 모든 것의 십일조를 많이 가져왔으며 유다 여러 성읍에 사는 이스라엘과 유다 자손들도 소와 양의 십일조를 가져왔고 또 그들의 하나님 여호와께 구별하여 드릴 성물의 십일조를 가져왔으며 그것을 쌓아 여러 더미를 이루었는데 셋째 달에 그 더미들을 쌓기 시작하여 일곱째 달에 마친지라"(대하 31:5-7)

"내가 모든 민장들을 꾸짖어 이르기를 하나님의 전이 어찌하여 버린 바 되었느냐 하고 곧 레위 사람을 불러 모아 다시 제자리에 세웠더니 이에 온 유다가 곡식과 새 포도주와 기름의 십일조를 가져다

가 곳간에 들이므로"(느 13:11-12)

백성들은 히스기야와 느헤미야의 명령에 순종했다. 성전을 세우는 일에 헌신했던 것이다. 오늘날도 마찬가지다. 십일조를 통해 교회를 세우는 일이 필요하다. 일본에는 목사가 없는 교회가 많다. 그것을 무목(無牧) 교회라고 한다. 일본의 약 8천여 개신교 교회 중에 3분의 1정도가 무목 교회라고 한다. 그렇게 무목 교회로 10, 20년 유지하는 교회가 있다고 한다. 목사 없이도 교회를 10, 20년 유지하는 것도 대단한 일일 것이다. 그렇지만 교인들의 피로감이 쌓일 수밖에 없다.

만약 일본교회 교인들이 십일조 생활에 열심을 낸다면 목회자를 모실 수 있을 것이다. 일본교회 교인들은 십일조 생활에 아주 소극적이라고 한다. 이론에 강한 독일교회의 영향을 받아서 그렇다는 말을 들었다. 십일조는 기본적으로 제사장이나 레위인의 생활을 위해 사용되었다. 그들이 성전을 유지하고 성전 일에 전념하도록 세워진 헌금이다. 교회의 십일조가 목사 생활비로만 사용되어야 한다는 말이 아니다. 일본교회 교인들이 십일조 생활에 열심을 낸다면 교회를 세우고 유지하는 일에 큰 도움이 될 것이라는 뜻이다. 거기에 담임목회자 생활비가 포함되는 것이다.

십일조는 교회를 세우고 유지하는 일에 사용되는 헌금이다. 그래서 영원한 상급과 관계가 있다. 십일조는 교회를 사랑한다는 믿음의 증거이기 때문이다. 하나님은 교회를 사랑하는 사람을 사랑하신다. 모든 헌금은 돈 이야기가 아니라 믿음에 관한 일이다. 하나님이 일하게 하시고 또 모든 일용할 양식을 주셨다는 믿음이 십일조를 하도록 한다. 다윗은 '모든 것이 주께로 말미암았사오니 우리가 주의 손에서 받은 것으로 주께 드렸을 뿐이니이다'라고 고백한다.(대상 29:14) 이 고백이 모든 성도의 고백이 되어야 한다. 십일조도 마찬가지다. 하나님이 주신 물질로 교회를 세우고 유지하겠다는 믿음이 십일조를 하도록 하는 것이다. 그 믿음에는 영원한 상급에 대한 소망이 들어 있다.

> "내가 떠난 후에 사나운 이리가 여러분에게 들어와서 그 양 떼를 아끼지 아니하며
> 또한 여러분 중에서도 제자들을 끌어 자기를 따르게 하려고 어그러진 말을 하는 사람들이 일어날 줄을 내가 아노라"(행 20:29-30)

바울은 에베소 교회 장로들과 마지막 인사를 하면서 교회 안팎에서 진리를 왜곡하는 자들이 생겨날 것이라고 경고한다. 바울의 이 경고는 모든 시대 모든 교회를 향한 것이다. 21세기 한국 교회 역시 교회 안팎에서 진리를 왜곡하는 자들을 극도로 경계해야 한다. 그래야 교회를 타락시키는 사탄의 계략을 이길 수 있다.

> "내가 이 두루마리의 예언의 말씀을 듣는 모든 사람에게 증언하노니 만일 누구든지 이것들 외에 더하면 하나님이 이 두루마리에 기록된 재앙들을 그에게 더하실 것이요 만일 누구든지 이 두루마리의 예언의 말씀에서 제하여 버리면 하나님이 이 두루마리에 기

록된 생명나무와 및 거룩한 성에 참여함을 제하여 버리시리라"

(계 22:18-19)

성경 말씀을 함부로 더하고 빼는 자는 요한계시록에 기록된 모든 재앙을 받을 것이라는 말씀이다. 성경을 함부로 해석하면서 진리를 왜곡하는 자들에 대한 무서운 경고의 말씀이다. 성경은 이 경고의 말씀으로 끝을 맺는다. 그러므로 교회는 성경의 진리를 왜곡하는 사탄의 모든 계략과 유혹을 이겨야 한다. 교회의 본질에 대한 바른 이해도 이를 위해 꼭 필요한 일이다.

세상 사는 하늘 백성

초판 1쇄 발행	2023년 5월 3일
지은이	정순혁
펴낸이	장성환
펴낸곳	후밀리타스
주소	서울 서대문구 연대동문길 49 지층
전화	02-302-2850
이메일	siotstory@naver.com
편집 · 디자인	유니꼬디자인
ISBN	979-11-976837-2-5(03230)

가격은 뒤표지에 있습니다.